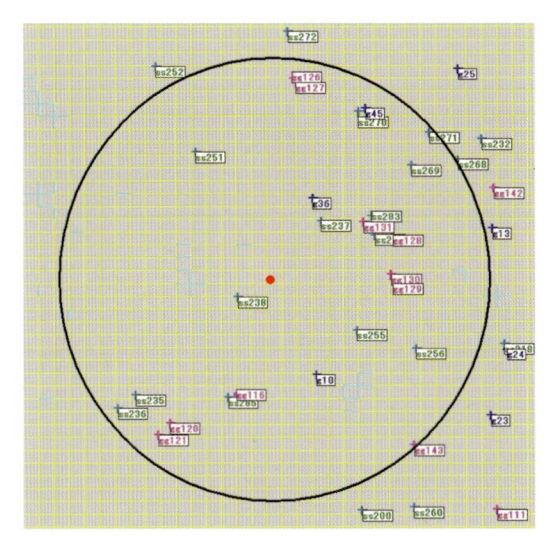

地理空間上での店舗位置（格子は500mメッシュ）：
消費者（赤点）は選択ルールのもとで1店を選ぶ。
ピンクgg：GMS2
青g：GMS1
緑ss：SM2
黒s：SM1

図C7.1 選択集合｛GMS2，GMS1，SM2｝の事例（φ8km）

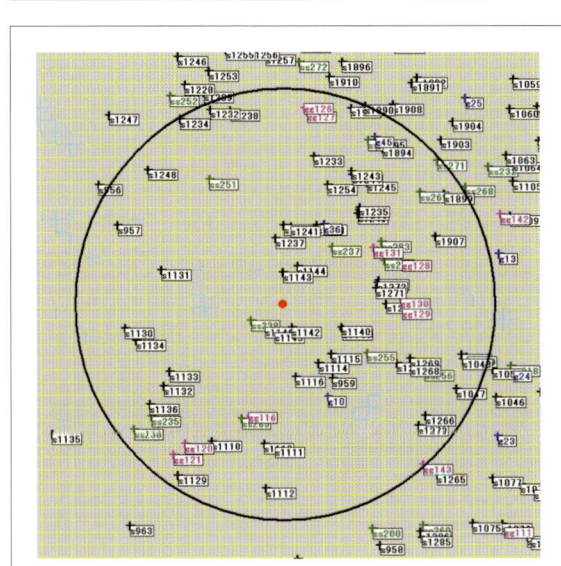

図C7.2 選択集合｛GMS2，GMS1，SM2，SM1｝の事例

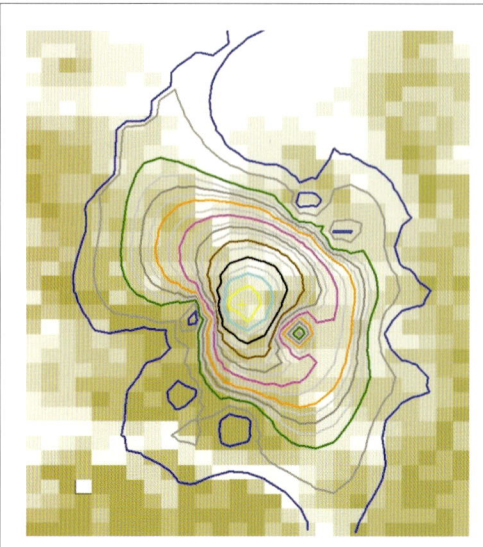

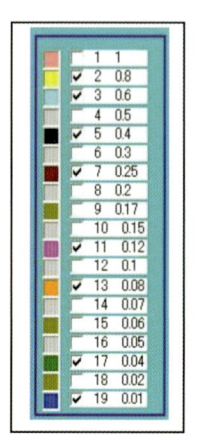

図C7.3 地理空間上の19本の確率等高線

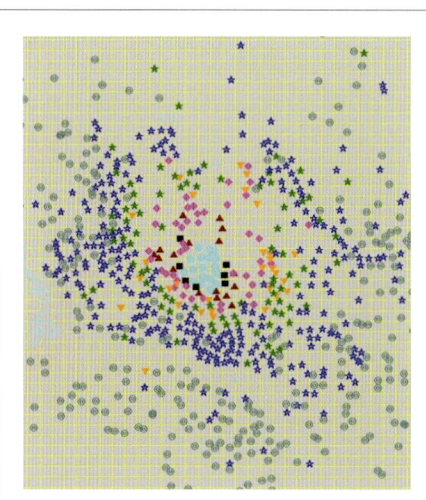

図C7.4 ＧＭＳの丁目別顧客率Ａ店の事例（明るい青色●印60％以上、黒色■印40～60％、茶色▲印25～40％、ピンク色◆印12～25％、オレンジ色▼印8～12％、緑色★印4～8％、青色☆印1～4％、青緑色◎印1％未満。）

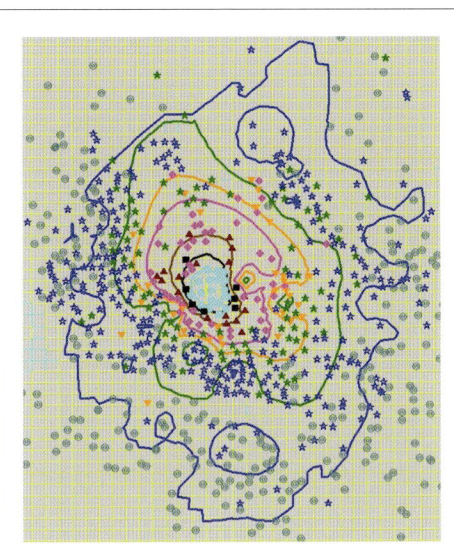

図C7.5 λ推定の方法 λ=2.0 （60%, 40%, 25%, 12%, 8%, 4%, 1%）

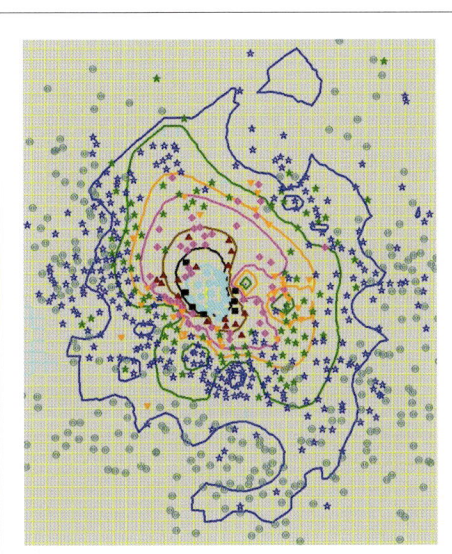

図C7.6 λ推定の方法 λ=2.4 （60%, 40%, 25%, 12%, 8%, 4%, 1%）

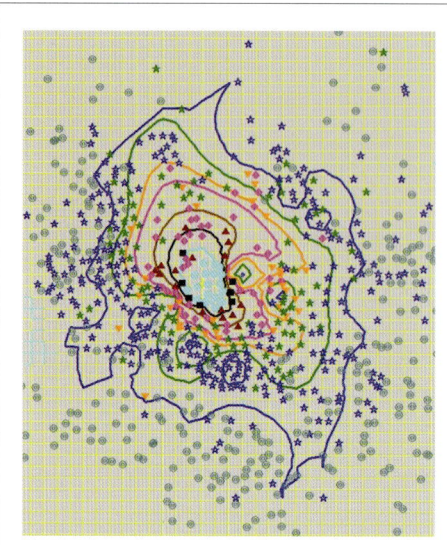

図C7.7 λ推定の方法 λ＝2.8（60％, 40％, 25％, 12％, 8％, 4％, 1％）

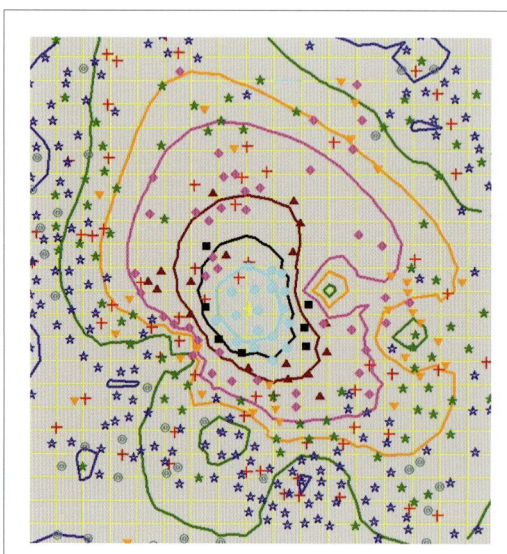

図C7.8 λ＝2.0 拡大商圏図（＋印はＳＭ１の所在地）

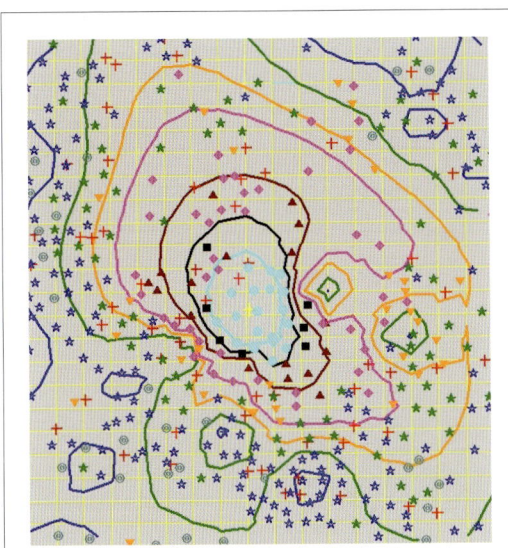

図C7.9 λ＝2.4 拡大商圏図（＋印はSM1の所在地）

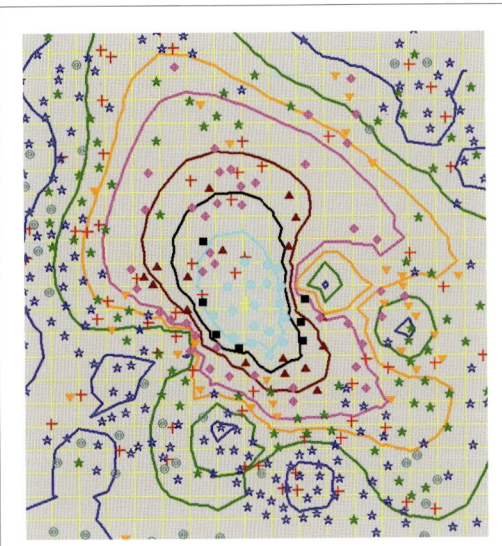

図C7.10 λ＝2.8 拡大商圏図（＋印はSM1の所在地）

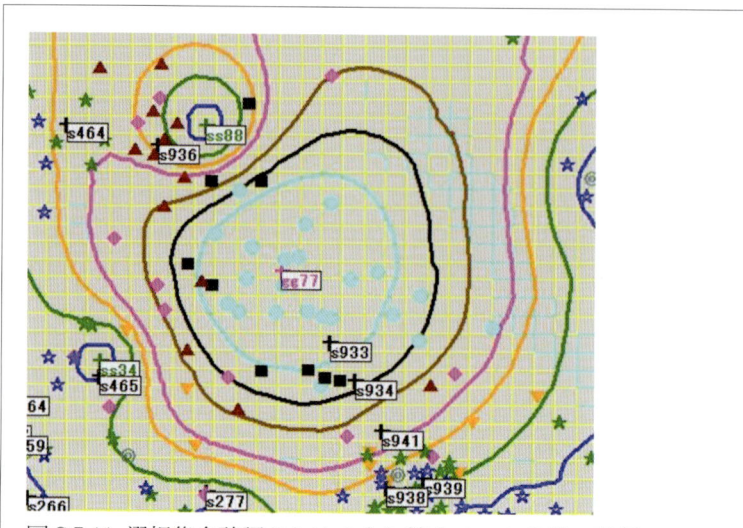

図 C 7.11 選択集合確認のための入れ替えテスト C 店の事例
（マークは丁目代表点、色と形は前述の顧客率）

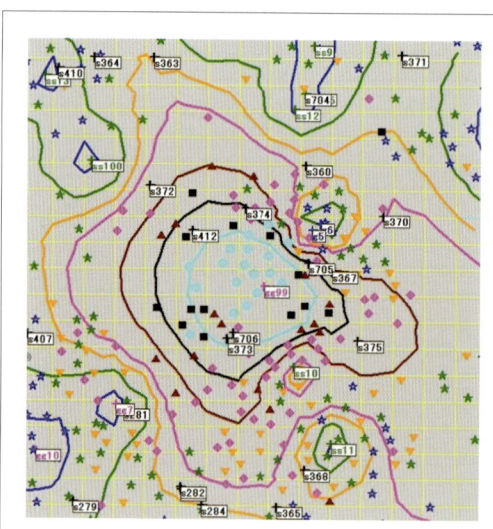

図 C 7.13 新規参入店 gg99 の選択確率等高線の推計と、ハウスカードに基づく丁目「顧客率」との比較 B 店の事例（60%, 40%, 25%, 12%, 8%, 4%, 1%）

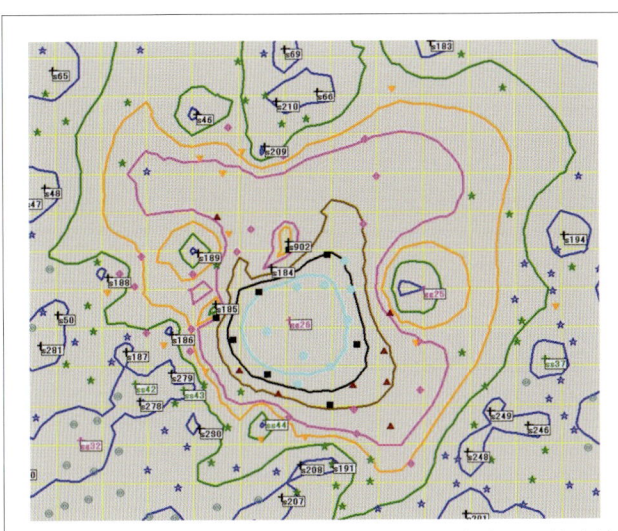

図C8.3 gg26のGMS理論食品消費吸引率商圏の等高線と現実の
丁目別「食品消費吸引率」A店の事例（60% 40% 25% 12% 8% 4% 1%）

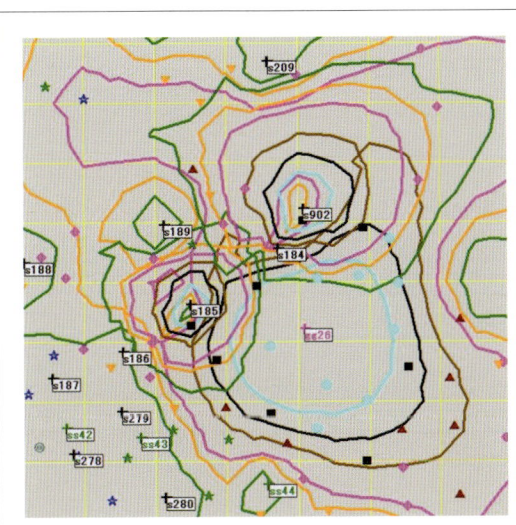

図C8.4 gg26の近隣SM1商圏との「食品消費吸引率」にみる階層的関係
A店の事例（4%まで表示）

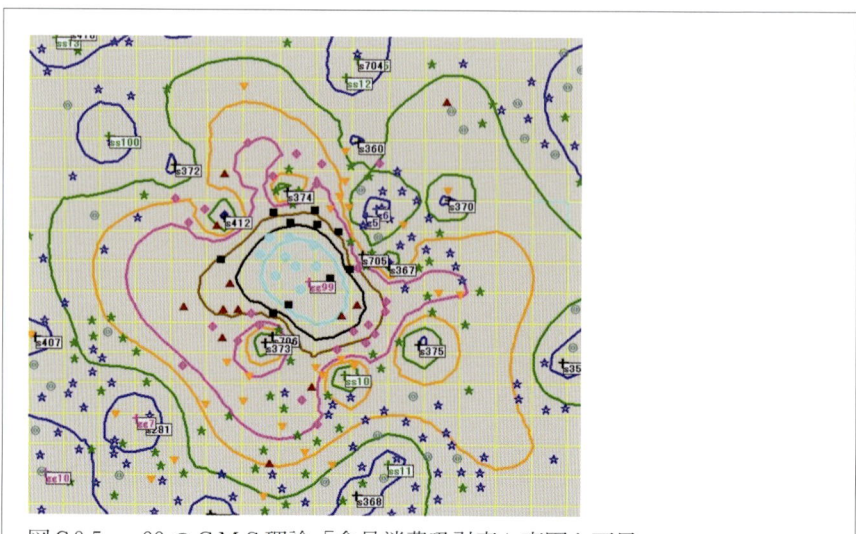

図C8.5 gg99のGMS理論「食品消費吸引率」商圏と丁目
「食品消費吸引率」比較B店の事例（60% 40% 25% 12% 8% 4% 1%）

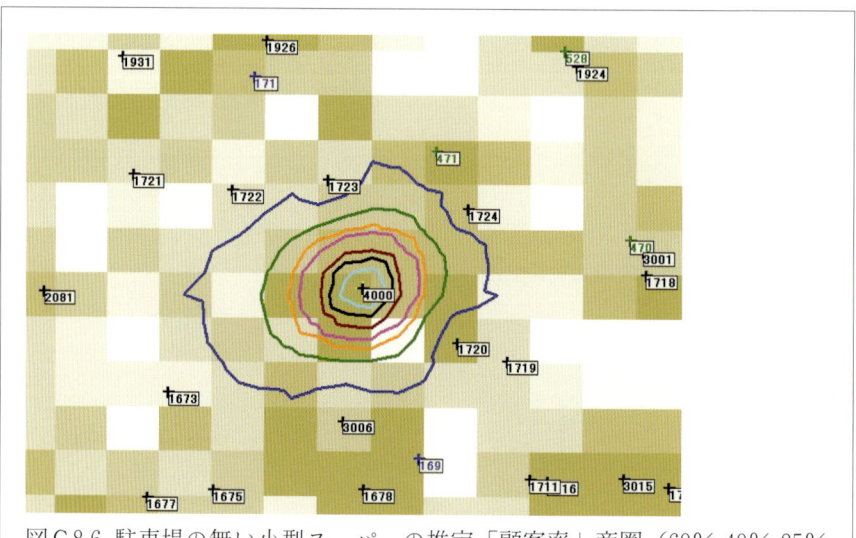

図C8.6 駐車場の無い小型スーパーの推定「顧客率」商圏（60% 40% 25% 12% 8% 4% 1%）

図C9.6 埼玉県中央部エリア2004年のGMS〜SM2の店舗展開

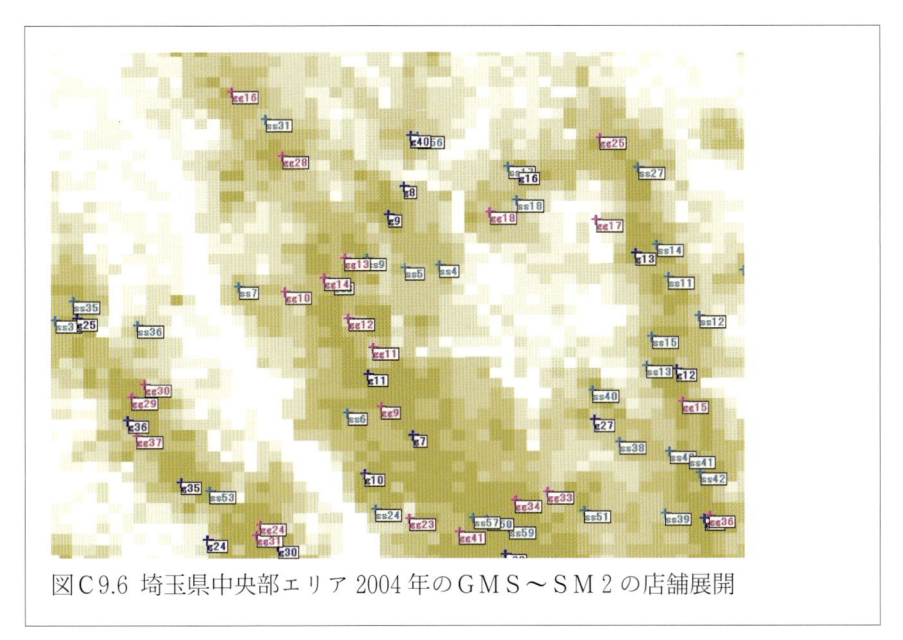

図C9.8 埼玉県中央部エリア2004年GMS2商圏図（1次商圏）
（●印は小型のSM1の所在地）

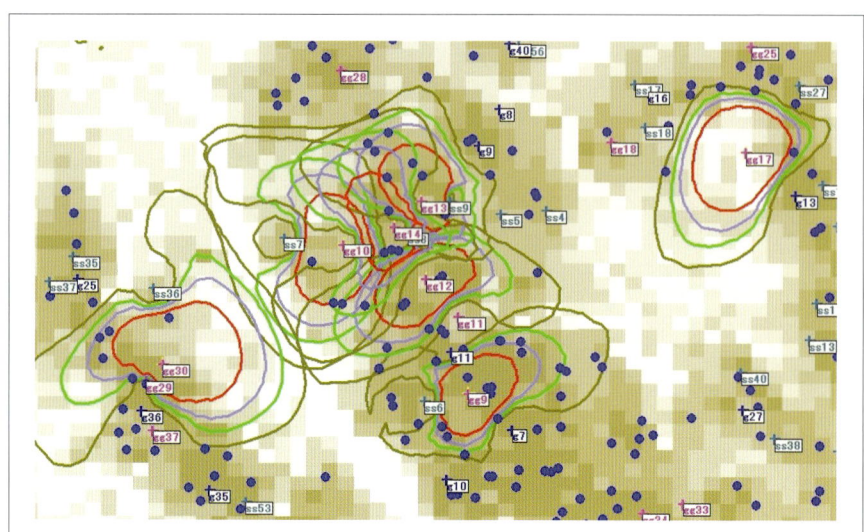

図C9.9 顧客構成比が50％を超える"主要商圏"の確率ラインが１次商圏より遠方にある店（30％or20％or15％or10％：表9.3参照）（2004年）（●印は小型のＳＭ１の所在地）

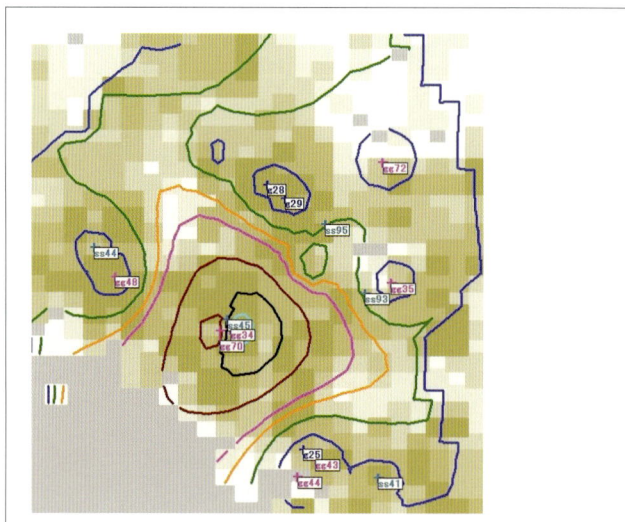

図C9.10 2003年イトーヨーカドー津田沼店gg34推定商圏図（gg70はダイエーでその後閉店した）

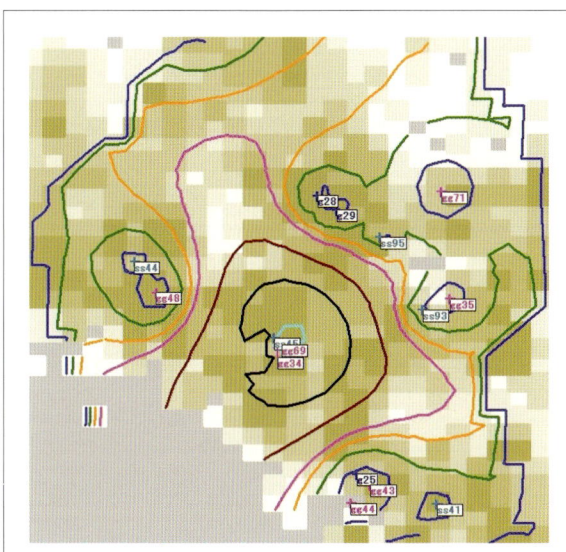

図C9.11　2007年イオン津田沼店 gg69 が単独で集客する場合の商圏

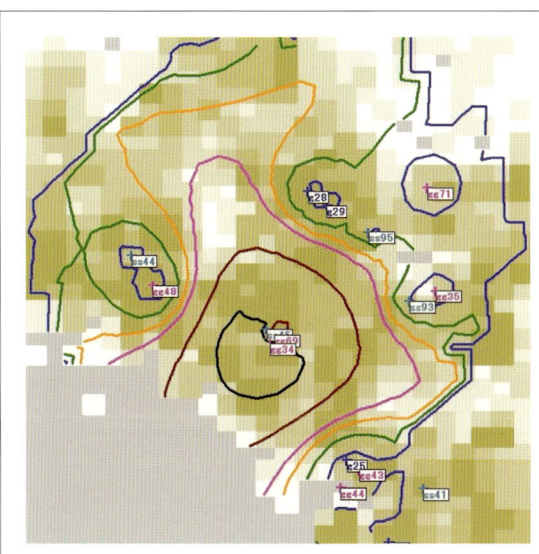

図C9.12　2007年イトーヨーカドー津田沼店が単独で集客する場合の商圏

図C9.13 2007年2店を1店とみなし合計売場面積 32819㎡で $A_j = 1.08$ で計算した場合の両店共通の商圏（60%, 40%, 25%, 12%, 8%, 4%, 1%）

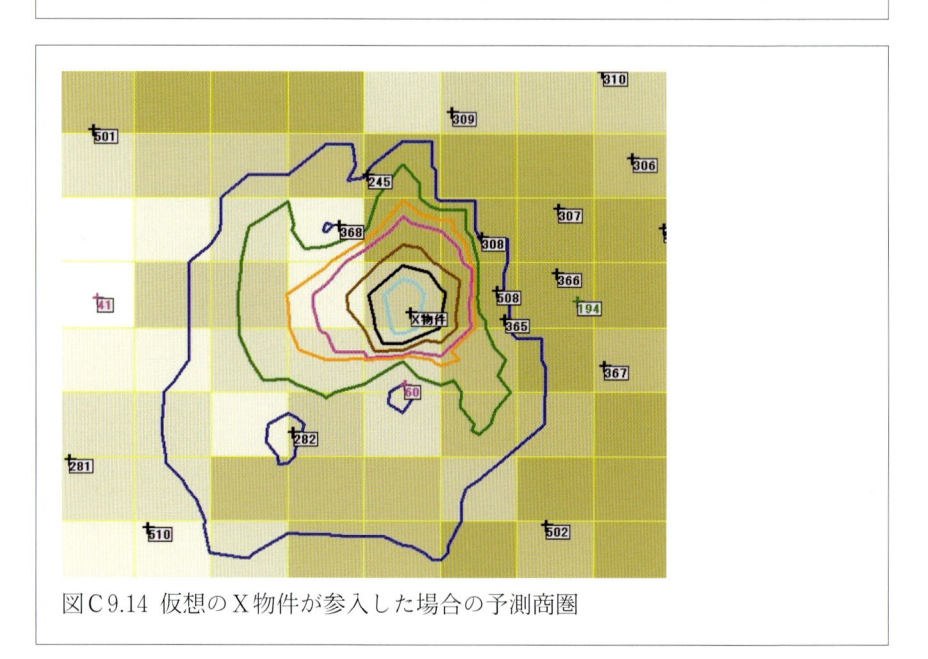

図C9.14 仮想のX物件が参入した場合の予測商圏

ＧＩＳロジット商圏モデルと
立地論・業態論・商圏論

AGGREGATE LOGIT MODEL OF STORE CHOICE ON GIS
and relevant arguments over retail location theories

長塚四史郎 著

開文社出版

目　次

はしがき	vii
謝　辞	ix
序　章	1
第1章　商業立地論の諸問題	17
1.1　商業立地とコープランドの商品分類論	17
1.2　コープランドの定義の今日的見直し	19
1.3　異業種集積と同業種集積	23
1.4　集客力から見た三種類の小売トレード	24
1.5　通過客トレードと中間トレードの売上予測モデル	25
1.6　中心地理論と人口的中心地の構造	27
1.7　孤立店の商圏と空間需要曲線	33
1.8　ホテリングモデルは集積立地を説明できるか？	34
第2章　業態論と業態盛衰論と小売競争の諸問題	40
2.1　業態論とは何か	40
2.2　アコーディオン仮説と小売の輪は回る仮説の諸問題	42
2.3　ニールセンの真空地帯仮説の諸問題	46
2.4　技術革新と業態の革新	50
2.5　ＧＭＳはスーパーのトレーディングアップか？	53
2.6　商品の格付けと売場のテイストスケールと業態	55
2.7　経済学から見る店舗と消費者との相互関係と業態	60
2.8　ＧＭＳの同質化競争ということはあるか？	66
2.9　ＧＭＳ業態の成熟について	69
第3章　ハフモデルと定数効用モデルの再検討	73
3.1　二種類のグラビティモデル	73
3.2　ハフ Huff 1962 論文のロジックの再検討	76
3.3　空間的相互作用モデルと期間の問題	83
第4章　定数効用モデルとランダム効用モデルとその基本的な特性	87
4.1　効用概念とフェヒナー Fechner の法則	87

iii

4.2	ランダム効用と選択理論序説	91
4.3	定数効用モデルとランダム効用モデルの事例	93
4.4	定数効用と選択公理とIIA特性	96
4.5	ランダム効用 random utility	99
4.6	二項選択モデル binary choice	100
4.7	多項ロジットモデル multinomial logit	105
4.8	無関係の代替案からの独立（IIA特性）	109
4.9	定数効用モデルとランダム効用モデルは同じという謬説について	112
第5章	店舗選択問題への個人ロジットモデルの応用例	117
5.1	研究事例	117
5.2	論文の注目点と補足的コメント	121
第6章	集計型ロジットモデルとＧＩＳ環境下での商圏モデル	126
6.1	集計的予測 aggregate forecasting の方法	126
6.2	平均人 average individual による集計手続き	127
6.3	ＧＩＳ環境下での集計型ロジット商圏モデル	128
第7章	ＧＩＳ集計型ロジット商圏モデルの具体的構築と実証検証 －ＧＭＳ選択の場合－	133
7.1	規模別業態定義と選択ルール	134
7.2	選択確率等高線と確率帯と確率帯代表値	137
7.3	現実の被説明項＝丁目別顧客率	139
7.4	基準年店舗データベースにおける 魅力度係数 A_j ＝相対的㎡効率という仮定	142
7.5	店舗データベース基準年時点における商圏解析概要	143
7.6	店舗データベース基準年以降の時点の商圏解析概要	145
7.7	ベキ乗パラメーター λ の推定方法（1） ―確率帯別一致度の決定係数―	147
7.8	ベキ乗パラメーター λ の推定方法（2） ―地図上の視認による λ 値の判定―	150
7.9	選択集合決定方法	151
7.10	選択確率商圏のメソレベルにおける店別適合度検証	153

 7.11　新規参入店の予測解析の場合の A_j の数値事例　　156
第8章　食品商圏解析の概念と方法と空間消費吸引率の諸関係
  　－GMSの食品商圏およびスーパーの商圏－　　158
 8.1　食品空間消費吸引率および消費率と
  　店全体の選択確率（顧客率）との関係　　158
 8.2　任意のカテゴリーの空間消費吸引率および消費率と
  　店全体の選択確率（顧客率）との関係　　160
 8.3　食品商圏解析における選択確率と
  　食品空間消費吸引率との関係　　162
 8.4　食品商圏解析モデルの具体的構築法　　164
 8.5　食品商圏解析における選択確率＝食品空間消費吸引率
  　の実証検証－GMS食品商圏と小型SM商圏の事例－　　166
第9章　人工的中心地の商圏の内部構造と小売空間競争の特徴　　169
 9.1　GMS商圏の内部構造　　169
 9.2　商圏の形状と小売空間競争の指標　　175
 9.3　既存店の需要吸収力指標 C_j の決定要因と
  　選択集合外競争店（小型店 or 異業態店）の影響　　178
 9.4　GMS近接立地の商圏構造と集積立地の"魅力度の法則"　　182
 9.5　SM立地参入と顧客争奪ゲーム　　186
 9.6　大型GMSと小型スーパーが共存できる要因　　188
 9.7　モール・SC商圏解析　　193
 9.8　小売空間競争とエリア成長戦略　　196
第10章　消費者の合理性と自然的思考と選択理論の関係　　199
 10.1　合理的選択理論と欲求・信念モデルと選択行為　　199
 10.2　命題的態度と店の効用　　202
 10.3　認知的思考と認知的経済性　　204
参考文献：　　210
索　　引　　219

はしがき

　本書はＧＩＳ（Geographic Information System：本書ではパソコン内にプログラムで設定した地理空間で各種計算ができ任意のラスタ地図にレイヤーできるものを指す）上で作動し、ＧＩＳ上の各地点での各店舗の顧客率（regular customer の割合）、すなわち個店の顧客率商圏をよく説明し予測できる、"関数魅力度集計型ロジット商圏モデル"を解説することを第一の目的に書かれています。基礎となる理論は2000年度ノーベル経済学賞を受賞した D. McFadden の確率選択理論 discrete choice theory のうちの集計型多項ロジットモデルで、これをＧＩＳ上で平均人による店舗選択問題に応用するモデルです。応用するまでのモデルビルディングと諸パラメーター推計方法にはかなりの工夫を要します。とりわけ売上という顕示選好を基に選択確率が選択集合の中で閉じることを示す選択システム方程式から求まる、個店ごとの"関数魅力度"は、ロジックの要となっております。これにより選択確率は現実の顧客率を説明し予測できるようになります。理論選択確率と現実の顧客率との照合すなわち実証検証は、任意に選定したいろいろなＧＭＳの店のハウスカードデータベースから推計される丁目顧客率を用いて行いました。この実証的科学的商圏モデルにより商業立地の投資リスクを減らし、既存店のエリアマーケティングとマーチャンダイジング政策の検討をより精密に行えるようになりました。

　商圏に関するこのような実証的科学モデルはおそらく世界で初めてのモデルです。そもそも社会科学で実証的モデルが場所を見つけたこと自体が驚きで、筆者もはじめから可能性を確信していたわけではないので、その経緯について序章で説明してあります。

　ロジットモデルは、ランダム効用 random utility と合理的消費者という仮定に基づきますが、従来のハフモデルは定数効用 constant utility とベルヌーイ試行する消費者という仮定に基づいております。消費者の買物トリップは、定数効用モデルでは対象の効用比の選択確率に従うベルヌーイ過程とみなされますが、ランダム効用モデルでは消費者は、選択集合の

vii

中から効用最大の店を選ぶと考えます。しかし地理学でもマーケティング学でも、ランダム効用モデルは定数効用モデルと等価であり、結局のところ同じであるということが定説となっているので、この謬説を正すのにかなりのページを割いております。両モデルは両立しないので、現実と照らし合わせてランダム効用モデルが正しければ、定数効用モデルは歴史的役割を終了することになります。

この様な誤解が生じたのは、モデルの背景にある"期間の問題"と消費者の"目的合理的行動"が理解されていなかったためです。"目的"の理解には"店舗とは何か"という問題の解決も含まれています。

消費者のショッピング行動が合理的でランダム効用モデルに基づき、それが計算可能だということが判明すると、従来の商業立地論、業態論、商圏論は、それぞれ見直され、修正される必要が出てきます。これらに関する従来の定説や議論は、肝心の実証的商圏理論とモデルを欠くために、曖昧で物語的説明 narrative explanation に終始していた傾向があります。本書では、第二の目的として、実証的商圏モデルから得られた知見をもとに、これらの定説の再点検と修正を試み、商圏との関連を明らかにし、特に店舗の集積と分散、小売空間競争、商圏の構造から見た業態の特徴などに関して新しい視点を提供しております。

ランダム効用モデルすなわち多項ロジットモデルおよび集計型多項ロジットモデル、並びに定数効用モデルに関しては、Ben-Akiva, M. and S. R. Lerman. 1985に依拠しつつ丁寧に紹介しましたが、多少数学の素養を要します。数学が苦手の人は適当に飛ばし読みしても内容を把握できます。

本書は流通業界の実務家を念頭に書きましたが、諸学説紹介を目指した教科書ではなく、オリジナルな立地論と商圏モデルならびに諸学説批判からなる経済学各論の中の商業立地論の専門書という位置付けとなるでしょう。同時に小売業に関する具体的な問題を扱っているので、ビジネス書の性格も持っています。

本書のもう一つの主題は、諸記号（事物、事象、概念記号、文字記号、数学記号）をめぐって専門家や消費者がどのように思考をめぐらすのか、ということに関する考察があります。学説批判は部分的にこの記号論的視点からも行っています。

本書によって、流通に関心のある人々の商業立地論と小売商圏に関する理解が深まることを期待しております。

謝　辞

　本書で紹介するようなシステムと概念体系は、1年や2年でできるものではなく完成に10年以上を要しておりますが、最初の構想から数えれば38年くらいになるでしょうか。こういう書物は小説や思想書と異なって、個人技だけで書けるものではなく、出来上がるまでには実に多くの人たちのご支援を得たのであり、とりわけ、イオン株式会社の先輩や後輩の方々の長年にわたるご支援のおかげであり、冒頭に記して深く感謝申し上げます。

　個人的には故中川克也氏に謝意を表します。ＧＩＳ集計型ロジット商圏モデルソフトウェアのうち基礎的な部分は、構造解析の大家であった中川氏（東京都立大学理学部・同大学院卒、プラズマ物理専攻）によるものです。中川氏は極めて優秀な人で、多くの研究所や大学、メーカーと共同で研究した実績があり、学術論文も50編以上書いています。この節の末尾に簡単な業績記録を記載します。

　関数魅力度ハフモデルのソフトを開発するとして、それをWindows 95のパソコンで動かせるかどうか、90年代半ばに中川氏に相談しましたが、検討の結果パソコンでは能力が足りず不可能で、どこかの大型計算機を借りないと動かないだろうということでした。Windows 98が出たあと再度検討してもらったところ、小さなエリアなら動きそうだということになり、中川氏自身がこの問題に興味を持ちだし、本格的に開発に着手しました。その後、中川氏は2002年に重い肺梗塞を患って長期入院となりましたが、2002年～2004年までの間、入院中にもかかわらずソフトの作り込みを、無理を言ってお願いしておりました。2005年春に病状がさらに悪化したので、ソースソフトを筆者が買い取り、同年夏より石川憲一氏にソフト開発の引き継ぎをお願いしました。中川氏は晩年の2006年末まで、ほとんど病院で過ごしておられましたが、2007年春にこの世を去られました。

　石川憲一氏（早稲田大学理工学部・同大学院理工学研究科応用物理学専攻卒、現在湘南工科大学。同大学で長年物理学とソフトウェアを教えてこ

られた）には、2005年以降中川氏の後に残された諸課題のソフトウェア開発・改良の継続と集計型ロジット商圏モデルへのソフトの変更と諸改良、商圏解析と結び付けたハウスカードデータベース集計分析ソフトの開発等を引き受けていただき深く感謝申し上げます。このソフトウェア開発は2009年までかけてようやく完成に至ったもので、小さな改良は2011年末まで続きました。石川氏はソフトウェアの開発に関して若いころ中川氏から薫陶を受けており、非常に緻密な頭脳の持ち主で、石川氏でなければこのソフトウェア開発は途中で頓挫し、完成に至らなかったであろうことは確実です。

イオン株式会社の人たちの中で広瀬充孝氏（関西大学経済学部卒）は特別で、ここに特に深く謝意を表させていただきます。広瀬氏は極めて洞察力に優れた人で、また大変なアイデアマンで、そもそも彼のこの能力と、90年代より続く、この商圏問題の解決に関する彼の長年月の関心と執念がなかったら、このソフトウェアも本書も完成されなかったでしょう。彼はこのソフトの長年のメインユーザーであり、厳しい注文者であり、彼の要求に応じてソフトは次第にブラシュアップされ、遂に関数魅力度集計型ロジット商圏モデルにたどり着いたのであります。

ついでに筆者（東京都立大学理学部卒、（株）DMRI代表）について記しておきますが、筆者は28年間イオン株式会社でスタッフとして自由に勉強させて戴いた身で、2001年に退職し、2003年より現職。本書執筆には、その経験が十分に生かされております。社会科学は現実を説明するのがその存在理由ですが、小売業という現実は、外から眺めているだけではなかなかその本質は判らず、体験を通して初めて見えてくる側面が大きいと思います。いろいろな学説が実は物語的説明なのだということは、イオン株式会社におけるこの長年の経験から得られた体験 to get the master symbols がなかったら結局わからなかったでしょう。

本書はこのように長年月にわたる非常に多くの人々のご支援とご協力の賜物なのですが、文責はすべて筆者にあります。

末尾になりましたが、開文社出版株式会社の安居洋一社長には、出版にあたりいろいろとご指導ご鞭撻をいただき、特に教科書中心という社の方針とは異なるこの冒険的な書物の出版を引き受けていただき、敬意と謝意

を表します。

　最後に 34 年間連れ添い、この間の筆者のわがままを容認してくれたわが妻 Eriko N. に謝意を表しておきます。

2012 年 4 月
長塚四史郎（Nagatsuka, Sisirou）

故中川克也氏の主な業績一覧（本人による）：

昭和年代：
- 「有限要素法による非圧縮性流体力学」プログラム開発。結果を土木学会、鋼構造協会、Int.J.Meth.Engng.に論文を発表（中央大学川原睦人教授と連名）
- 「非線形カルマンフィルターによる大気汚染の予測」の研究及びプログラム開発。結果を東大生産研究所技報に毛利尚武氏（東大教授.紫綬褒章受賞）と連名で発表。
- 「差分法による遠心分離機内のガスの流動解析（ウラン濃縮の問題）」（大手メーカー研究所）の研究及びプログラム開発。
- 「差分法による海洋汚染解析」のプログラム開発及びシミュレーション調査（環境庁、港湾建設局）
- 「差分法による高波解析」のプログラム開発及びシミュレーション調査（港湾建設局）
- 「有限要素法による海洋汚染解析」のプログラム開発及びシミュレーション調査（環境庁）
- 「海洋浮体構造物の動揺解析」（港湾技術研究所）の研究及びプログラム開発。
- 「原子力発電所の配管網解析」（日本原研）の研究及びプログラム開発。
- 「非線形最適化理論による宇宙往還機の最適軌道の決定」（航空宇宙研究所）

平成年代：
- 境界要素法による弾性波動の散乱解析」（東北大学、科学技術庁）非破壊検査の理論的研究で東北大学北原道弘教授と共同研究を行う。
- 境界要素法の論文を30編程発表（境界要素法研究会,土木学会,応用力学連合会）
- 国際境界要素シンポジュウム, 国際非破壊検査学会等に投稿及び論文発表
- 「半導体内の電子の挙動解析」（電気メーカー）
- 「トカマク内中性粒子のモンテカルロシミュレーション」（日本原研）

- 「トカマク内プラズマの電磁流体解析」（日本原研）
- 「有限要素法による回転軸の挙動解析」（電気メーカー）
- 「練成鉄塔の各種応答解析（地震応答解析、風によるガスト応答解析、周波数応答解析、固有値解析、静的大変形解析、動的非線形解析、ビームの動的非線形解析）」（電力中央研究所）数機の巨大送電線鉄塔と架橋線練成系の各種応答解析を行うプログラムの開発。

序　章

　本書は、小売業という複雑極まる事象に関して、科学的な見地から首尾一貫した全体的理解を得ようとするひとつの試みである。

　小売業という事象は、非常に複雑なので、それに関する諸理論、すなわち立地論、業態論、マーケティング論、などに関する諸説は、それらは次々と生み出されるのだが、どこか樹を見て森を見ない様相を免れなかった。それらを整理し、首尾一貫した整合的な理解に達するには、小売業の本質に迫れる科学的な商圏理論がどうしても必要であった。小売業は店舗の周りに自らの市場圏を生成し、それは店と消費者との相互作用で生じる、という事実が本質的であり、これを科学的に扱えない間は、イメージに頼った推論にならざるを得ない面が残るのである。ここで科学的というのは、現実の商圏を説明でき、かつ予測できる実証的モデルという意味である。こういう理論はあるようでなかった。それが21世紀の初めの10年目に登場できたのは、人的面を別とすれば、ここ10数年のホストコンピュータとパソコンの急激な発達に負っている。

　本書はその商圏モデルに関する説明と、そこから見えてくる従来の関連する諸説の再点検と修正をテーマとする。特に本書の方法によるならば、従来の商圏モデルはその歴史的役割を終えねばならないであろう。

　自然科学では、「理論」は「実験による実証検証」を経て初めてその正当性を獲得する。それらの理論は新たな反証が出ないかぎり積み上がり、壮大な「真理の体系」として膨張していく。

　社会科学の説明理論には3種類ある。「規範的理論」normative theoryと「実証的理論」positive theoryと「物語的説明」narrative explanationである。

　規範的理論は、現実世界の縮減模型で、主流は数学モデルだが、「命題」の形をとるものも多い。小売業関連では「小売の輪は回る」というのがひとつの例である。規範的理論の正当性は、モデルが現実世界の機能や運動をアナロジカルに模写している程度によって、獲得するもののようである。

実証的理論は、因果モデルでありかつ自然科学の場合のように数学的モデルが、現実のデータで裏付けられる可能性を持つ場合を言うが、極めて少ないと思われ、筆者の知る範囲では、心理学にルーツを持つ「選択理論」がこれに当たる。社会科学の分野の理論は、大部分規範的理論か物語的説明に属する（経済学の分野では少なくとも、立地に関しては皆無であると言える）。
　交通計画で用いられるグラビティモデルや商圏モデルであるハフモデルは、半ば規範的、半ば実証的理論である。その理論モデルは発生需要に関する制約条件以外に消費者に関して情報がないとき、最大エントロピー法で導かれ、その距離抵抗パラメーターは現実データから推計できるが、配分確率そのものは実証する方法がないためである。あるいは人間の行動には効用判断、ないし欲求と信念が関与するが、そのことが理論に組み込まれていないということも問題点としてあげられる。そのことについては本書のテーマの一つなので、本書の中で論証する。
　「物語的説明」というのは、ここでは命題や概念記号が現実の中に明確な指示対象を持たないように見えるときの説明のことを言っている。「物語的説明」はアナロジーとして非常に説得的なこともあるが、物語やそこに含まれるキータームが指示する対象が現実的なものではなく、虚構的な対象のこともあるので、用心する必要がある。
　例えば古代中国人は「馬」という記号を発明したが、もともと生き物としての馬の簡略化した絵から作成した。その後で「馬」が個物の馬を離れて普遍的な概念を示すようになったことに古代中国人は驚きを感じたのであるが（「荘子」）、この場合は個物から記号化されたので、「馬」という記号が、現実の中に"馬"という指示対象を持っていることがあいまいになることはない。しかし日本人は概念を表す文字記号を自らは発明せず、漢字という記号を丸ごと中国から学んだので、この原初の驚きを知らず、記号が外部に現実的な指示対象を持つかどうかに無頓着になりがちなのだ。
　このような指摘をわざわざするのは、社会科学の概念は、この「馬」のように現実の指示対象から、言語命名論的に生まれてきて言語システムに収まるのであって、その逆ではないと思われるからだ。したがって社会科学の用語は現実の中にその指示対象を持っているはずなのだが、必ずしも

そうではない場合が少なくないのである。ところが言語学の分野では全く逆の非実体論的な説明がなされている。このことは本書の議論にも全般的に関係するので触れておきたい。

　1980年代にはソシュールのシステム言語学が一世を風靡し、文化記号論の基礎になるような期待が持たれた。しかしこの説には容易には承認しがたい認識論的主張が含まれており、それが全体の基礎に据えられている。この説を強力に推し進めたのが言語学者丸山氏（1981・1984ほか）であるが、それに先だって同様の主張をされたのが同じく言語学者の鈴木氏1973なので、鈴木氏にしたがってこの説を概観しておきたい。

　ソシュール的認識論を信奉する言語学者は「非実体論」の立場に立つ。つまり言語は記号的差異に基づくシステムを成しており、事物自体ではなく、隣接する言葉（単語、特に名詞）の相互的関係が言葉の意味を定めている、と考える。例えば馬、鹿、ロバ、羊、のうち、ある言語に鹿がなければ「馬」は鹿も指示対象に含むだろう、ということである。そして言語システム論を容易に「認識論」へ置き換えてしまう。人間は、なまの事物そのものを決して知ることはできないから、言葉による恣意的な虚構の分節を事物に与え、言葉の構造を現実に投影しているのだという。言語によって、物の名が異なるのは、物を見る角度が異なることを意味すると説明される。鈴木氏1973は例として、英語では日本語の「湯」に相当する言葉がないこと、あるいはまた「唇」に相当する言葉もないことを挙げている。lipは、赤い「唇」を含むかなり広い範囲を指し、bearded lips（髭の生えたくちびる）という表現もあるし、upper lipは、上唇ではなく「鼻の下」に当たる部分を指す、という例も挙げている。そして『lipは「唇」に等しくないのだから、個々の言語を離れて、ものとしての唇がまず存在し、それに日本語で「唇」、英語でlipというレッテルを貼るのだと考えることはできない』という。しかしここから『ことばが、このように、私たちの世界認識の手がかりであり、唯一の窓口であるならば、ことばの構造やしくみが違えば、認識される対象も当然ある程度変化せざるを得ない。』という認識論的結論へどうして至るのか明確ではない。丸山氏1981は虹の色分けの言語による違い（日本語7、英語6、ショナ語3、等）を例に挙げて同様の主張をしている。

たしかにことばや観念や物語は思考や認識に影響するが、その影響の仕方は、ソシュールに始まる言語システム論者が言うようなもの（「言分け」ないし「ことばの守備範囲＝認識の限界」説）とは思われない。上記の鈴木氏1973が挙げた例の中に反例がある。つまり英国人やアメリカ人が行うキスという行為を、筆者は映画や路上でこれまで恐らく数百例は見てきたと思われるが、「鼻の下」にキスした例は一度も見た覚えがない。つまりlipsの範囲は広くても、彼らが「紅い唇」を見そこなうことはないのである。実際、必要とあらば英国人はred lipsというであろうしあるいは湯ならhot waterと言うであろう。つまりかれらは言葉（名詞）がなくても事象の多様性を多様なままに認識しているのである（このことに関しては多くの認知心理学的研究があるであろう）。形容詞は名詞を説明するためにあるのだから、必要なら形容詞で指示対象を示すことができるが、通常は文脈から「想像力」でことばの意味を補っているのである。

　ウィトゲンシュタインが、言語ゲーム、家族的類似性と呼んだもの、そしてそれを参考に認知科学が明らかにしたプロトタイプという認知の仕方、こういうものを無視したところにソシュール的認識イリュージョンが登場する[注1]。

　言語学が明らかにしたことは、どの言語も外部事象の多様性に対して、言葉の数が非常に少ないということ、つまり言葉（単語）の意味の守備範囲は広いということ、それを読み手が個々の言明の「文脈」からの類推と、文化に備わっている「想像力」と、個人の経験に依存する「想像力」で補って解釈していること、であると言われるべきであろう。この外部事象には愛や憎しみといった心的事象も当然含まれる。つまり言葉は「コード」codeだけで解釈されるのではないのである。それを「言分け」という単純なシステム用語を持ち込んで一元的に「認識論的議論」を展開したのがソシュール主義者の論法なのだと思われる。

　社会科学の場合に戻ると、指示対象が一向に明確でないまま、議論だけが進んで行く事態も決して稀ではないが、これは理論上の言葉の多くが抽象的だからだ。それを読み手がロジックと「想像力」で補って読むのだが、少なくともキーになる言葉の意味を読み手の想像力にゆだねることは、最小限にしなければならないであろう。煩雑を避けるために言語ゲーム的に

議論を進めるとしても、肝心のところでは、「例示」や「事象の説明」や「メルクマール定義」を欠かせないのである。

ところが理論的言葉に関してもう一つのタイプがある。それは当初、その意味するところと指示対象は、多分にあいまいで抽象的な命名なのだが、その言葉が現実の中の、なんらかの非常に重要な実体（本質）を表していると"直感"が承認しており[注2]、そこから出発して、歴史的営為の中で煮詰まり、やがて理論的関係の中でその意味するところと指示するところが次第に明確になる、という場合である。自然科学における"エネルギー"や"質量"、社会科学における"効用"や"合理性"がその例である。本書はこの"効用"をめぐる理論的成果をGIS上で応用した選択モデルに関する報告であり、またそこから導かれる"業態"と"立地"に関する新しい知見も提示する。

単純にして平板なソシュール的言語システム論から発想しても何も得るところはない。理解に達するには現実に即して事象を吟味し、掘り下げていくほかないのである。

"吾輩は猫である"という記述が真偽を問えないのは、現実の中に指示対象がないからであるが、誰も変に思わないのは、思考はアナロジー的類推で働くから容易にその意味を推測できるからである。「物語的説明」はこのように現実的指示対象（事象）無しで「想像力」だけで理解させる説明を言う。小売業に関連した例で言えば、「差別化最小原理」は、もしもそれが立地に関連した文脈で使われるなら、「物語的説明」になってしまうだろう、ということを後で論じる。「規範的理論」と思われてきたものも、仔細に検討すると実は「物語的説明」だった、という例は少なくないのである。

本書は社会科学の中で実証的モデルを構築できる数少ない理論である「合理的選択理論」を用いて、GIS（Geographic Information System: パソコン内にプログラムで設定した地理空間）上で作動する商圏モデルを構築し、選択確率をGIS上で実際に実証できることを示すことを主な目的に、流通業界の実務家と流通業や都市論に関心のある他業界の実務家や学生を念頭に置いて書いている。

ここで留意していただきたいことは、「実証」は「標本調査」を用いたのではなく、また自然科学の場合のように「実験室」で行われたのではなく、「"任意に選ばれた"、"環境の異なる" 別々のエリアに立地するＧＭＳの顧客率と理論選択確率とをＧＩＳの地理空間上でメソレベルで照合する」ことで行われた、ということである。つまりこの商圏モデルは、ＧＩＳ上で任意の地点の小売立地問題を解ける、文字通り現実をシミュレートできる道具的モデルでもあるのである。したがって「説明」だけでなく、「予測」も可能となる。社会科学の領域で、あたかも物理学のように、しかも実験のような条件コントロールなしに成立するモデルは、恐らくこの商圏モデルが世界で最初のモデルであろう。

　「合理的選択理論」は、「ランダム効用モデル」に基づいて導かれるが、従来のハフモデルや空間的相互作用モデルは「定数効用モデル」に基づいている。これらは意味上異なり、両立できない。前者は効用最大の店舗を選ぶ１回の確率であり、後者は本質的に期間モデルであり発生需要配分確率なのである。また後者を応用するには解決困難な多くの障害がある。したがってランダム効用モデルが実証されるなら、定数効用モデルに基づく商圏モデルは現実的ではなく、歴史的役割を終えねばならないのである。

　さらにまた、実証的商圏モデルが成立すると、それまで規範的理論として通用していた立地論や業態論に修正を迫ることになり、また一部は物語的説明として退けられることになる。

　本書はこのような影響と基礎的検討を前半の章にまとめて書いた（第１章〜第５章）。第６〜９章が合理的選択理論に基づく商圏モデルの説明であり、第10章は消費者の「非命題的思考」も「合理的選択」モデルの中には含まれることに関するメモである。

　ここでは従来の商圏モデルに関する議論にはどのような問題点が潜んでいたのか、歴史的経緯に関して概観しておきたい。

交通計画のグラビティモデル：
　筆者の知っている限りでは、1960〜70年代のころ、日本の高速道路や国道のバイパスの計画は、現在ＯＤ表（origin－destination table；発地―目的地間交通トリップ表）調査推計、将来ＯＤ表予測、将来道路ネッ

トワークへの車種別交通量配分、という一連の調査推計分析業務によって妥当性を評価されていた。この方法はアメリカから学んだものであり、OD表推計にはグラビティモデル（gravity model 重力モデル）、すなわちゾーンiとjの間のトリップ数をT_{ij}とすると、$T_{ij} = a_i M_i M_j / R_{ij}^\lambda$を仮定するモデルが用いられていた（$M_i$, M_jはi, jの何らかの集積量）。この種のモデルの使用はアメリカでは1955年ころからであると言われている（Bruton, M.J. 1970）。

ハフモデル：

　マーケティング分野では、ライリー・コンバース型のモデルをグラビティモデルと呼んでいたが、ハフ Huff 1962 は、ライリー・コンバース型のグラビティモデルは商圏境界画定モデルであり、現実的ではないと指摘し、現実の商圏は何らかの確率モデルに従うはずであると述べ、ルース Luce 1959 の**定数効用モデル**に基づく商圏モデルを提案すると言っている。要点は、定数効用モデルの場合、ハフも説明しているように、平均的な消費者は、充分に長い期間を見れば、対象となる店舗の効用の比$u(j)/\Sigma u(k)$で、すべての店に出向する、ということである。たとえばある消費者のj店の効用比が対象店舗中で40%なら、100回の買い物中40回はjへ出向するだろう。この定数効用モデルに従えば、空間を統計的ユニット（ゾーン）に分けて、各ユニットの消費者を平均人で置き換え、かつ十分な期間で見れば、統計的ユニットiの期間発生量（発生トリップ数や買物予算）は、各j店の効用の比$u(j)/\Sigma u(k)$で各目的店に配分される、ということになるであろうとハフは仮定した。つまり配分確率$P(i \Rightarrow j)$を、$P(i \Rightarrow j) = u(i,j)/\Sigma u(i,j)$と仮定したのが、ハフモデルである。言い換えれば、買物トリップの要素過程はベルヌーイ試行の連鎖、つまり**ベルヌーイ過程**であるとハフは仮定している。したがってハフモデルは本質的に"**期間モデル**"である。

　話が混線するもとのひとつは、ハフがこの効用$u(j)$を、店の売場面積に比例し、店までの距離のベキ乗に反比例する、つまり$u(j) \propto M_j/R_{ij}^\lambda$という、交通計画で使われていたグラビティモデル型に仮定したことである。つまりハフモデルもグラビティモデルなのである。また定数効用とは

言うものの、現実と照合して実証される手続きを経るまではノーマティブな理論にとどまるのであるが、今日まで配分確率 $P(i \Rightarrow j)$ そのものが実証されたことはない。上記のグラビティモデルを仮定した上で距離抵抗パラメーターが推計されるだけである。

ハフモデルが実証モデルにはならない他の理由：

　ハフモデルをＧＩＳ上で用いるときには、理論上の問題のほかに、方法上の特有の困難が4種類ある。まずこれらへ配分される"発生需要"（業態別の発生トリップ数や買物予算）をどのように推計できるかという問題がある。発生トリップ数は、業態別に異なるだけでなく、消費者と店との距離でも異なる。つまり店に近い場所ほど発生トリップ数は多くなるので距離の関数となる、という問題がある。次に、"配分先店舗集合"の決定方法がない、という問題がある。店舗の商圏も配分需要もこの"配分先店舗集合"次第なのだが。次に"距離抵抗を表すベキ乗値"の推計方法である。そして実証上の問題として、ハフモデルがいう期間出向確率ないし配分確率と"突合するべき現実のデータが存在しない"ために、配分確率商圏そのものを実証することが不可能なことである。

空間的相互作用モデルとハフモデル：

　地理学ではウィルソン Wilson 1967 が交通計画などで用いられていた発生制約型グラビティモデルを、統計力学の最大エントロピー法で、発生制約条件のもとで、他に何の情報もなければもっとも起こりうるモデルであると演繹的に証明して見せた。このモデルは地理学では空間的相互作用モデル spatial interaction model といわれる。

　発生制約モデルとはゾーン i の発生量 O_i が、グラビティモデルが示す対象 j の効用比で配分されるという**定数効用モデル**であることと同値である。したがってこれは**ハフモデルを数学的に裏付けた**ものとなっている[注3]。

　統計力学的証明法は平衡状態に関するものであるせいもあって、ウィルソンはこのモデルが妥当する**期間**については何も述べていない。しかし具体的に人間の買物行動に当てはめてみると、同じ買物目的でもそのトリップサイクルは個人によって異なり、例えば食品購買目的では1日から1カ

月に1回程度まである。そのサイクルの差は個人の事情によるだけでなく、居住地と店までの距離によっても異なる。そうすると観測の、そしてモデル適用の**ミニマム期間**をどのように考えたらよいのかが問題となるが、ウィルソンは何も言っていない。何らかの期間を想定しなければ、"配分先の目的地候補"も出揃わないであろう。

またこうも言える。ウィルソンの証明法は制約条件下で、多項分布で表わされる分布確率を最大にするトリップ分布を求めることと同値であるから、その要素過程は**ベルヌーイ過程**とみなすことと同値であり、十分な期間のもとで初めて適用できると考えられる。

以前から奇妙に感じてきたが、なかなかうまく説明できなかった点は、グラビティモデルしたがってハフモデルもだが、分子の運動と同じロジックで根拠づけられるなら、あるいはベルヌーイ過程として根拠づけられるなら、今日的に言えば、消費者の**欲求と信念**（価値観）は無用になり、それで本当に買物トリップ商圏が表現されているのか、ということである。

欲求と信念と店舗選択問題を扱えるのが、ランダム効用に基づく選択理論（多項ロジットモデル）である。**ランダム効用モデル**は消費者の欲求と信念に関係するが、最大エントロピーに基づく定数効用モデルは、人間の意思には無関係に成り立つものなのである。

集計型ロジット商圏モデル：

多項ロジットモデル Multinomial Logit Model とは、Domencich and McFadden 1975[注4]によって定式化された選択確率で、対象の効用がランダム効用であり、かつ消費者**個人**が、**選択集合**の中のjという選択肢を**効用最大のものとして1回選ぶ**選択確率を表すものである。合理的選択理論のもとになるモデルであり、確率選択理論 Discrete Choice Theory のうち解析関数で表わされたものを言う。

ランダム効用とは対象の効用が、**確定効用＋ランダムに変動する効用**、というように表わされることを意味し、確定効用は対象の属性で表わされる。これを商圏モデルに応用するときは、確定効用関数をグラビティモデル型（の対数）に仮定する。ランダムに変動する効用はあらゆる不確実な要因を飲み込むもので、正規分布に近い分布形（Gumbel 分布）が仮定さ

れる。このとき効用最大のものを選択する確率は、対象の確定効用の指数関数で表わされる。

集計型多項ロジットモデル Aggregate Multinomial Logit Model は、個人を"平均人"で置き換えたモデルで、これを用いると集計的な商圏モデルを得られる。標本ではなく"平均人"を用いるために、"**ＧＩＳ上でモデルを作動させることができる**"が、具体的なモデルビルディングと実証検証にはいろいろな工夫を要する。

消費者は"**合理的**"である、と言われるときの合理的の意味は、"**目的のもとで効用最大のものを選択する**"と同義である。消費者が合理的なら、同じ目的下では、同じ選択をするはずだから、店舗選択においてランダム効用選択理論が意味するのは、消費者は期間で見れば**固定客化**する、ということを指す。集計型ロジット商圏モデルの選択確率は、住民の内の固定客 regular customer の割合、すなわち顧客率を意味する。選択確率を配分確率と区別するために P_{ij} を $P(i;j|\eta)$ と書くと、選択集合 $\eta(i;j)$ は閉じていなければならない、すなわち $\Sigma_j P(i;j|\eta) = 1$ と書いて矛盾が生じないことが条件となる。この条件を満たす集合は**無関係の代替案からの独立**（**IIA 特性** Independence from Irrelevant Alternatives）という性質を持つことが必要である。これに対して、定数効用出向確率モデルでは、消費者個人は期間で見ると対象の効用比で各店を巡回し、個人は固定客化はしない。ハフモデルからは**述べ客数**が計算され、顧客は特定化されないが、一方の選択理論では**固定客数**（以下、単に**顧客数**ともいう）が算出され、それを構成する個人も特定の人で、変動しないのである。

関数魅力度集計型ロジット商圏モデル：

集計型ロジット商圏モデルから推計される個店の固定客数および売上と、現実の固定客数（これはハウスカードデータベースから推計できる）および売上とを一致させるには、個店の魅力度＝売場面積とする限り不可能で、魅力度＝ A_j ×売場面積として**魅力度係数** A_j を、モデルを通してこれら、つまり消費者の顕示選好結果と一致するように推計しなければならない。つまり㎡当たりの集客力の指標である A_j は、**関数パラメーター**で、選択に関する近隣他店との相対的関係の中で定まるものなのである。これを導

入することによって**集計型ロジット商圏モデル**は完成する。
　個店ごとに異なる関数パラメーターをGIS上で計算し、商圏確率等高線を表現するには、市販のアメリカ系GISソフトでは不可能なので、任意のラスタ地図を背景とする独自のGISソフトを開発する必要がある。

定数効用モデルとランダム効用モデルとどちらが正しいか：

　集計型ロジット商圏モデルにおいて、店舗の効用の属性変数として、売場面積と距離をとり、限界効用逓減則が働くと仮定すれば、対数変換でハフモデルと同型の式が得られる。この式の同型性から、マーケティング学者も地理学者も、商圏モデルに関してランダム効用モデルも、定数効用モデルも、結局同じものだ、と自らの著書に書いている。$P(i \Rightarrow j)$ も $P(i;j|\eta)$ も同じだというのである。しかしこれらは全くの誤解で、同じ式でも意味が全く異なるのである。今日振り返ってみるとこの混同が商圏理論を混乱させた原因の一つのように思える。

　定数効用モデルとランダム効用モデルは両立できない。分析者が好きな方を選ぶということはできない。Ben-Akiva & Lerman 1985 が言うように、**定数効用モデルとランダム効用モデルの間には深い溝があり、本質的に異なる**のである。

　どちらが正しいかは、現実が決定する。ハウスカードデータベースの既存の顧客の入れ変わりは非常に少ないし、本書のような関数パラメーター（魅力度係数）を用いる集計型ロジット商圏モデルは、各地点（ただし丁目のような統計的ユニットのこと）の示す顧客率をメソレベル（選択確率の巾）でよく説明する。したがってハフモデルは現実的ではなく、現実に一致するのは集計型ロジット商圏モデルの方である。そしてこれは、消費者は合理的であるという経済学や社会科学の前提に、現実も合致していることを意味している。

ランダム効用モデルの帰結：

　消費者の店舗選択が、定数効用モデルすなわちベルヌーイ過程ではなく、ランダム効用モデルすなわち合理的選択であると実証されると、その帰結として、店舗とは何か、小売空間競争はどのようなものか、商圏の内部構

造はどのようなものか、ということから始まって、商品分類論、中心地論、人工的中心地論、業態論、小売立地論、商業の集積と分散論、小売空間競争論などの既存の諸説、諸理論にそれぞれ修正をもたらす。従来の学説には合理的選択理論、商圏理論の視点が欠落しているのである。

21世紀の最初の10年目になぜこのモデルは登場したか：

　この分野の理論的な流れとその中でのＧＩＳと集計型ロジットモデルの位置付けを概観すると、Cox and Golledge が 1981 年に編集した論文集 "Behavioral problems in geography revisited" によれば、本場のイギリスでは統計的モデルすなわち空間的相互作用モデルから、より個人的要素の強い認知・行動論的アプローチへと関心を移したが、合理的行動が言及されているもののこの時点では選択理論は注目されていない（同書中の D. ハーヴェイなどの論文参照）。その後 1984 年に Pitfield の論文集 "Discrete choice models in regional science" が出たが、ＧＩＳは未発達の時点なので、パネルデータを前提とする議論となっている。1991 年に Fotheringham によるレヴューである "Statistical modeling of spatial choice: an overview." が出て、ランダム効用最大化理論と空間選択が論じられているが、nested-logit approach と competing destinations approach が中心の議論で、集計型ロジットモデルとＧＩＳには触れられていない。1992 年に Brown のレヴューである "Retail location: A micro-scale perspective." が出版されたが、マクファデン McFadden には全く言及されていない。ＧＩＳが十分に発展した 2002 年と 2006 年にそれぞれフランスとアメリカで出版された Cliquet 編集の論文集 "Geomarketing:-Methods and strategies in spatial marketing." でも選択理論や McFadden は全く無視されている。日本の代表的地理学会誌のひとつである『人文地理』の 1980 年以降のものをすべて調べたが、集計型ロジットモデルに関する論文はなかった。筆者は地理学者ではないので断定はできないが、このような論文集やレヴューの状況や net 検索から、ＧＩＳ上での集計型ロジットモデルの応用に関する論文は存在しないという結論となった。

　このように商圏理論問題が 21 世はじめの 10 年間にようやく解決できた

のは、技術的な背景としては 2001 年の Windows XP になってパソコンの性能が飛躍的に伸びＧＩＳ上の複雑な計算が可能になったこと、コンピュータの発達によって企業内に顧客との取引に関する大規模データベースが構築され容易に利用できるようになったのがこのころであることが挙げられる。卑近な例でいえばエクセルで行数制限が 6 万 5 千行から 104 万 8 千行になり、列数制限が 256 列から 1 万 6 千列になったのは Office 2007 からであり、これによってパソコンでも大量データを楽々と扱えるようになり、顧客購買行動を集計分析し、商圏理論の結果を実証するのが容易になったのである。

　ＰＣ（パソコン）内の独自のＧＩＳ上で作動する**関数魅力度集計型ロジット商圏モデル**による立地シミュレーションソフトウェアは、シミュレーション動作部はＦＯＲＴＲＡＮで書かれ、およそ 5 万ステップである。ＦＯＲＴＲＡＮでは、入力は店舗データベースと 500m メッシュ国勢調査データと選択ルールで、関数パラメーターである魅力度係数 A_j と選択確率等高線と固定客数が計算され出力される。その出力結果は任意のラスタ地図上で表示＆分析操作できる Visual Basic V6 で書かれた地図上分析＆集計ソフトに引き継がれ、それはおよそ 6 万ステップである。この VB 部では、地図上の国勢調査データの諸計算と確率等高線に沿った諸計算と、商圏と関連した期間ハウスカードデータベース集計分析計算がおこなわれる。

　本書を読んだ実務家が、同様のソフト開発を目指すときに必要な概念はすべて書いたつもりであるが、ソフトウェア上の詳細なテクニックは直接開発に携わった者でないとわからないので書いていない。

各章の構成：
　本書の構成は、次のようになっている[注5]。
- 第 1 章は、立地論の古典であるコープランドの商品分類論と商業集積論、三種類の小売トレード、孤立店の商圏、クリスタラーの中心地理論、ホテリングの差別化最小原理、などについて、集計型ロジット商圏モデルの知見から批判的に論じている。
- 第 2 章は、業態論および業態盛衰論と GMS 業態論に関する諸説を批判

的に論じている。業態盛衰論は、小売業態がなぜ今あるようにあり、それらはどのように盛衰するかを扱うが、これらの議論には、立地論と商圏理論の視点が欠けている、という点から論じている。業態論に関してはテイストスケールの観点を導入している。また選択理論から見て業態と店舗とは何かについて論じている。

- 第3章は、ハフの論文（Huff 1962）に基づいて、ハフの定数効用モデルの論理的基礎に関して批判的に論じている。また地理学の空間的相互作用モデルの基本的な問題点について論じている。
- 第4章は、集計型ロジット商圏モデルへの準備として、効用概念に関して論じた部分と、定数効用モデルとベルヌーイ過程との関係を議論した部分と、定数効用モデルとランダム効用モデルは同じという謬説を批判した節を設けている。中心はBenAkiva & Leman1985を参照しながら、確率選択理論 Discrete Choice theory について説明した部分と、IIA特性について論じた部分である。ここでは定数効用モデルとランダム効用モデルが数学的に定式化され、それらの違いが明らかとなる。ロジットモデルは80年代から金融理論やマーケティングの専門家には衆知のものだが、流通業界で知っている人は非常に少ない。また過去に選択理論やロジットモデルと名のついた専門書が出版された形跡もない。海外では Discrete Choice Theory とか logit model と名の付く本はたくさん出ているが、これは"合理性"という概念の文化の中での位置付けを反映しているものと思われる。これについて学ぼうとすると、今日でも片平氏の「マーケティング・サイエンス」が最良の教科書であるが、集計型ロジットモデルに関しては紹介がない。他にもいくつか1章を当てて紹介している本はあるが、日本的なコンパクトでシャープな紹介は、実務家が実用を目指すには適切とは言えない。モデル化されているのは人間の合理的行為であり、応用に当たっては泥臭く吟味しなければならない点がいろいろとあるからである。なお極値統計に関する紹介は省いた。これについてはいろいろなテキストがある。
- 第5章は、スーパーを対象にする個人の店舗選択へ多項ロジットモデルを適用し、有意な店舗の属性を絞り、それによる選択確率（パトロネージ度）が、現実をよく説明している、という論文を吟味する。これによ

り店舗選択行動に対するロジットモデルの具体的適用方法を知ることができる。また同じ訪問確率のデータを定数効用モデルでも説明できる可能性があるが、その意味が異なり、異なる結果をもたらすことを第4章に引き続き説明する。すなわちランダム効用モデルにおける確定効用と定数効用モデルにおける定数効用が、どのように意味が異なるのかを再度説明する。また期間モデルである定数効用モデルではモデル適用上大きな困難があるが、集計型多項ロジットモデルでは期間で考えても何の問題も生じないことを説明する。この種の論文は他にもいろいろとあるが、共通して消費者の命題的態度に基づく分析となっている。ここではこの命題的態度に基づく分析のあやふやさを指摘し、集計型ロジットモデルにはそれがないことに留意することも意図している。

- 第6章は集計型ロジットモデルを説明した部分と集計型ロジット商圏モデルを導入するロジックを説明した部分からなる。
- 第7章と第8章は、本書の中心部分で、GIS上で店舗選択行動として作動する**関数魅力度集計型ロジット商圏モデル**の具体的構築方法と諸パラメーター推計方法を、GMS商圏と、GMSの食品商圏およびSM商圏に関して説明し、かつそれぞれの適合度検証に関して説明したものである。具体的な店名や場所が判らないようにする必要があったので、本書ではラスタ地図を用いていない。それでも500mメッシュ格子線を用いており、データは真正なので方法の理解には何ら障害にはなっていない。

　実務家は、同様のソフトを作成すれば、ハウスカードデータベースを用いて、任意の店舗で同様の追試検証を行うことができる。
- 第9章はロジット商圏分析を用いて、商圏の内部構造、近接立地・集積立地の魅力度の法則、大型店と小型店が共存できる理由の考察、モールと核店の集客力の関係、モール・SCの商圏、小売空間競争、の諸側面を論じ、また、企業のエリア戦略との関連を論じたものである。
- 第10章は、店舗選択における消費者の合理性は、命題的態度だけでは説明できず、自然的思考を考慮に入れるべきであること、自然的思考の諸特徴、これら非命題的思考も店舗選択に関係しているはずであるが、それは関数魅力度に織り込まれていると考えられること、などに関して

論じている。

注：
1）言語ゲームというのは、よく知っている仲間内では、言葉はいちいち定義したり説明したりする必要はないというほどの意味である。例えば調理場でシェフが「玉ねぎ！」といえば、特定の人が玉ねぎの皮をむきそれを刻む、という意味であることはこの調理場というゲームに参加している人には説明抜きで伝わる、というように、語の意味は使用の中で機能的に決まるという意味である。ところが丸山氏 1987 は、この機能的な語の使用に関するゲーム説は、ソシュールの構造的な語のカテゴリーシステム論に近い（！）と書いている。また同書で「ロゴスとしての＜名＝言葉＞があってはじめて世界は分節され、・・・存在を開始する」と自らの非実体論を再説している。つまり＜怒り＞という言葉があってのち"怒り"という感情が存在を開始する（！）、ということになるのだろうか。筆者が言語学者でないにもかかわらず、鈴木氏や丸山氏を俎上に乗せているのは、言葉に関する本書の基本的立場が、両氏の説との対比で明確になるからにほかならない。
2）カント Kant は"直感"を伴わない概念は空疎であると言っている。
3）地理学では発生制約型空間的相互作用モデルを"小売モデル"ともいう。
4）D. McFadden はこの功績により 2000 年にノーベル経済学賞を受賞している。
5）本書中で外国人名は、日本人によく知られている人についてはカタカナ併記、そうでない人はカタカナ併記せず、という方針にしている。また引用文献は巻末の参考文献に示し、文中では著者名の後に刊行年を示しわかるようにしている。

第1章　商業立地論の諸問題

　1920年代から30年代にかけて、コープランド Copeland 1923 の商品分類論、ホテリング Hotelling 1929 の線分市場立地論、ライリー Reily 1931 の小売引力の法則、クリスタラー Christaller 1933 の中心地理論、などの諸理論が創案され、商業立地論の端緒が開かれた。そこで基本的な問題として取り上げられたのは、諸々の各種商店が、あるところでは集積立地し、他のところでは分散立地しているのはなぜか、その理由と市場地域構造の説明の問題である。コープランドの商品分類論は、単なるカテゴリー論ではなく、商店の立地と消費者の買い物行動を説明する目的で考えられた商品分類論であり、同時にこの観点から見た業態論ともなっている。クリスタラーの中心地理論は大小の都市の中心部の商業集積とその市場圏との関係を説明する理論であり、ライリーの小売引力の法則は、商圏に関する初期のグラビティ・モデルであり、ホテリングの線分市場立地モデルないしは差別化最小原理と言われるものは、ホテリングの意図からは相当にはずれた俗説となっているが、商業集積に関する議論の糸口にはなるモデルである。この章ではこれらの諸理論を今日の視点から点検し、商業の立地に関する理解を深めることを目的とする。

1．1　商業立地とコープランドの商品分類論

　コープランド 1923 の最寄品、買回り品、専門品という商品の三大分類は、商業の集積と分散、すなわち商業の立地行動と消費者の購買行動と商品カテゴリーを結びつけたもので、今日でも立地と業態を考える場合の考察の基礎を与える。コープランドによる定義と議論の概要は次のとおりである。

　①**最寄品** convenience goods：居住地の近くの店で習慣的に購買される。単価は安く、遠くへ買い物に行くことはコストに合わない。購買頻度は高い。このため小売店の在庫投資は少なくて済む。居住地近くに無数の

個人単独店が立地しており、それを卸業者が支えている。しかし居住地近くに多くの小規模店の立地点があることと企業としての大規模販売の利点との組み合わせから、最寄品のカテゴリーでチェーンシステムが発達しつつある。商品カテゴリーの事例としては、缶入スープ、タバコ、電球、安全カミソリ、靴磨き、洗濯石鹸、クラッカー、大衆向け雑誌、キャンディ、歯磨き、労働用の靴、など。典型的小売店としては、食料品店 grocery store、ドラッグストア drug store、金物店 hardware store など。

②買回り品 shopping goods：消費者が購買時点で価格、品質およびスタイルを比較することを欲する商品。買回り品の主要な顧客は女性。購買される商品の正確な特性は、複数の店で比較される以前に、心の中で明確に決まっていることはない。品定めは自分に合うかどうか厳密に行われる。この点、最寄品と対象的である。最寄品では欲求は即時的に充足されるが、買回り品では一定時間遅れるし、必ず充足されなければならないというものでもない。欲求される商品は極めて多様なので、広域から集客できる中心地に集中立地される。このため店舗の賃借料は高い。典型的な商品カテゴリーは、ギンガム生地、婦人用手袋、磁器、婦人衣料品、アクセサリーなどである。典型的小売店は百貨店である。

③専門品 specialty goods：価格以外に特定の魅力を持っており、買い回ることなく、店舗に行くための特別な努力をさせる商品。消費者は、購入に先立って、購入すべき商品の性質と選択肢の範囲、購入すべき店を決めている。特定の専門品ブランドないし店舗へのロイヤリティが高い場合もあれば、価格やスタイルの方が重視されるものもある。購入は稀にしか起こらないかもしくはリピートサイクルのばらつきが大きい。典型的な商品カテゴリーは、紳士服、紳士靴、婦人靴、婦人スーツ、高級家具、銀器、電気掃除機、レコードプレーヤー、ファンシーグッズなどである。典型的小売店は専門店で、広域から集客できる地点に立地する。百貨店も専門品を扱う。一都市の専門店の数は、最寄品店の数に比べると極めて少ない。専門品は製造業者から小売業者へ直接的に卸される。

1．2 コープランドの定義の今日的見直し

　このようにコープランドの商品カテゴリーの定義は、1923年当時の店舗展開を前提に、消費者の購買動機もしくは心理と、店舗選択行動を結び付けて、商品を大きく3分類したものである。当時は、小売店の大多数は個人商店ないし単独店であり、チェーン化は始まった段階だが、その支店の規模は小さかった。このためこの分類も今日の小売店展開、業態発展に合わせて、見直してみる必要がある。

1）当時と変わらない専門品店：
　コープランドの定義する専門品は、当時では価格の高かった高級商品であり、購買サイクルが長く、購買に先立って消費者によって商品に関する情報収集・検討が行われ、買う前に購入する店舗が決まっているような商品がイメージされている。今日では乗用車やレジャー用具を加えることが適当であろう。今日でもこのような専門品とそれを扱う専門店が存在することはもちろんであり、テイストスケール（第2章参照）で分けたとき、アッパーエンドの商品は当時と同様、専門品となっているものが多い。

2）最寄品のようになった専門品と店：
　しかしコープランドの挙げる専門品のなかには、今日では最寄品のようになったものもある。原因は製造段階での機械化やグローバリゼーションで、テイストスケールが広がり、低価格品が増えたことによる。たとえば紳士服、紳士靴や電気製品などは、当時と比較すると、他の商品との相対的価格が大幅に低下しており、需要は増え、これらを扱う店は、消費者の近くに立地するようになっている。つまり購入頻度を別とすれば、これらは"**最寄品**"のように購買されるケースが多い。例えば紳士服専門店は、およそ2km以内の男性を対象に郊外に多店展開してきた。その顧客の大多数は、突然スーツが必要となり、駆け込んでくる、という人たちで、コープランドの専門品にはそぐわない。同様にホームファッション、靴、などのカテゴリーをテイストスケールで分けてみた場合、ローエンド側のボリュームゾーンでは、紳士服同様、郊外の小商圏立地で経営が成り立つので多店舗展開され（店舗規模はかなり大きい）、最寄品のように買われるように

第1章　商業立地論の諸問題　19

なった。またコープランドが専門品に分類したもののなかで、**カテゴリーキラー**として大型化、チェーン化し、単独で集客できるようになったため、需要の見込めるところにはどこにでも立地するようになったものに家電量販店、玩具量販店、がある。

3）当時とあまり変わらない買回り品と店：

　買回り品に分類される商品の特徴として、店舗、モールないし中心地選択のいずれかの段階で、何らかのカテゴリーレベルでなにかを購入する欲求が生じているが、具体的な商品は決して**想起**されることはない、ということが挙げられる。その理由は、ひとつにはコープランドの言うように、買い回り商品を消費者が購入決定するまでには、まず店頭という現場で多くの商品の中から発見され、それに引き続いて消費者個人の趣好や自己表現に合っているかどうか厳密な品定め審査を経なければならない、ということがある（たとえばかのセシル・ビートン Beaton 1954 は、女性がわずかなディテールの違いにどれほどこだわるか例示している）。また仮に以前の経験で記憶に潜在していた場合でも、想起でそれを引き出すことはできない、しかし**再認**はできる、という人間の記憶の特徴ということも挙げられる。つまり記憶というものは、脳の中にあるというよりは、それが元々あった現場の中に置かれているから、店頭に行ってみるまでは**想起不可能**なのである。買い回るという行為は、それゆえ自己発見の旅のような趣がある。

　今日の社会科学の用語でいうなら（第 10 章参照）、**買回り品**とは、自己を見出したいという"**欲求**" desire と自己に合っているという"**信念**" belief（価値観）に基づいて、店頭で見出され、購入されるものである、といえよう。

　今日では買回り品に分類される婦人衣料や紳士衣料を扱う店の中には、スタイルを統一して**ブランドショップ**として、顧客を選別するものが増えているが、これらは購入頻度を別とすれば、コープランドの専門品・専門店のような特徴を持つ。しかし関連アイテムと顧客を完全に囲い込むことは不可能なので、小商圏で成り立つローエンド商品は別として、買回り品は集積しなければならない事情はコープランドのときと変わらない。変わったのは、人口集中が進んで都市圏が拡大し、中心地そのものが不足してき

たことで、このために郊外の人工的中心地であるGMSとモールが発達してきた。

4）最寄品のようになった買回り品と店：
　コープランドが買回り品としている婦人衣料品のうち、ローエンドの商品は単独店で集客する顧客だけで成り立つので、集積しないケースがある。紳士服チェーンと同様に郊外に多店展開している。これは店舗展開当初はありえない話として疑問視されていたが、今日では大きな存在となっている。業態の発見であり、典型的なイノベーションに当たる。

5）買回り品のように買われるようになった食品：
　最寄品も今日の状況は当時と大きく異なっている。代表的な最寄品である食品を品揃えするスーパーは、大規模に商品を集積し、顧客は**"買回り品のように"**店内を物色して買物をするようになった。食品もまた店舗選択以前に購入アイテムが決まっているということは少なく、多くのアイテムは現場で発見され、吟味されるからである。買回り品との違いは購入サイクルが大幅に違うという点にあるが、今日ではGMSやスーパーにおいても消費者は、"必要"からというよりは、自らの"欲求と信念"に基づいて自己を見出すために、あるいは自己の満足のために買いまわっている、ということができよう。

　店舗の大型化は、経済成長に伴うアイテムの増大、消費者のワンストップショッピングの経済性、経営の規模の経済性、流通全体のシステム経済性、という経済原理から説明されてきた。とりわけ"ワンストップショッピングの経済性"が強調される傾向にあるが、"必要"に基づいて買うものがあらかじめ決まっているわけではないので、むしろ"顧客の満足の最大化のために大型化が進んできた"という面も説明理由として重要なのである。

6）最寄品と専門品におけるカテゴリーキラーの登場：
　欲求と信念で買い回る買回り品購買行動に対立するものとして、店舗選択時点で購入すべきアイテムがかなり明確に想起できる買物行動がある。これに対応する商品は**"必要"** needs に基づくカテゴリーと言える。"必要"なものの特徴は、**"〜のために"**、という**道具性**にある。必要な道具的なものの特性はあらかじめわかっている。"必要"に基づく購買行動の特徴は、店内を**"買い回らない"**、ということである。"必要"なものを購入

するとすぐに帰る、というのがその特徴である。このような店は、アメリカでは**デスティネーション・ストア** destination store と言われる。わざわざそう言われるのは、顧客は目的を達すると他店をクロスショッピングすることが少なく、さっさと帰る傾向があるから、ショッピングセンターの中に置くと必ずしもプラスに働くとは限らないからである。規模のあまり大きくないＳＣにとってデスティネーション性の強いかつ来店回数の少ないカテゴリーを扱うテナントは良いテナントとは必ずしも言えない。

　デスティネーション・ストアのうち、特定のカテゴリーに絞って広く深く品揃えしたのが**カテゴリーキラー**である。典型的な業態がホームセンターである。こうした業態の店は、単独店で目的地を形成して集客でき、出店できることが特徴である。このような業態は、クリスタラーの中心地の概念には含まれていないことに留意すべきである。コープランドの定義にも含まれていない。日本で言えば、このような単一カテゴリーでかつ単独で集客できる大型店が郊外に目につくようになったのは、1980年代後半からである。

　買い回らないのになぜ大規模な商品集積が行われるのか。明らかに経営における規模の経済性がある。消費者の店舗選択における動機面では、認知的経済性がある。あそこに行けば特定のカテゴリーに属する道具的なものは何でもありそうだということが、目的別に店舗を選ばなければならない煩わしさから解放されるということである。

　デスティネーション・ストアを束ねたパワーセンターが必ずしも相乗効果が発揮されないのは、このデスティネーション性、つまり**クロスショッピング**の少なさにあると思われる[注1]。このような場合、各デスティネーション・ストアは、選択時に別々の目的地と見られ、全体として一つの目的地とはみなされていない。魅力度で言えば、魅力度は加算されず、選択集合で言えば、別々の選択集合を形成するのである。

７）従来の最寄品店の代替店としてのコンビニエンスストア：
　コープランドのころの諸々の最寄品店の供給機能を１店に集約して代替しているのがコンビニエンスストアということになろう。

８）当面の結論：
　このように見てくると、コープランドの時代と大きく異なるのは、最寄

品も含めてどのカテゴリーでも個人が経営する小規模店に替わってチェーン化が進み店舗が大規模化し郊外に展開したということである。買回り品では小規模店も多いが、それらはモールやＳＣという形で集積している。大型化の理由として通常は店舗段階で規模の経済性があるからと言われるが、それは顧客を集客できるからこそ言えることであり、第一原因は集客力、つまり**魅力度における規模の法則**があり、それが大型化を可能にしている、ということがこの歴史的変遷の示唆するところなのである。この法則は効用最大化選択理論によってより原理的に説明されるであろう。また消費者側の事情として"欲しいもの"と"必要なもの"の数が飛躍的に増えてきたことが背景にある。商圏理論はこのうち集客力の地理空間上での説明と予測を目指している。

1．3 異業種集積と同業種集積

　商業集積地の効果は、ひとつの大きな"**目的地**"を形成することにある、と言えよう。この形成が、"需要を作り出す"。個々の店が選択されるのではなく、**市場**としての目的地が選択される。個別情報は不確実だが、全体のイメージは明確に思考に浮かぶ。この効果は累積的加算的魅力度となって現われる。商業集積には大別すると次のような種類と特徴がある。

　異業種 or 異業態集積：各種の業種実態が混在した商業集積の顧客吸引力は、その中の買回り品集積に基づく。婦人衣料品に代表される買回り品は、個性の表現的商品なので、小さな差異が厳密に品定めされる。このため商品は買い回ることで発見される。そして関連する買い回り品に関連する商品を扱う店が集積に加わる。多種の小売業者が集積する魅力は、消費者サイドからは多目的ショッピング行動の可能性の魅力と見られ、あるいは消費者の移動および探索コストが縮減される便益からも説明される。小売業者から見れば、買い回り品は単店では集客できないが、集積することで大きな集客力を発揮する。

　同業種 or 同業態集積：同種専門品の小売業者だけで集積することが大きな魅力となることもある。同種の専門品の小売業者だけの集積は、この

専門品に対する需要が多様で少数の小売店では満たしきれない場合に見られる。神田の古書店街、乗用車販売店が集積する郊外の線状街路、イギリスのアンティーク家具・小物店の集積、ニューヨークの劇場街、などである。また、酒処のような飲食店は、集積することによって集客力を増し、需要を安定させる傾向がある。この場合も同種専門品の集積の理由と同様に、多様な選択肢から選べることが集積の魅力となっている。

　同業態分散立地：同質的な商品で、需要を奪い合う結果となることを恐れて、近接立地を嫌い、分散立地することを選ぶ小売業態がある。個人向けサービス業やガソリンスタンドや食品スーパーなどは、人口当たりの需要が多く、需要を予測できるので、地域全体に分散立地する。これらは集積が魅力度を加算的に増すことはないのである。しかしGMSは集積が全体の魅力度を増すので、近接立地を恐れない。

　集積地の消長変化：時代の変化と共に商業集積には消長変化がつきものである。東京でいえば、ラグジュアリーブランドの威力が浸透するにつれて、これらが百貨店の特選フロアから飛び出し、路面に出店し出したころから銀座や表参道周辺の変化が始まり、同時に百貨店の変質が始まった。その後長期の不況と高齢化を経て、ハイエンドの需要が減り、若者の購買力が弱くなったことを背景に、銀座の変質が再び始まっている。つまり以前ではありえないと思われる、ローエンドの若者向けブランドの大型旗艦店が複数店進出し、変質した百貨店とともに集客の核となっているのである。

1．4　集客力から見た三種類の小売トレード

　集積の魅力の説明要因は上記のように、多目的ショッピングの可能性にあるが、集積の中の取引を立地論的にみると、なお区別を要する事柄がある。それは次の三種類である。

①魅力度による定住者集客トレード resident drawing trade
②通過客トレード passing trade（これはイギリスでの言い方で、S. Brown 1996による）
③中間的トレード

通過客トレードは自らの商圏を持たない、**魅力度トレード**だけが商圏を形成する、という違いがある。中間的トレードは自らの商圏を持ち、同時に通過客の利用もある、という場合である。

通過客トレード passing trade は、アメリカでは**立ち寄りトレード** drop in trade とも言う。通過客トレードの典型は、ダウンタウンの商業街区の中にある、自ら街区の外から集客する力の無い多くの業種業態の店である。ファストフード店、アイスクリーム店、レストラン、飲食店、銘菓などの土産物店などはその例である。

ダウンタウンの集積の集客力は、基本的に買い回り品と専門品の集積による魅力度にある。それが集客した顧客が、たまたま利用するのが通過客トレードである。買い回り品集積の中の最寄品店はすべて通過客トレードといえる。通過客トレードは、商業集積に限らず、他の施設が集客した人が利用する場合はすべてこれに含まれる。代表的なのが駅構内の店である。駅前の飲食店街は、駅が無ければ成立しないと思われる場合は、自ら集客しているのではなく、通過客トレードである。

ガソリンスタンドは、交通量の多い幹線道路に面している場合は、ドロップ・インの割合が高く、生活道路に面している場合は、デスティネーション・ストアとして自らの商圏を持つ。

駅に近い立地のコンビニエンスストアは、この中間トレードの典型で、自らの商圏内顧客のほか、それより外側の、駅を利用する通勤者などの通行者の立ち寄りがある。一方、生活道路に面した郊外の駐車場付コンビニエンスストアやファストフード店、レストランは、自ら商圏を張る魅力度商売の要素が大きい。

1.5 通過客トレードと中間トレードの売上予測モデル

通過客トレードと、中間トレードの特徴を別の角度から確認するには、売上予測モデルを見るのがよい。これらのトレードの売上予測モデルは次のような重回帰分析である（ガソリンスタンドの場合を例示）。

$$Y_i = \alpha_0 + \alpha_1 X_1 + \alpha_2 X_2 + \alpha_3 X_3 + \cdots + \alpha_p X_p + U_i$$

($i = 1, 2, 3, ……, n : n$ はデータ数、$n \geq p+1$、p は変数の数、n は通常、物件周辺のエリア内 15～20 スタンドとされる。)

従属変数 Y_i：i スタンドの販売量
独立変数 X_m：①前面通過交通量、②一定範囲（商圏）内の乗用車保有台数または世帯数、③店規模（面積）、④ノズル数、⑤整備室があるか否か、⑥セルフか否か、⑦看板の見え易さ、⑧他の要因、（なお、周辺競合スタンドの、価格、サービスレベル、営業時間などのデータは、運営上の売上効果を測るときにのみ用いられる）
攪乱項 U_i：説明変数 $X_m (m = 1 \sim p)$ で説明できない因子を代表する確率変数。

n 個のデータをもとに、最小二乗法で回帰係数 α_i を推計する。独立変数の内、②は商圏の大きさないし潜在顧客数を代表するもので、日本では通過客トレードだけが考えられ、中間トレードは無視される傾向にあるので用いられないことが少なくないが、それは基本的に誤りである。郊外型のコンビニエンスストアやファストフードのように定住者の集客力が高ければ、もっとも影響力の大きい変数は②の商圏人口・世帯数である。ファストフード業界の分析経験では、やはり②の商圏内世帯数が最も影響のある変数という（林原 1998）。純粋に通過客トレードの場合は、②は用いない。アメリカではファストフードの場合 1～2 マイルの点バッファ（半径 $\sim m$ の円）もしくはティーセンポリゴンの範囲の人口ないし世帯数などが用いられる（Duggal, N. 2008.）。点バッファでは隣り合う競合店との商圏の重なりをうまく処理できないという欠点がある。もっと正確なのは、本書のような選択率商圏が示すリピートする顧客数の予測値である。確率商圏なので競合店との商圏の重なりも正確に表現される。ただし小型店では、理論的商圏の実現を阻む物理的要因（幹線道路や河川など）を考慮して修正する必要があるが。

ある業界では重回帰分析はピッタリあたる、という風評が流れているが、これは重相関係数ないし決定係数が、変数の数が増し、2 ケタに近づくと、変数の選択が何であれ次第に 1.00 に近づく、という相関分析上の特徴か

ら生じた誤解で、予測でピッタリあたるかどうかということとは無関係である。

1.6 中心地理論と人工的中心地の構造

中心地理論：

1940年以前は、中心地は都市の真ん中にあるダウンタウンと同義で、商業施設や行政機関が集中立地している場所を指し、そのうち商業街区は歴史的に自然発生的に形成されたものである。

都市の中心、といった場合、西洋では教会と市庁舎とそれらの前にある広場、並びにその周辺に集積する商業街区のことで、都市の大小によって規模の違いはあるが、中心のイメージと広がりの範囲は非常に明確である。中心部分は**中心地** central place とも単にセンターともいわれる。中心地は広域の中で見ると階層を成しており、**都心** city center or town center、**地区センター** district center、**近隣センター** neighborhood center、**ローカルセンター** local center などのように区別される。中心地の中に累積的に自然に成長してきた**商業街区** shopping district がある。商業街区は**商業集積** agglomeration or cluster ともいわれる。これに対して人工的に計画された集積は**モール** mall またはもう少し広い概念で**ショッピングセンター**といわれる。

これに対して日本の都市では、中心はひとつではなく、都市の境界も明確ではない。そもそも中心といった場所が明確ではなく、商業街区と宗教施設と行政施設とは場所的に無関係である。商業街区は、多くの場合駅の近くにある。

クリスタラー1933の**中心地理論**は、南ドイツの平原にある大小の町や村が、なぜそのような配置と構造になっているか、自然発生的都市の業種構造と配置を説明するために考え出された静態的規範的な理論である。そのキー概念は、大小の中心地は**階層構造**をなすこと、階層の各段階は**中心機能の数**（さまざまな種類の小売およびサービスの店数）と**財の到達距離**で表わすことができること、高位の階層の中心地は低位の階層の中心地に比べてより多くの中心機能を持ち、より長い到達距離の財を持つこと、で

ある。ここに到達距離は、商圏最大距離に相当し、消費者から言えば、**選択最大距離**である。

　クリスタラーが問題にしたのは、階層構造をなす中心地が、地理空間を需給の過不足なく覆うには、各中心地の市場地域（商圏）はどのような幾何学的形状と配置になるか、ということである。各中心地の中の最も到達距離の大きい財が、その中心地の市場圏を決めている。到達距離は、消費者にとっての商品の価格は、店頭価格＋移動コストなので遠方になるほど需要が減るということと、財によって需要の大小があり、需要の大きい財ほど店舗の参入が多いので短い距離で購入可能となる、ということから生じる。財の到達距離とは、言い換えれば、財によって経営上必要な最低限の売上を確保するに必要な距離、という意味である。クリスタラーは、人口は一様に分布しているとして、当時の南ドイツの大都市がおよそ21km間隔で配置されていたことから、この21kmから始めて、財が供給できない隙間を生じることなく、平原を過不足なく埋めるには大小の中心地はどのように配置されるべきか、という問題を立ててその答えを出した。それは財の到達範囲の大きさに応じた複数階層の正六角形を敷き詰めた各頂点に大小の中心地を立地させればよい、というものである（図1.1）。この

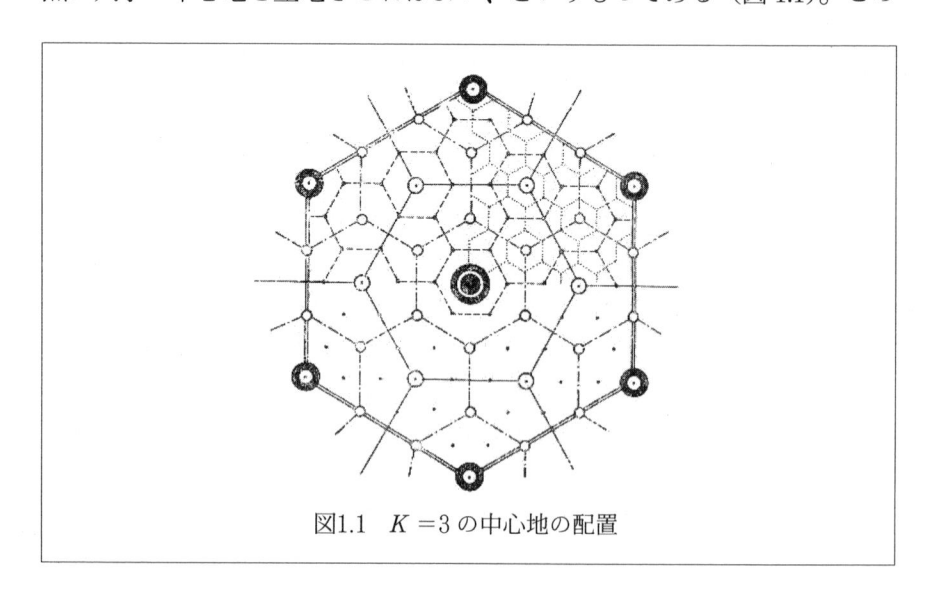

図1.1　$K=3$ の中心地の配置

中心地の階層構造の編成の仕方は、階層が1つ上がるごとにそれより1つ下の階層の市場圏をいくつ含んでいるかを示すK値で示される。中心地機能が商業の場合は、$K=3$となると考えた。

　財に到達距離の違いがあることと、**需給が均衡すること**が、中心地間の階層を生む原因となっている。財の到達距離は、コープランドの最寄品、買回り品、専門品の分類に含意されている**買物距離**に相当する。最も大きな中心地にある中心的な財は、買回り品、専門品で、最も小さな中心地にある財は、最寄品ということになる。この最寄品中心地は、当時はいろいろな業種の個人店の集積で構成されていた。

　今日では、日本でもアメリカでも、ヨーロッパ平原のような自然に形成された中心地ではなく、人工的に企画された中心地が展開しているので、クリスタラーの中心地理論はそれに対応はできないが、階層的概念は有効な面があり、人工的中心地の見かたの基礎となっている。また、今日では階層的概念が成立しなくなっている面にも留意すべきである。すなわち多様なカテゴリーキラーが郊外に展開しているが、これらの単一目的店の立地は、クリスタラーの中心地理論では想定外の事象である。

人工的中心地の構造：

　このクリスタラーの図の中の大きな中心地の構造図は、人工的中心地であるＧＭＳなどの構造と同じであろうか。この図によると、中心にある大きな中心地の中の財の市場圏は、階層構造となっており、より低次の財の市場圏ほど狭くなっている。ＧＭＳの品ぞろえも、いわゆる最寄品からグレードはあまり高くないが買い回り品までそろっており、財の構造は似通っている。そうすると各商品カテゴリーの市場圏もこのようになっているのだろうか。答えは、否、である。食品需要は消費需要の中で最大なので、ＧＭＳの商圏の中に多くの中小のスーパーが立地することは可能であり、そのありさまは、クリスタラーの概念図のようになっている。このためその市場は浸食されるが、しかしＧＭＳの食品商圏はこの概念図が示唆するように狭いということはない。むしろ虫食い的に侵食されつつも店の買回り品商圏全体に広がっているのである。

　この原因は、顧客によるクロスショッピング効果によるのである。ＧＭ

Sという集積は、いろいろな目的で選択される。店舗から離れるほど、買回り品が主目的となる。しかし買物の経済から、購入は1つの商品カテゴリーではなく、複数のカテゴリーにわたって購入される傾向がある。食品目的の場合は必ずワンストップショッピングされる。買回り品目的では1回の買い物では必ずしもワンストップショッピングされるとは限らないが、数か月という期間で集計すると、必ず複数のカテゴリーが購入される。その中に食品も含まれる。この期間効果がクロスショッピング効果である。

ハウスカードデータベース分析による、半年間という期間平均での顧客の一人当たり**カテゴリー購入率** $K(k,\ell)$ (ℓ の顧客が半年間で k カテゴリーを買った人の割合) がどうなっているかの事例を図1.2に示す。ここに ℓ は各地点の**顧客率**で**距離の代理変数**である (詳細は第7、8章参照)。この例では1%あたりでおよそ10kmである。このように購入率 $K(k,\ell)$ はカテゴリーによらず "**距離にほとんど依存しない**"。食品はほとんどすべての人が何かを買っている。これは期間でのクロスショッピング効果を示す。これがGMSの特徴である。1回ごとの買い物では何か特定の目的があっても、期間集計での買い物行動では多目的なのである。

次に一人当たり**消費率** $S(k,\ell)$ は、ℓ の顧客が k カテゴリーの消費需要の内いくら購入したかを $\ell=80\%$エリアの人の平均を1.00としてみたものである。すなわち消費需要＝80%エリアの顧客の平均購入額 (購入しない人を含めた平均) としている。この消費率 $S(k,\ell)$ の距離依存を、大部門別に見たのが図1.3、衣料品で見たのが図1.4である (同じ店)。買回り品である衣料品の消費率の距離依存は小さく、食品には距離依存がある。それは平均来店回数が ℓ と共に減少するためである。それでも遠方の客の食品消費率が半分までしか下がらないことは、買回り品を導入した効果を示し、業態論における格上げ説が幻想にすぎないことも示している。住居余暇関連品には、家庭雑貨のように最寄品カテゴリーも含まれるので距離依存があるが、買回り品カテゴリーだけにすると衣料品と同様となる。部門をカテゴリーに分けると、その消費率の距離依存は必ずしも単調ではない。これは各エリアの消費者特性の違いを反映するからである。

結局、各買物の機会ごとに見れば、訪問目的は色々であろうが、期間平均で見れば、GMSのすべての顧客は、GMSを"一つの目的地"として

選択し、各カテゴリーをそれぞれ同一の購入率で購入するが、購入額には距離依存がある、しかし食品の場合でも購入額の距離減衰は最大で50%程度にとどまる、ということをこのケースは示している。これは一つの事例であるが、数字の程度は別として、このようなことはGMSの一般的な傾向である。このことが、"GMSの選択率商圏モデルが広範に実証的に当てはまることの背景にある"のである。"GMSは個々の財ごとに選択されるのではなく、人工的中心地として、ひとつの目的地として選択され、クロスショッピングされる"のである。そしてその"クロスショッピング効果"が、"非クリスタラー的な需要"を作り出すのである。つまり食品はGMSの中におかれた場合は必ずしも"最寄品とは言えない"である。食品はクロスショッピング効果で到達距離が大幅に伸び、GMSの商圏全体に届くようになる。

　第8章で論じるように、これらのことは集計型ロジット商圏モデルによって精密に記述することができる、GMSは顧客率 $P(\ell)$ で表わされる**店全体の商圏**（買回り品商圏）と、食品目的で選択される**食品商圏**の2種類を抱えており、食品商圏は、**食品の空間消費吸引率** $F(\ell)$ （＝**顧客率** $P(\ell)$ × **食品の消費率** $S(\ell)$）で表わされる。これは小型スーパーの存在で、虫食

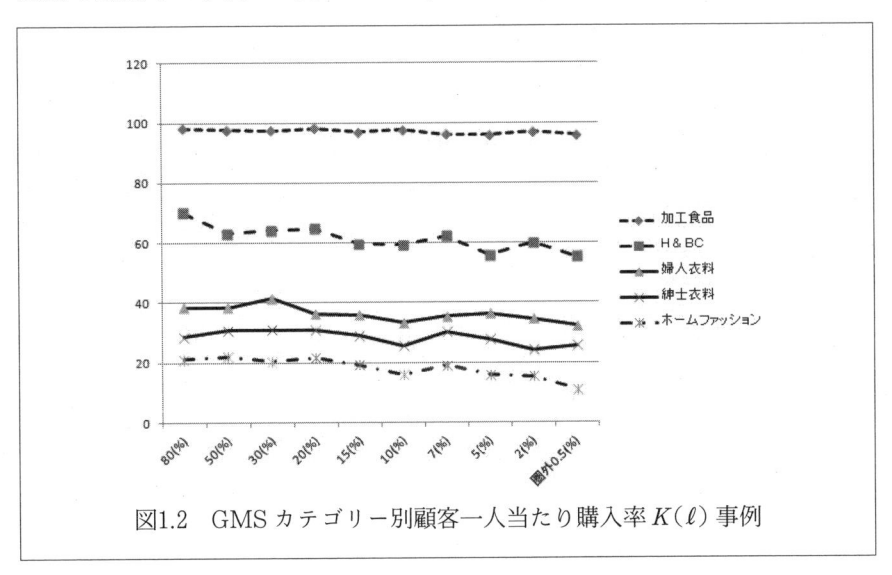

図1.2　GMSカテゴリー別顧客一人当たり購入率 $K(\ell)$ 事例

い状態になり、その様子は階層的様相を呈する。総合すると、経験的に見て、ＧＭＳの中におかれた食品売場は、スーパーとして単独で出店する場合のおよそ２倍の売上を得ることになる。

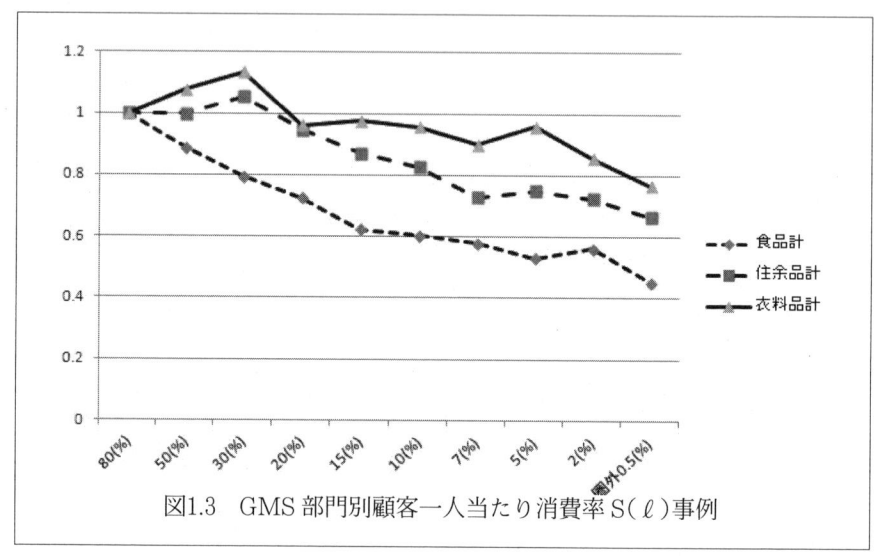

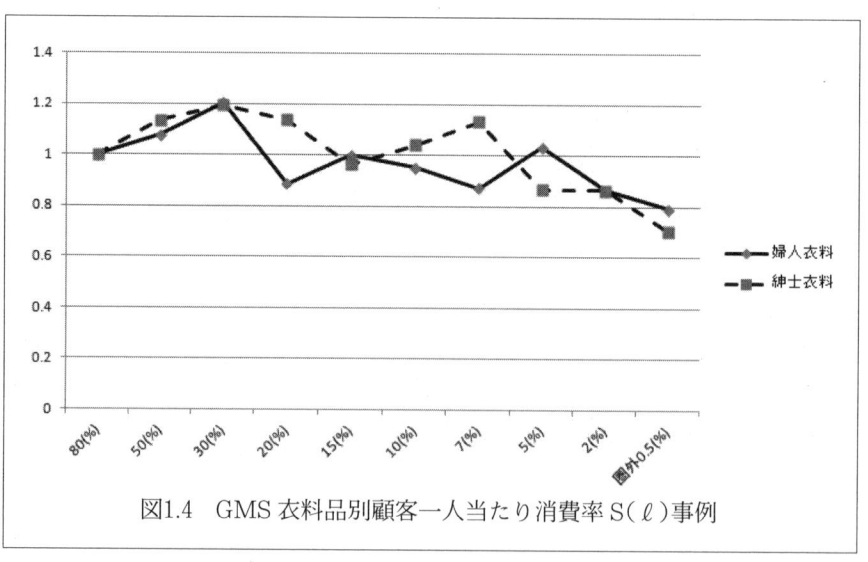

図1.3　GMS部門別顧客一人当たり消費率S(ℓ)事例

図1.4　GMS衣料品別顧客一人当たり消費率S(ℓ)事例

1.7 孤立店の商圏と空間需要曲線

　中心地の階層構造という考えは、システム的な見方である。これの正反対に孤立店の商圏という問題がある。これは、まだあまり店が展開されてなく、広範囲に競合店が見当たらないような魅力度型新業態店の場合である。後に論じるハフモデルや集計型ロジット商圏モデルのような確率商圏モデルは、多数の選択肢があり、選択自体に、あるいは選択肢間に情報の不確実性がある、という前提で考えられるので、これもシステム的なモデルである。そうすると、**孤立店の商圏を扱える商圏モデル**はないのかというと、実証性はとにかくとして理念的なモデルとしては、空間需要曲線がある。これは、チューネン Thünen 1826 の農業作物の孤立国モデルや、アロンゾ Alonso 1964 の地代付け値曲線と同様の考え方に基づく。

　空間需要曲線 spatial demand curve は、横軸に店からの距離 d、縦軸に店頭価格 p を所与とする需要量 q で表わす。c を消費者の単位距離当たりの移動コストとすると、移動コスト cd が増加するとともに q が減少することを表す。

$$q = f(p + cd)$$

　グラフは図 1.5 のようになる。関数形は直線か、原点に対して凸の減衰曲線となる。$q=0$ となる d が到達距離となる。2次元平面上ではこれを店舗位置で回転させて円錐形の形となる。

　業態店が立地する場所からの到達距離がある程度推測できる場合には、この空間需要曲線は、孤立店の顧客数と売上予測に使える可能性がある（図 1.6）。手順は次のようになるであろう。①ターゲット顧客層を設定する、②顧客層1人当たりの期間消費需要を推計する、③顧客率ゼロとなる到達距離を設定する、④足元から3ないし4の同心円を設定し、各円環内の顧客率を設定する、⑤各円環内のターゲットの数を計算し、店の総顧客数を集計し、消費需要を掛けて売上推計とする。

　だいぶ以前になるが、小売店が"1次商圏"、"2次商圏"、"3次商圏"

第1章　商業立地論の諸問題　33

図1.5 空間需要曲線

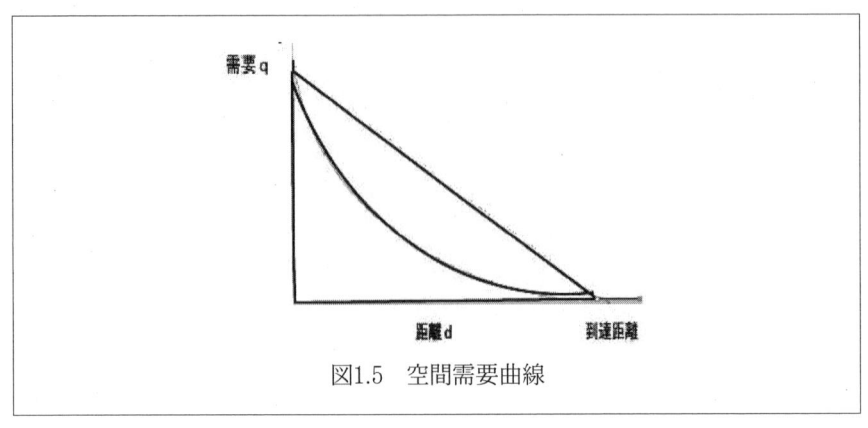

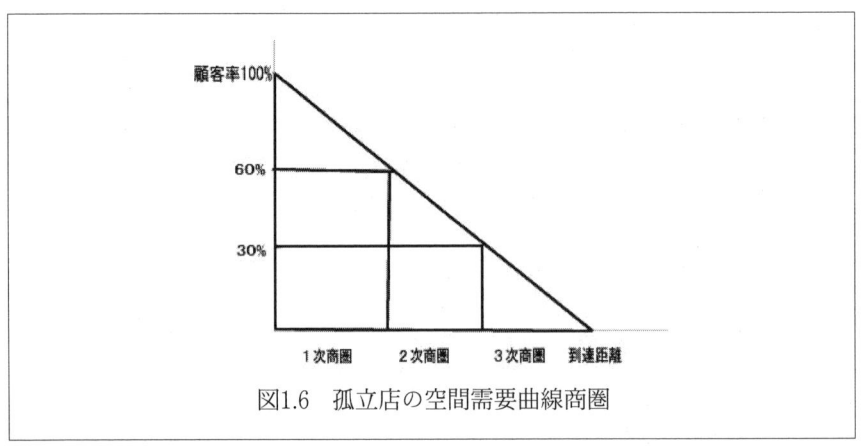

図1.6 孤立店の空間需要曲線商圏

と、他店とは無関係に商圏を"設定"していた時代があったが、その考え方もこの**空間需要曲線**に基づく。

1．8 ホテリングモデルは集積立地を説明できるか？

　クリスタラーの中心地理論は、因果的理論ではないので明記はされていないが、企業は競争的故に競争を避けて距離を置くという前提と、競争をせず相互補完的ゆえに中心に集積するという、相反する2つの立地原理を内包していることは明らかだろう。

競争的な財を空間で売るとき、価格競争を避けるために距離を置いて立地する、ということは容易に理解できる。クリスタラーでいえば、各階層の6角形の丁点に中心地を配置するということは、このことを意味している。一方、大きな中心地には、下位の財はすべて集まるということは、つまりそれらは競争的ではなく、補完的であるということが含意されている。また一方、現実の中心地には競争的な企業も多く立地するから、このような立地意思決定はなぜなされるのか、ということが問題となる。この問題を簡単な理論モデルで論じたのが、**ホテリングモデル** Hotelling 1929 であるといわれている。原論文の入手は難しいが、翻訳が「都市解析論文選集（1987）」に収録されている。

　ところがこの原論文を見ると通説でいわれるような、線分市場上で、価格協定を結んで同質財を売る2つの小売業の均衡立地点問題が論じられているのではない。ホテリングは、価格を競争手段とする複占における均衡価格を問題とするベルトラン＝エッジワース理論は、市場が広がりを持たない点状市場において取引が瞬時に成り立つことを前提しており、現実的ではない、現実的には企業が同質財を異なった価格で販売しても、均衡解はあるはずだ、という例証として線分市場モデルを用いて論じている。すなわち、線状市場に消費者が一様に分布し、そこに2つの小売店AとBが離れて立地しているとき、消費者が商品の輸送費 c を負担するなら、同質財を異なった価格で売ってもそれぞれの店は価格に応じたサービス圏域（商圏）を保持するのであるとしてその分岐点を求めている。価格が高いほうの店も、c のおかげである程度の商圏を確保する。つまりこれは文字通りに解すれば線分市場における商圏モデルであるが、ホテリング自身が述べているように、消費者がAかBかを選択する理由には、距離以外にもサービスやワンストップショッピング性や他のさまざまな理由があり、それを輸送費 c で代表させているので、ここでの距離と c は、店ないし製品AとBの差異の程度を表してもいるのである。

　こういう問題設定になっているので、これをホテリング以降、ホテリングの**差別化最小原理**として、小売店の立地問題や製品差別化問題に言わば物語的に意訳された経緯については判らないが、ここでは通説に従って小売店の立地問題として検討する。前提は、

①長さ1の線分市場を考える、
②消費者は一様に分布しており、単位距離を移動するコストは一定（c）である、
③線分上にはA、B、2つの小売店があり、同質の商品を売っている（かなり以前から浜辺のアイスクリーム売りという例がよく使われる）、
④価格競争は行わない約束であるが、立地点は自由に変えられる、

というものである。問題は、均衡立地点（ナッシュ均衡の意味での）はどこか、ということである。初めA、B店はそれぞれ両端に位置し、それぞれ前方x、yの範囲を市場圏にしていたとすると、それぞれが相手に向かって前進すると、背後地はすべて自らの市場になるので、$x+y=0$になるまで前進する。このとき背後地の長さが異なれば、まだ均衡点ではなく、相手の背後に回り込む動機が生じる。その動機が生じなくなるのが、両店が$1/2$の地点に立地した時である。つまり両店は中央に集積することを選びかつそこから動かない。

もしも価格競争がある場合は、同じところにいればデスマッチになるから、両店はできるだけ離れようとし、結果として線分市場の両端に立地するであろう。この場合、市場地域は、A店の価格をP_1、B店の価格をP_2とすると、消費者から見て両店の実質価格が等しい所、すなわち、

$P_1 + cx = P_2 + cy$

$x + y = 1$

で決まるであろう。すなわち

$x = (1/2)(1-(P_2-P_1)/c)$

$y = (1/2)(1-(P_1-P_2)/c)$

$P_1 = P_2$ならば、圏域分岐点は中央の$1/2$となる。これがホテリングのモデルの原形に近い形である。ベルトランと異なり、価格が違っても、距離が離れているために顧客がすべて一方に流れるということはないのである。

第1の、同質的店舗で価格競争を行わない場合、この結論から、同質財を売る店は集積立地を選ぶ、というように一般化される。これがいわゆる**差別化最小原理**と言われるものだが、ホテリング自身はそういうことは言っていない。さらにはホテリングモデルは集積立地を説明している、と極論されることもある。言うまでもなく、これらはアナロジー的投射思考の例であって、論証でも何でもなく、間違っていると言わざるを得ない。
　この差別化最小原理は製品やサービスが相互に似てくる**模倣の原理**の別名としても使われるが、こちらの方が面白いというか現実的な面がある。つまり、例えば2大政党の政策は次第に似てくる、というような場合で、模倣の原理よりも**強い同質化傾向**をアナロジカルに説明している。
　しかしこの原理を小売立地に適用すると、大きな誤判断に導かれることを再度言っておきたい。その例が「競争マイオピア」という概念で、これについては第2章8節で論じる。
　この通説のホテリング・モデルから引き出される結論は、その前提の帰結にすぎない。特に問題なのは、モデル上初めから2店しかないことと、線分市場であって2次元市場ではない、という点である。初めに1店があり、それに後から1店が参入した場合、集積すると、同質財なので両店の取り分は、1店の時の2分の1にならないだろうか。これは2次元でも同じで、全くの同質的店舗がn店集積すれば取り分は$1/n$になるであろうことは確かなのである。
　古書店集積のような同業態集積はまた別問題で、個々の古書店は同質ではなく、異なる品ぞろえつまり異質店だからこそ、$1/n$にならず、また集積全体が大きな集客力を発揮するのである。ここには、同業態だが異種集積の経済がある。すなわち全体としての魅力度増大による集客効果、消費者の探索コスト縮減、明確な外部性、がある。スーパーやGMSの近接立地の場合もまた、単純には論じられない。GMSが近接立地すると単独立地に比べておよそ2倍の集客力を発揮する。SMの場合はそうはならないであろう。この問題は第2章と第9章で再び取り上げる。
　線分市場モデルに、**空間需要曲線**を導入すると、また別の面が見えてくる。空間需要曲線には到達距離があるので、それを$1/4$とする。はじめに中央に1店が立地する場合、後からもう1店が参入すると、移動が自由

同質財を売る2店舗による立地競争の均衡点

（1）価格競争が無い場合

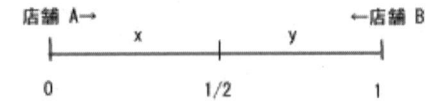

店舗A→　　　　　　　　　　　←店舗B
　　　　x　　　　y
├──────┼──────┤
0　　　　1/2　　　　1

（2）価格競争がある場合

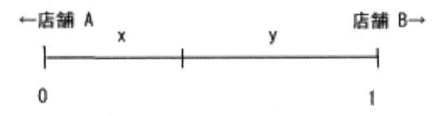

←店舗A　　　　　　　　　　　店舗B→
　　　　x　　　　y
├──────┼──────┤
0　　　　　　　　　　　　　　1

図1.7　ホテリングの立地競争

店舗の到達距離が決まっていて空間的独占がある場合

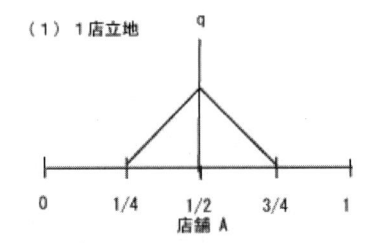

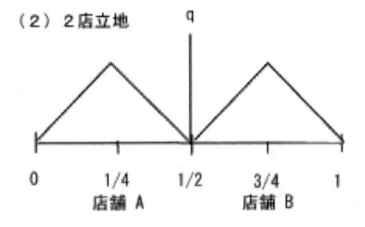

（1）1店立地

0　　1/4　1/2　3/4　　1
　　　　　店舗A

（2）2店立地

0　　1/4　1/2　3/4　　1
　　店舗A　　　店舗B

図1.8　到達距離がある場合の立地競争

だとすれば、2店は競争を避けて、離れたところ、すなわち1／4、3／4に立地するであろう。つまり同質財を売る小売店は、"価格競争が無くても"、集積ではなく"分散立地を選ぶ"。俗説のホテリングモデルとの違いは、初めに1店あり、そこへ1店が参入すること、そして空間需要曲線を持つこと、の2点である。こちらのほうが現実に近いのではないだろうか。この結果をはじめの場合と比べると、総需要が2倍になっている。これはある程度現実にもみられることで、小売店の経済効果は、**"立地によって需要を創造する"**、ということにもあるのである。

注：
1) クロスショッピング効果はアメリカショッピングセンター協会の用語で、必ずしも厳密に定義されているわけではないが、ここではデータを期間（半年間など）で集計した時、複数のカテゴリーにわたって購入されている様を指している。別名 "everything under one-roof principle" ともいう。これに対して"ワンストップショッピング"は、食品のように一度の買い物で複数のカテゴリーが購入される様を指す。次章で引用する有賀氏の店舗＝ミニ市場説はこの両方の効果を指していると思われる。

第2章　業態論と業態盛衰論と小売競争の諸問題

2.1 業態論とは何か

　チェーン小売業が常々考えてきた経営戦略上の課題は、(1) エリア成長戦略、(2) 新業態開発、(3) 現業態の売場改革・売場再編集（フロントフォーマット改革）、(4) ＩＴ技術による需給適合度の向上・在庫適正化（バックフォーマット改革）、の4つに集約されよう。エリア成長戦略はどのような業態でどのようにエリアを攻めるかという問題であり、空間競争をどう勝ち抜くかという問題であるから、(2) と (3) は (1) とも関連する。(1) ～ (3) の基礎に、**業態をどう考えるか**、という問題が横たわっている。また業態論・業態盛衰論と店舗選択理論（商圏論）は密接な関係があるが、従来の業態論の文献を広く収集して見ると、この点に関する議論はほとんど見られない。業態論が混迷的かつ曖昧なのは、選択理論を欠くためと認知的不協和理論（スケール論）を含まないためと思われるので、本章で議論を深めることにしたい。

　業態論とは何か、という問いは、異質な2通りの問いに分けることができる。ひとつは**業態とは何か**という**本質論的問い**で、もうひとつは**業態はなぜいかに盛衰するか**という**因果論的問い**である。

　業態とは何かという問いに対する答えにも2通りの方向がある。ひとつは**全体論的・機能主義的**な答え方である。他のひとつは**本質命題的**答え方である。全体論的・機能主義的とは、全体の構造、全体と部分との関係を何らかの基準に基づく分類で示す、という方法を意味する。筆者の考えでは、立地と消費者店舗選択行動（あるいは商圏）とを基準に業態を分類したコープランド 1923 の説が全体論的・機能主義的業態論のもっともすぐれた例と思われる。最近の例では、井戸氏 2011 の「小売業類型化について」があるが、より広範で密度のある全体論的分析は田村氏 2008 の「業態の盛衰」に見ることができる。

本質命題的答え方とは、「業態とは〜というものである」、という形で答えるもので、業態に関して隅々まで調査した上でないとうまく答えられないものである。これについても田村氏の「業態の盛衰」に明快な表現を見ることができる。田村氏は言う。

　「業態は流通企業のビジネス・モデルの基本的な枠組みである。どのような顧客に、どのような商品・サービスを、いかに提供するのか、つまり、市場標的、提供する顧客価値、そしてその提供様式はビジネス・モデルの基本要素である。いわゆる業態はこれらの基本要素をどのように配置するかを決める。この意味で業態は流通企業にとって最も基本的な戦略コンセプトである。業態盛衰はこの戦略コンセプトと市場環境の相互作用の結果として生じている。」

　これは**業態の本質**を述べたものである。筆者はこれとは別種の本質命題を後節で提示する。ところが田村氏はさらに次のように言っている。

　「業態は、それなしには流通を語ることができない重要な基礎コンセプトである。しかし、驚くべきことに、従来の業態盛衰論は業態とは何かについてほとんど論じていない。ただ日常語のレベルで百貨店、スーパー、専門店などを論じていただけである。業態というコンセプトほど曖昧で分析的でないコンセプトは流通論では数少ない。この意味で業態に関連した多くの流通理論は砂上の楼閣に比すべきものである。」

　日常語のレベルということは、自然言語における"自然カテゴリー"で考えてきたということである。業態という言葉は流通業界で**メルクマール定義**（概念を論理的成分に分解し特性を明確にすること）なしで通用するため特に改めて定義せずに論じることはできる。しかしそうした理論は肝心なところで読み手の想像力に任せてしまうので、曖昧で意味不明な理論となる可能性がある。認知的には消費者の自然的思考において、業態が認知される（自然カテゴリーの**プロトタイプ**が形成される）ときの基本要素は何なのか、ということが既存の業態論で抜けているということであろう。

本質論的問いに直接答えることは一般に困難なので、通常は因果論的問い、つまり業態盛衰論から入っていく。

　個別の業態、たとえば"しまむら"(これはひとつの業態と言える)や郊外型紳士服店などの個別の調査研究は、業界コンサルタントや実務家によって行われているが、業態盛衰論は、小売業界全体を一度に視野に入れて因果的に説明しようと試みる。いろいろな変種はあるが、いまでもマクネア Mcnair 1958 の**小売の輪は回る仮説**、ホランダー Hollander 1966 の**アコーディオン仮説**、ニールセン Nielsen 1966 の**真空地帯仮説**、が基本的理論と言える。(なお、日本人の業態盛衰論に関する主な論文には、中西 1996、加藤 1998、高嶋 2003, 2007 などがあるが、筆者の見解と異にする。他に何十という論文があるが、これらもまた筆者の見解と大きく異なるので論評は避ける。)これらの盛衰論(小売ライフサイクル論)を検討し、中心地論的視点と空間競争の視点が欠落しているという点を論じたい。

2.2 アコーディオン仮説と小売の輪は回る仮説の諸問題

　ホランダー 1966 のアコーディオン仮説は、品揃えの拡縮に注目した議論で、小売業界には一方で品揃えの幅を拡大し、雑多なカテゴリーを組み入れて店舗規模を拡大する傾向(したがって主に大手の企業による)があるが、一方でこれに対抗する形で限定した幅で深く品揃えする専門店化(主に小企業が行い、例として百貨店に対する婦人のサイズショップが挙げられている)の傾向もある。日本では、この傾向が歴史的時間軸に沿ってリズミカルに交互に進行するとホランダーが言っているように紹介されているが、ホランダーの論文では、たしかに冒頭にそういう記述がなされているが、本文中ではこの傾向は同時進行的であり、専門店化は大規模小売店の衰退を意味するものではないから、アコーディオンのアナロジーではなく、オーケストラかもしくはアコーディオンの合奏というアナロジーの方がふさわしい、と訂正している。また統計的証拠もない、とも言っている。結局、この著述は終始**アナロジー**に頼り、従って読み手の想像力に任せている。こういうのを論文とか理論とか言うのはいささか懐疑的で、

文学的物語的説明に類するものと言えるが、相異なる二つの傾向に注意を向けた点が当時としては新しかったのであろう。しかし80年代に始まるカテゴリーキラーは、大規模かつ専門店であり、限定したカテゴリーの中で幅広くかつ深く品揃えするのが特徴で、これはホランダー1966の想像力には含まれておらず、皮肉な歴史的結果となっている。新業態は生産条件の変化と消費者のライフスタイルの変化（あるいは欲求と信念の変化）を背景に生まれてくるのであり、小売の品揃えの拡縮だけで説明できると考えたところに**アナロジー的議論**の限界があるといえる。

マクネア1958の**小売の輪は回る** the wheel of retailing **仮説**は、小売競争の中で価格競争を仕掛けられた側が、価格競争ではなく、粗利率の高い商品ミックスの拡大と重いコスト上昇を伴うサービス水準の向上という**"格上げ"** trading-up process で対抗し、"婦人たちのクラブハウスと楽しみの場所" にするという19世紀末の百貨店にみられた政策にキーとなるアイデアを得ている（Nielsen 1966の解説）。

マクネア1958の論述は入手困難で、通常はホランダー1960の解説などを参照する。ホランダー1960（ちなみにこちらは論文らしい議論になっている）によれば、ホランダー自身は小売の輪は回る仮説には相当に否定的で、この仮説に合わないいろいろな反例を挙げ、結局この仮説は小売取引の一部にしか適用できない、と述べている。とりわけ、1919-1947年の間、アメリカでは小売粗利益は注目すべき安定性を示していることに注目し、低マージン小売の参入が反作用である他の小売の格上げプロセスによるマージンの増大を正確に相殺していると想像することはとてもできない、と述べている。

マクネア1958の小売の輪は回るという仮説は、マクネア＆メイ Mcnair & May 1976 の "The evolution of retail institutions in the united states" という本（翻訳はどういうわけか「"小売の輪"は回る」とされている）のなかでマクネア自身によって回想的に言及されている。この本は、米国の小売業態の変化を1850年〜1930年、1930年〜1950年、1950年〜1970年と3期に分け、小売業態の変遷を調べ、その変化の要因を分析したものである。そしてこのなかで1958年の仮説はあまりにも単純すぎるという理由で、本人によって**棄却**されている。この棄却されたと

いうことは、日本ではあまり認識されていないようで、今日でも元の仮説が生きていてその影響はあちこちの論文や著作で顔を出す。1958年の**小売の輪は回る仮説**とはどのようなものか、この翻訳本から引用すると次のようになる。

「米国の流通には多かれ少なかれ、明白なサイクルが存在するようである。輪はたえず回転をつづけている。時にはゆっくりと、時にはより早く、しかしそれが静止することはない。……革新者はその革新固有の低い営業費によって可能となった価格訴求をベースに大衆を引きつける。後になるにつれて次第に革新者は格上げ（trading up）を行い、よりよい品質の商品を取り扱い、店舗の外観を高め、より高い社会的地位を得ていく。彼の成功とともに、旧来の経営方法を固守する既存の流通経路から取引を奪う成長期が来る。……（同種の業態店が増え同業種内競合が増えると成熟段階となり）……成熟段階はまもなく過大資本化、保守化の進行、投下資本利益率の低下ひいては抵抗力の弱体化を伴うようになる。なにに対しての抵抗力が弱くなるのか。輪の次の回転に対してである。」（マクネア＆メイ Mcnair & May 1976　清水猛訳）

これが小売の輪は回る仮説の中心部分であるが、これに対して上記3期の調査分析を経た1976年では、自ら次のように述べている。

① "回転する輪"という表現は適切な比喩ではなかった。
②コンビニエンスストアの登場と発展は、住宅近辺への立地、限定された商品ライン、長時間営業、高い粗利率、によるのであり、低価格での参入ではなく、スーパーマーケットやリージョナル・ショッピング・モールの登場もそうで、新業態の参入が低コストに始まるというわけではなく、反例はいくらでもある。
③新しい小売業態が旧業態にとって代わる場合があるとしても、これによって一般に既存企業が消滅してしまうわけではない。
④今日のように新規事業には巨額の資金が必要で、大手の小売企業の実権を握るのが専門経営者層という時代になると、小売構造における外

部革新は少なくなるのは当然である。

と述べ、次のように結論している。

「回転する小売の輪の概念は、初期の小売形態の展開にはあてはまるが、すべての小売形態の変化を大幅に説明するものとしては、狭くて表面的に過ぎる概念である。実は小売形態の変化というのは、多くの要因の合成物であり、不断に展開を続ける競争経済に不可欠な存在なのである。」(マクネア＆メイ Mcnair & May 1976 清水猛訳)

マクネア1976は小売形態の変化の間接的だが最も基本的な要因として、

1) 経済的変化(景気循環、今日でいえば、グローバリゼーションと長期デフレなど)、
2) 技術的変化(冷蔵庫や乗用車の普及、今日でいえばインターネットやスマートフォンの普及)、

の2つを上げている。次に即時的かつ明白な影響を及ぼす要因として、

3) 生活状況と消費者の変化(価値観、動機、購買習慣など、今日流に言えば、欲求と信念と習慣の変化)、

をあげている。そして最も不可欠の要因として、

4) 経営者自身、

をあげている。新しい試みをあえて行おうとする経営者の存在なくしては小売形態の変革はありえないからである。とりわけこの4)は大きな要因で、ホランダー1960も新業態の登場の要因の第一に挙げて、次のように言っている。

「小売の新業態は、経営者のダイナミックな個性、豊かなアイデア、反伝統的な考え方、高いコスト意識、に特徴づけられている。」

しかし分析者の視点からは、上記マクネア 1976 の「小売形態の変化というのは、多くの要因の合成物である」という点が重要で、この要因の分析が必要となる。つまり初めから小売業に「ライフサイクルあり」と決めつけて一元的に議論を展開するのは間違いで、個別の業態、たとえば 100 円ショップ、ホームセンター、ドラッグストア、家電量販店、郊外型紳士服量販店、百貨店、GMS、スーパー、モール、等に則して要因分析を行うべきだ、ということになる。事情はそれぞれに異なり、異業態を横に並べて因果モデルで一括して説明できる、という前提がおかしいのである。

2．3 ニールセンの真空地帯仮説の諸問題

ニールセン 1966 の真空地帯仮説は、マクネア 1958 の小売の輪は回る仮説に、より小売競争理論らしい形式を与え、"格下げ" trading-down という視点を加えて論じたものである。小売の輪は回る仮説が本人によって撤回されているにもかかわらずここで取り上げるのは、業態盛衰論の基本理論として、このニールセンの理論が日本ではなお注目されているからであるとともに（高嶋 2003）、小売競争を論じるうえで、足がかりともなるからである。

ニールセンは、小売の輪は回る仮説が、①なぜ新業態が低サービス低価格で始まるのか、そして②なぜ次第にこのポリシーがサービスの強化、水平的垂直的な商品ミックスの拡大の方向へ進むのか、という疑問に答えていないと指摘するところから始める。そして（1）消費者は小売店の価格、商品ミックス、サービス、立地、商業施設、などに惹かれること、（2）小売店間には競争があること、という前提からスタートして、新業態生成の競争モデルを提示する。ニールセンの表記法をそのまま用いると、そのモデルは概略次のようになる。

消費者による店の価格水準以外の項目に対する評価値を vi（i は商品ミックス、立地、いろいろなタイプのサービスなどを表す）と書き、それらの

和を $V = \Sigma vi$ とし、価格水準を p と書くと、全体の効用評価値 v は $v = v(\Sigma vi ; p) = v(V ; p)$ と表わせよう。$V = \Sigma vi$ を実現するにはそれに見合った価格水準を要するので、V は p の増加と共に増加する関数であるから、v は p のみの関数で、$v = V(p)$ と表わすことができよう。

横軸に価格 p をとり、縦軸に全効用 v をとると、v 曲線は山型になるであろう（図 2.1）。すなわちサービス水準を上げると p を増大させることになるが、評価 V も増大し、期間売上を増大させるであろうが、あるところから先は、p の増大と共にそれに伴う追加のサービス水準への支払いに価値を見出す消費者が減少し、v は下降に向かうであろう。

v 曲線上の点 v（p、$v(p)$）は、店に対する消費者の選好を反映する。横軸上に左から 1、2、3、……、m と店舗が並んでいるとする。左の端の店舗 1 が 2 へ向かって（政策的に）移動すると、2 は売上の減少を経験するであろう。2 は反撃するであろうが、原理的には 2 つの方向、すなわち 1 の方へ向かうか、3 の方へ向かうか、があり得る。しかし 1 へ向かう方向（全面的価格競争）から得るものが、3 へ譲る売上より大きいとはとても考えられない。そこで 2 のサービス水準は 3 に向かって増大し、評価は上がり、1 への更なる売り上げロス無しに 3 から売上を奪える。このように推測を進めると、v 曲線の左側では増大するサービス水準と増加する価格、すなわち競争上の条件付の **"格上げ"** trading up プロセスが有利という結果となる。v 曲線の右側では、逆に **"格下げ"** trading-down の傾向となるであろう。このように小売競争の結果は、v 曲線のピークに向けて集中する傾向を持つ。この集中は v 分布の両サイドに**真空地帯**を作り出し、ここが新たな参入機会となり、イノベーターが現われる。

要約すると、このモデルの目的は、全小売業の中で新しい業態 new type of business（既存業態の適応行動ではなく）が出現する仕組みを因果的に説明することにある。新しい業態は、$v = v(p)$ の違いで表現できる。既存業態内競争は $p =$ const. と固定されることで除外されている。したがって、ニールセンの競争論は、業態間競争で、v 曲線の中央への集中の圧力は、業態間で働くと考えられている。この競争は業態間で直接行われるのではなく、v 曲線図上で p が隣接する業態間で玉突き状に行われる。この結果、集中の圧力と真空地帯の発生が生じることが結論される。

"真空地帯"仮説は概略このようなロジックである。この説はマクネア 1958 に因果論的体裁を与え、格下げ trading-down 動機を加えて、右サイドの真空地帯を補完した点が改良となっている。
　このような**業態盛衰論**は一見もっともらしいが、次のような問題点がある。1, 2, 3……と p 上に店舗（outlet）を並べる、とあるが、一見店舗間競争モデルのようにも見える。しかし業態（type）の盛衰を説明する論であるからには、ここでの店舗は、それぞれ別の業態を代表しているはずである。そして競争は、隣りあう業態間で玉突き状に行われることが想定されている。それでは、"隣り合う業態"とは具体的に何なのか、これについての説明はないのである。19 世紀末の百貨店と安売り店の例が示唆されているだけである。
　例えばコンビニと百貨店が競争することはありえないから、このモデル上でこれらは隣り合わない。スーパーと家電量販店も隣り合わない。GMSと百貨店も隣り合わない。この隣り合わない、ということは確かに表現されているが、しかし何が隣り合うかは全く分からない。業態の数はこのモデルが想定するほど多くはなく、かつ不連続なのである。つまりこのモデルには"現実に対応するものがない"。つまり"外部に指示対象がない"物語的説明であり、ニールセンの集中の圧力は"偽の問題"なのである。またよく取り上げられる反例としては、コンビニの登場がある。コンビニはこの両サイドの真空地帯には属さないが、このモデルの中では登場する場所がない。
　このモデルは、消費者の選好基準と小売競争を考慮すると言いながら、肝心なことを見落としているのである。小売競争は、小売がその政策パラメーターを操作して競争するのだが、誰と競争するかは、消費者がその買物目的に応じてその都度形成する**店舗選択集合**が決定するのである。（これは後章で説明する、ルース Luce 1956 のいう IIA 特性が不自然とならない集合のことであり、ハフ 1962 はこのことをよく承知していた。）この**店舗選択集合**が個店の**商圏を形成**する。たとえば食品を日常的に購入する目的（特定の目的買いや通過客的購入は別として）ではスーパーおよびGMSが選択集合を形成し、その中にはコンビニや百貨店は入らないので、小売競争はこの集合の中で行われるのである。このように**業態**は、いわば

消費者を**目的を基に囲い込む**のであり、そのようにして他から影響を受けにくい"**市場**"を形成するのである。

　業態間競争は、**業態内競争すなわち店舗選択競争**とは別の次元で生じる。これはたとえばＧＭＳの商圏内のホームセンターが、米や文具を品揃えする場合、ＧＭＳの同カテゴリーの需要がいくらか食われる、というような形で行われる。商圏内にコンビニが増えた場合も同様にＧＭＳでの食品需要はいくらか減少するであろう。これらは消費者がＧＭＳを選ぶときの選択集合には入らないので、商圏形成には影響しないが、ＧＭＳの顧客期間平均購入額の減少となって影響が現われる。この種の**業態間競争**は、政策パラメーターでコントロールできないので、ＧＭＳにとっては防ぎようがなく、**直接的な競争ではない**のである。

　このように業態間競争は、マクネアやニールセンの想定と異なって、政策パラメーターに直結する形で行われるのではなくて、消費者の店舗選択を通して２段階で行われるのである。

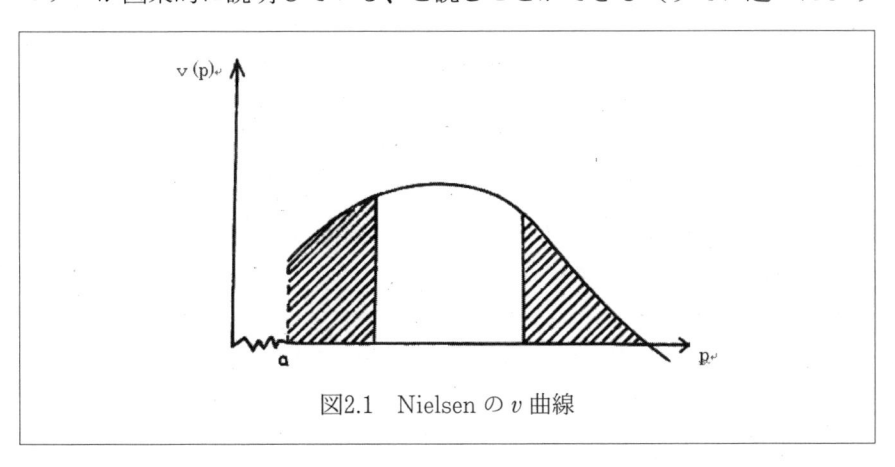

　逆説的なことに、ニールセンの v 曲線による説明は、**業態内競争**にはかなり当てはまる。競争は空間的に隣接する店舗間で政策パラメーターの調整を通して玉突き状に行われ、その結果**集中の圧力**が生じて次第に業態が相当程度に標準化されていくのである。業態というものは一度形成されるとなかなか崩れにくく、また標準パターンに収斂する理由をニールセンのモデルが因果的に説明している、と読むことができる（すでに述べたよう

図2.1　Nielsen の v 曲線

にホテリングモデルにはこういう説明力はない)。それは業態内競争に適用され、**業態内収斂モデル**として有効である、と言われるべきであろう。業態というものが形成されるために、小売市場は全体的にひとつの市場ではなく、複数の市場から構成されるようになる。それを小売政策パラメーターだけで全体をひとまとめに説明しようとする"業態盛衰論"は、幻想にすぎなく、決して成功しない試みなのである。

新業態の出現の説明は、マクネア 1976 が述べたように、"**背景**"からなされなければうまくいかない。したがって調査研究により、後知恵的に説明することはできるが、予測することはほとんど困難なのである。

そこで、業態が成立する因果モデルは諦めるとして、全体論的説明として、コープランド説以外に何かないか、という問題がある。つまりコープランドでは、消費者の買い物行動特性による分類はなされているが、たとえばなぜGMSや百貨店やDSが存在するのか、という説明はなされていないのである。筆者の考えではひとつの根拠は、社会学でいう認知的不協和理論である。これに入る前に、技術革新の問題と、GMSをトレーディングアップと見る見かたについて検討を加えておきたい。

2．4 技術革新と業態の革新

マクネア 1976 が言った、技術革新が新業態登場の背景の一つであるという意味は、事例として冷蔵庫や乗用車の普及という例が挙げられているように、小売業を取り巻く環境の変化のことを言っているのである。今日でいえばインターネットやスマートフォンの普及が、インターネット通販を登場させたというような事態を指している。

ところが日本では、新業態登場と、既存業態における業態革新（？）と技術革新とをごちゃまぜにして議論されている傾向がみられる。"業態"に"革新"を付けて業態革新というなら、メルクマール定義が必要になる。それを小売の輪は回る仮説や真空地帯仮説に結び付けるなら新業態登場という意味になるし、既存業態の個別企業における技術革新と結び付けるなら、技術革新が新業態を生む、という意味にも取れる。しかし個別企業の技術革新から新業態が生まれる、というならそれは新業態を生むための技

術革新であり、あらかじめ"新業態"をメルクマール定義で明確にしておかねば、そもそも技術開発投資自体が始まらない。ひどい場合には、コンビニは（コンビニ向けの）技術革新の結果生じた、というような形容矛盾的議論になる可能性がある。田村氏が『業態の盛衰』で、諸論者が"業態"を定義なしで用いていることに危惧を感じているのは、こうした曖昧な前提で議論が進んでしまう危うい事態を指しているのだと思われる。田村氏 2008 はこの点、明確に概念を分けている。すなわち「同じ業態内ではその活動様式の全体像が基本的に安定しているので、それによって他の業態とは区別できる」が、企業活動は長期的には環境変化への適応行動によって進化するので、活動様式は不変の同一性を保っているわけではない。そこで環境への適応行動をフォーマットとして、それを諸技術と企業文化から成るバックシステムと、小売ミックスを主とする顧客との接点に当たるフロントシステムに分けて考えるべきであるとしている。そして業態の安定性は、優勢な企業のフロントフォーマットへの模倣によって標準形へ収束することによって生じる、としている。

以下は筆者のコメントである。フォーマットを 2 つに分けたことで、まず外からは見えないバックシステムは模倣されないであろうという推測が成り立つ。企業文化は主に創業者の思想的遺伝子によるもので、模倣されることはない。諸技術はどうかというと、その中核技術は IT であり、これは驚くほど速い速度で進化している。とりわけ 80 年代末から 90 年代末へのホストコンピュータとストア（オフィス）コンピュータとパソコンの性能向上は、著しいものがある。性能そのものはうまく表現できないので、事例でいうと、80 年代末でも、POS データは、経営管理上はほとんど使用されなかった。データの蓄積はあったが、それを商品部や店レベルで使いこなすアイデアは、ホストおよびストアコンピュータ並びに端末の能力不足でほとんど実現できなかった。アバウトでいえば商売は 80 年代でもグロス商売だったのである。それが 90 年代末には、多くのアイデアが実現したのである。とりわけ発注精度の著しい向上がある。週別曜日別販売計画確認⇒単品在庫把握⇒単品週別曜日別販売動向確認⇒店環境情報・天候情報等確認⇒店客数予測⇒単品売上予測⇒単品発注数量決定、というような業務をストアサーバーと端末を用いて売場担当者が簡単に行えるよう

になった。それ以前は、発注は（したがって売価変更も）言わば売場主任の個人技であり、個人によって精度には相当の開きがあったのである。小売取引が店や部門や商品グループ単位から、単品レベルの取引に降りたということで、小売取引管理が極めて精密になったということを意味する。そしてこれは商品部で企業全体の単品取引を管理できるということでもある。ただしおおもとの商品部における"計画"が市場条件に合わなければ、成果は出ないが。

　こうした技術が小売企業の競争優位になるということはほとんどない、ということも注意すべき点であろう。なぜならコンピュータもソフトも大手ＩＴ企業が提供しているもので、小売側にアイデアと資金さえあればだれでも入手できるからである。仮にサーバーソフトを独自に開発したとしても、自社社員で行うことはまずないから、外注ということになるが、その場合ソフトの著作権はソフトハウスに帰属するので、短期間に他社にも導入されることになる。このようにＩＴ技術は、模倣されなくても短期間に小売業全体に波及する構造となっているから、業態を技術面から論じる意味はないのである。そこに進化はあるが差異は生じないのだから。ところがそういう**幻想**を前提にした議論（業態内進化だけでなく新業態が誕生し得るかのような議論まで）が存在するのである。

　つぎにフロントフォーマットであるが、ここに業態を安定的に存続させる何かがある。田村氏はそれを「優勢フォーマットへの模倣の結果」であり、標準型へ収束し同質的になった、と考えている。また総合スーパー（GMS）の場合はここ十数年来標準的に安定しているという。ところが筆者の見るところ、GMSは70年代初頭から、そのフロントフォーマットは、カテゴリーの出入りが多少あった程度で、今日のフォーマットと基本的には同じと思われる。GMSをそのように安定させている別の要因について後節で説明する。また、模倣説の延長として、田村氏が見立てるGMS近接競争による「競争マイオピア」という概念は、誤認であることを論理的実証的に論じる。

2.5 GMSはスーパーのトレーディングアップか？

　本人が撤回したのにもかかわらず、日本で小売の輪は回る仮説の息が長いのは、たとえばダイエーが低価格で登場し、成長し、その後格上げを行って成熟し、衰退したことをよくトレースしているように見えるから、ということがあるであろう。1968年にダイエーの中内氏は、大阪の香里に日本最初のショッピングセンター（GMS）をオープンしたが、これはダイエーの成長の経緯の中では、確かに小売の輪は回る仮説の言う"格上げ"に当たる。

　たとえば向山氏は共著「小売業の業態革新」2009の中で、ほとんどこの仮説を下敷きにダイエーを批判しつつ"総合量販店の革新性とその変容"を書いている。『安売りの肉を買った消費者がファッション衣料を買うか？　これはワンストップショッピング機能を狙ったアソートではない。単なる粗利率向上を狙ったトレードアップなのだ。だから後年、カテゴリーを絞って低価格訴求を掲げる専門量販店が成長すると、安売りを訴求しながらワンストップショッピング性を訴求するという矛盾したコンセプトを持つ総合量販店は、カテゴリーごとに食われ、追い詰められたのだ』というのがその論旨である。

　しかしダイエーというGMSとイオンやイトーヨーカドーのGMSとは、同列には論じられない違いが、そもそもの出発点にある企業家の考え方と、そのフォーマットにある。

　イオンの前身、ジャスコは、1970年、三重県のローカル百貨店の岡田屋がフタギとシロの2社ほかと合併し、ジャスコ株式会社を設立したことを起源とする。ジャスコを率いた岡田卓也氏は、さっそく奈良ファミリー（1972年開店）とジャスコ藤井寺店（1973年開店）を企画したが、奈良ファミリーは近鉄百科店とジャスコ奈良店（GMS）を2核とする日本初の本格的な2核の郊外型ショッピングセンターで、ジャスコ藤井寺店は堂々たる本格的なGMSであった。つまりこれらは安売りスーパーからトレードアップしたものではなく、最初からそういうものとして企てられたものなのである。

この企ては、スーパーに比べると非常に重い投資を要するので、当時資金力の小さかったジャスコには相当に冒険的な要素があったが、百貨店出身の岡田氏には緻密な計算もまたあったと思われる。すなわち、食品に衣料品と住居余暇関連商品を加えて品揃えすることは、"食品商売にとって"たいへんな効果があるのである。今日の数字でいえば、ＧＭＳが100億売るとすると、その半分の50億円は食品の売上である。食品売場面積は3000㎡程度である。しかしもしも3000㎡クラスのスーパー単体をその場所に立地すると、たいてい20億円も売れるかどうかなのである。衣料住余をアソートに加えると食品の売上は2倍以上になる（当時は食品売上構成比はもっと小さかったから店全体の粗利益効果は現在以上であったろう）、ということが総合スーパーの特徴なのである。これは買回り品については中心地理論の示唆するところと一致する。食品への波及効果は中心地理論が見落としている点である。衣料住余品は最寄品の食品と違って、その市場圏は**長い到達距離**を要する。逆に言えば地域エリアの中に供給ポイントが少ない。それによって**商圏が大幅に拡大**するのである。このことは、ハフモデルでも示唆されている。ランダム効用に基づく選択理論はさらに正確に商圏の広がりを推計する。すなわち売場面積が増大すると、"店の効用が増大し"、商圏も広がるのである。ただし、食品だけなら、売場面積が広がっても、効用は比例的に増大するわけではないから、おのずと広がりに限界がある。衣料住余をアソートに加えると、効用が大きくなるのである。加えて、岡田氏は**立地創造**を、当初から強く意識していた。すなわち「狸や狐が徘徊するようなところに店を造れ」と言っていたのは、鋭い土地コスト意識と共に、衣料住余の**集客力**を知っていたからであろう(注1)。今日では、集計型ロジット商圏モデルで相当に正確に計算できるが、歴史の夜明けに、つまり事例のほとんどないころに、また自家用車の普及率がいま一つのときに、大規模投資を伴う大型店だけの集客力を確信するということは簡単なことではない。イトーヨーカドーの伊藤氏が、長く鉄道駅の集客力に依存する方向を選んだことと対照的である。

　向山氏に限らず業態盛衰論には、この空間競争的要素が欠けている。もうひとつ、向山氏の瞬間的なワンストップショッピング論が見落としているのは、すでに述べたクロスショッピング効果である。要するに期間効果

のことを言う。たしかに、安売りの肉を買った足でファッション衣料を買うことはないが、消費者は一度店の効用を認知すると、当分の間、その店を選ぶ。ロジットモデルでは、このことを、消費者は合理的である、と表現する。店から見れば、顧客は固定客化する傾向がある、ということである。店舗選択に関して、消費者の合理的選択モデルであるロジットモデルが、実際に実証されることは後章で論じる。そうすると、顧客は、いつも店を全体として選択して、あるときは肉を、またあるときは衣料品を、また別のときはホームファッションを、というように購買していることになる。このことは今日ではハウスカードデータベース分析でも確認される。そうすると、たとえば半年というような期間集計では、ワンストップショッピングのように見えるのである。GMSがクリスタラーの言う中心地のように機能しているということである。

　ダイエーは、向山氏によれば、業態盛衰論の筋書きに沿って破綻した、ということだが、それならイオンやイトーヨーカドーはなぜ破綻しないのか、説明がつかない。ダイエーが破綻したのは、中内氏が土地神話を信じて膨大な借金を背負いこんだことにあり、そごうの水島廣雄氏がそごうを破綻させたのも同じ理由であるといわれているが、この説の方が説得力がある。マイカルの実態は分からないが、小林敏峯氏が、需要の見込めないところに巨大な投資をしたことが（マイカル小樽など）、背骨を傷めたことは事実である。ヤオハンもそうであるが、マクネア1976が言うように、すべてはトップの思想信条にかかっている、というのが事実ではないだろうか。

2.6 商品の格付けと売場のテイストスケールと業態

　中内氏が知らなかったこと、また向山氏が見落としているもう一つのことは、商品格付け論であり、既存の業態論もまたこれを欠いている。商品格付けの根拠は生産コストと、感性と美学に根差すが、社会学的には**認知的不協和理論**に根差す。認知的不協和理論とは、別名"すっぱい葡萄"の理論で、イソップ物語でキツネが高い所にある葡萄に届かず、あれは酸っぱいに決まっている、といってあきらめて、認知的不協和を解消する、と

いう事例で説明される。人は自分の可処分所得の範囲に無意識に欲求を制限していることを指す。

　商品は小麦粉から寿司ネタまですべからく**格付けの世界**である。商品を格付けするのは、商品の世界に秩序をもたらすためであり、一方で消費者のカテゴリー認知を容易にし、消費者の世界観に秩序をもたらすためである。また格付けによる商品多様化は、カテゴリーの総需要と総利潤を大幅に拡大する。しかしそれらは業者によって恣意的に行われるのではなく、労働価値とテイスト taste の双方の裏付けがある。業態論は、この肝心の点を見落としている。

　食品の格付けは**等級**で表わすのが普通だが、ここでは例として緑茶一番茶の場合を概観しておく。一番茶は静岡の場合、4月下旬から5月上旬にかけて約15日かけて摘まれる。前半の7日間は手摘み、後半は機械摘みでバリカンのように刈られる。茶葉は新しい芽だけが摘まれる。茶葉は心芽がある間は上に向かって伸び、手摘み期間は心芽と上から3葉が手摘みされ、高級茶となる。心芽と3葉に茶のうま味成分がある。後半の初めは茶畑のおよそ50％で心芽が開いて出開芽となる。以後は葉の大きさが増して肉厚になり、繊維質を増して固くなり、品質は急速に落ち、買い取り価格は急落する。出開き度90％になると収穫は終了する。収量は初めはごく少なく、芽は急速に伸びるので日を追って直線的に多くなる。摘まれたあるいは刈られた"荒茶"は問屋によって買い取られるが、kg当たり価格は1万円台から2千円台まで、日を追って直線的に下がり、アバウトに言えば、農家の収入は、毎日概略一定である。一方、"荒茶"は問屋によって各種の"仕上げ茶"に整形・加工され、格付けされる。"仕上げ茶"の味・香・色・形状は、初期のものほど上等であり、原価から言っても初期のものほど高くなる。こうして緑茶の価格には、労働価値の裏付けと感性的なテイストの裏付けがあることが判る。百貨店は上等なものを中心に扱い、専門店は中級品の上を中心に扱い、GMSは中級品の下を中心に扱い、ディスカウンターは下級品を扱う、という構図となる。GMSは専門のバイヤーを育てないので、数年で別の仕事に移っていく。そこでずるがしこい問屋によって（こういう問屋は眼ではなく舌を見て話す）、バイヤーが下級品を中級品として掴まされる、ということはあり得ることである。

こういう場合、GMSでいやな経験をした消費者は、緑茶を遠くの専門店や百貨店に買いに行くことになるが、こういうことが顧客を失うきっかけになることもある。「**小売業は GateKeeper である**」、というのはこういうことを指す(注2)。入れ変わるバイヤーを補うために、テイスト・チェッカーを組織的に置くところもある。

　衣料品の場合も、アメリカでは**等級 Grade** で格付けする。Stone and Samples 1985「アメリカファッションビジネス全知識」によれば、ファッション衣料は Grade1～Grade6 までの 6 等級があり、品質基準も決まっている。紳士スーツの場合はハイ・エンドとして Grade6＋があり、それは生地の高品質に加えて「生産に 120 から 150 の特別仕立て工程と、熟練仕立て職人の手で最高 15 時間を要する男性用スーツ」である。また Grade1 の下に最下位のロー・エンド等級、Grade X があり、低品質の生地と「わずか 90 分で 90 か所の縫合、プレス工程で生産できる男性用スーツ」で、大量生産の最寄品スーツはこのグレードが中心となっていると思われる。つまり衣料品でも等級と価格には、労働価値の裏付けと感性的なものの裏付けがある。

　商品の等級とそれを品揃えする店の等級を同じグレードと呼ぶのは不都合なので、日本では以前は**テイストスケール**、あるいは単に**スケール**という言い方をしていたが、ここでもそれを踏襲する。6 等級に分けた店のスケール分けは、繊維ファッション産学協議会のマーチャンダイジング・マップを参考にすると、婦人服の場合、**バジェット**（ローエンド）、**ボリューム、モデレート、ベター、ブリッジベター、ハイスタイル**（アッパーエンド）、ということになろう。品揃えの中心価格帯もこれにパラレルとなる。チェーン量販専門店（カテゴリーキラー）はバジェット～ボリュームスケールに位置し、価格面ではひたすら安さを追求する。品揃え面では、ある幅を絞って深さを追求する形（ユニクロ）と、幅を広げ深さは追及しない形（しまむら）があり、後者は都市部から離れた立地に適した形を実現している。（ユニクロは近年モデレートへ軸足を移しているかもしれない。）百貨店は、ブリッジベター～ハイスタイルに位置付けされる。GMSは、モデレートスケールに位置する。モールはベター～ブリッジベタースケールということになろう。ボリュームスケールで購入する消費者は、商品の特

性について"こだわり"が少ない。そのため品質やデザインよりも価格を重視する。ブリッジベター以上のスケールを求める消費者は、製品あるいは自己表現に関して最もこだわる人たちで、一定以上の所得水準の人たちである。

　百貨店のシェアが減り続けているのは、カテゴリーキラーのせいではなく、従来百貨店の特選コーナーにのみ店を構えたハイスタイルスケールのブランド専門店が路面にも出店したこと、ブリッジベタースケールの専門店が商業ビルや郊外のモールやＳＣに多数展開したこと、化粧品もＧＭＳなどで展開したこと、消費者の高齢化、購買力の変化などいろいろな要因が響いている。ブランド専門店による消費者の囲い込みも進んでおり、百貨店には80年代までのような明確な目的地性が失われつつある。百貨店はスケールダウンして顧客を増やそうとしているように見える。従来、ブランディングはブリッジベターからアッパーエンドの世界の話であったが、ボリュームゾーンのファストファッションでもブランドによる消費者の囲い込みが進行している。若い人はファストファッション志向を強めており、いくつかの旗艦店は銀座に立地したので、スケールダウンはファッションシーン全体で起こりつつあるのかもしれない。家計調査の衣料消費額は、2003年以降コンスタントに下がり続けているが、グローバリゼーションのおかげで平均単価が下がり続けているためと考えられる。

　ＧＭＳが重い店舗投資をするのは、スケール上のポジションを意識しているためで、それに相当する品質基準を維持している。商品価値は品質基準に見合った売場環境によって心理的・認知的に認められるから、こういう投資となる。消費者も店全体の雰囲気から、そのスケール感を信頼する。もちろんモデレートに厳密な定義はないが、感性的な認知の世界に現に存在するものでもある（チェンバレンの説を参照）。

　もしもＧＭＳが安ければ売れると考えて、バジェットスケールに手を出すと、商売の形が崩れて失敗するだろう。つまり全体の整合性が崩れて、消費者は違和感を持ち、裏切られたように感じるはずである。認知は常にゲシュタルト的全体性の中で行われるからである。同様に百貨店が安ければ売れると考えてモデレート～ベターゾーンに手を突っ込むと、その存在理由を失って消滅するほかないだろう。そのスケール感を維持しながら売っ

て行くのが小売ノウハウの根幹と言われる。かって郊外型量販紳士服店が登場したころ、百貨店が紳士服の価格を下げて対抗したと言われているが、これが本当だとすると、小売競争が店舗選択集合を通して行われることを全く理解していないことになる。郊外型量販紳士服店を選ぶ顧客は紳士服を最寄品と考える消費者で、その商圏は半径2km程度であるのに対し、百貨店紳士服売り場を選ぶ消費者は、いわば別種のキツネで、その商圏はずっと広いのであるから、直接競争関係にないのである。

　人口的にはバジェットスケールで満足する人は多いので、**小商圏**を前提に単独店で多店展開できる。モデレートスケールでないと満足しない人はそれよりも少ないから**中商圏**を要するし、**多目的購買**が可能なようにしないとその中商圏も確保できない。こういう空間市場つまり商圏を確保する必要からGMSは設計されている。つまり中規模の「中心地」である必要があるのである。ハイスタイルでないと満足できない人は最も少なく、都心立地で大集積によって**大商圏**を確保する必要がある。大中心地は最も総合的となることで大商圏を確保するが、集客力の源は大規模な買回り品集積である。**カテゴリーキラー**は、テイストスケールには関係の無い**デスティネーションストア**で、つまり中心地ではなく、それぞれ同業態で選択集合を形成し、それによって商圏が決まる。

　世界の差異的階層的秩序は、生産コスト、テイスト美学、そして消費者の認知的不協和の解消が支えている。経済的にはこの多様性によって雇用が増える。このスケール感と**中心地性（多目的地）**もしくは**デスティネーション性（単独目的地）**が消費者に認知されるようになると、そこに"**業態**"が成立し、"**選択集合**"が形成され、"**商圏**"が決定される。

　GMSがスケールの両サイドから浸食される可能性の中で、その地位を依然として保っているのは、そのモデレートスケールというスケールポジションを維持することに腐心しているためである。GMSに危機があるとすれば、モデレートスケールの位置づけが不明瞭になった時である。GMSになお強みがあるとすれば、フロントフォーマットの変更によって環境の変化に適応できる可能性である。

2．7 経済学から見る店舗と消費者との相互関係と業態

探索理論説：

　厳密なロジックを誇る経済学者が小売業をどう見ているか、ここでチェックしておくのも議論を深める上で必要なプロセスであろう。

　経済学には"探索理論"というのがある。これは消費者がどのように各小売店で価格と品質情報を探索するかに関する理論であるが、これに関して現代の経済学者丸山氏と成生氏の共著「現代のミクロ経済学」1997を参照すると、次のようなことが書いてある。

　「消費者は、どのような品質の財がどのような価格で販売されているかについて、おおよそのことを知っているとしても、個々の売手が販売している商品の品質や価格が、A店ではどうか、B店ではどうかというように、より詳細な事柄については十分な情報をもっているわけではない。良質な財を安い価格で入手するために、消費者は商品の品質や価格に関して情報収集を行う必要がある。」

　そして"洗剤"の例が挙げられている。これに続いて価格探索の方法のモデルとして、「固定的サンプル・サイズのルール」と、「逐次探索ルール」という2つの方法について説明されている。「固定的サンプル・サイズのルール」とは、買い物に出かける前に、あらかじめ価格比較のために訪れる店舗数を決めて価格探索を行い、その後、調べたサンプルの中で最低価格の店舗から商品を購入するという方法で、このルールのもとで、最適探索回数Nの決定を問題とする。「逐次探索ルール」とは、買い物に出かける前に、あらかじめ自分が許容する小売価格の上限である「探索の留保価格」Rを決めておき、留保価格よりも低い価格が見つかり次第、探索を停止して、商品を購入するという方法で、このルールのもとで、留保価格Rの決定を問題にする。

　ミクロ経済学ではこの探索理論は確立したモデルのようであるが、小売業界の実務家の観点からは、あまりにも現実離れしているので、全く賛同

できない。単純に言って、5〜10万点もあるスーパーのアイテムのごく一部でも、消費者がこの精密マシンのような探索を実施すればたちまち疲れ果ててしまうのは明らかだからだ。消費者は、特定の製品の価格に関して店舗間を探索することなど通常は行わないのである。買回り品で店回りをするのは、価格探索よりもまず、製品が自分に合うかどうかを厳密に品定めする必要があるからである。

有賀説：

そもそも小売店舗とは、このような、考えただけでダルくなる"探索"を行わないで済むために存在するのではないだろうか。そこで日本人の経済学者の著作を広く探すと一人だけ適切な説を唱える人がいた。有賀　健編著「日本的流通の経済学（第4章小売店の経済学）1993」である。有賀氏の論旨は、実務家から見て極めて適切で現実的なので、すこし長くなるが、要約して引用しておきたい（カッコ内は筆者のコメント）。

1) **小売競争は品揃えによる固定客争奪競争である**：小売店は地域寡占を特徴とする市場を持っている。寡占といっても小売店の顧客をめぐる競争は、メーカーの競争と以下のような点で大きく異なる。第1に、小売店はメーカーのように特定の財について競争企業があるのではなく、主に顧客がどの店を選ぶかというレベルで競争している（⇒店舗選択競争）。小売店の**商規模**が、顧客数を決める要因である。第2に、競合する小売店間の価格競争は個別商品ではなく、品揃えされた商品全体の価格によって行われる。小売店舗間の競争は価格のみでなされるのではない。価格は典型的には最も重要な競争力の決定要因でさえない。**利便性や品揃えの豊富さ**が、価格と少なくとも同等か、しばしばそれ以上に重要な小売店の**選択決定要因**だと思われる。第3に、こうした「ミニ市場」としての性格を持つ小売店の**顧客層は基本的には固定的**であり、多くの場合、日常的に買物をする店はそう簡単には変化しない。（⇒顧客が固定的であることは合理的選択理論の仮説と一致する。また消費者が定数効用ではなくランダム効用で店舗選択していることを意味しているが、これは本書の集計型ロジット商圏モデルで実証されている。）第4に、小売店

にとって、特定メーカーの製品がどれくらい売れるかはさして重要なことではない。品揃えでどのくらい販売額があり、利益があるかが問題である。

2）**異種小売業の使い分け**：消費者は同一業態の店に関しては小売店の選択は固定的である一方で、目的や頻度に分けて異種小売業を使い分ける、という側面もある。（⇒目的によって選択集合が異なる。）

3）**機会費用節約とワンストップショッピング効果**：仮に消費者が複数の商品を複数の店から購入するとした場合、これには無視できない費用を伴う。例えば1時間当り2000円の機会費用を持つ人が、訪問店を減らすことで2時間節約できたとすると、4000円になり、この**機会費用節約**は消費支出にかなりの割合を占める。逆に言えば、この程度割高であっても、品揃えが豊富で買物時間を節約できる店舗は、消費者にとって十分魅力のある存在となる。小売店は、単に消費者の購入メニューに応じた品揃えをすることだけで、潜在的な利益機会を発生し得る。（⇒消費者からみれば効用増大のための第一の政策は低価格ではなく品揃えにある。大規模店ほど幅広く消費者を集客する。）

4）**価格競争は個別商品ではなく体系的水準で行われる**：小売店は単一の商品ではなく、数多くの消費者の**購入メニュー全体の価格体系**によって競争する。そのため単一商品の価格の変化がもたらす消費者の店舗選びに与える効果が小さくなる。（⇒もしもプロトタイプ商品100アイテムを選んで常時低価格とすると無視できない効果となる可能性はある。プロトタイプでなければ効果はないであろうし、プロトタイプであっても数が少ないか、一時的なら効果はないであろう。）

5）**品揃えの差別化による競争**：品揃えにおいては多様な形での小売店の**差別化**が可能である。単一商品を扱う小売店では、価格競争において攻撃的な行動が起こりやすい。潜在的に数多くの商品群を取り扱う小売店舗間では価格付けや取り扱い品目の選択においてさまざまな差別化がなされ、結果的にこのような小売店の差別化による個別品目の価格に関しては競争緩和が起こりやすい。これらの小売政策は、メーカーや卸に依存することなく小売独自で実施できることが、小売産業に多様性をもたらしている。

6）ミニ市場であること：小売店はそれ自体「ミニ市場」であり、ミニ市場としての各小売店が相互に顧客を引きつけようとする競争である。ミニ市場としての競争が小売店舗間の優位を決めるからこそ、隣接する2店舗間で同一商品が異なった価格で売られていても驚くにはあたらないのである。

以上が小売店舗と小売競争に関する有賀説の要約である。経済学では長らく、価格 p と数量 q の関係だけで、ロジックが組み立てられてきた。そこからアナロジー的思考で、消費者と小売問題を検討してきたため、混乱を生じてきたことは否めない。有賀氏には現実に対する深い洞察がある。有賀氏は対象に沿って理論を組み立てたから、実務家にも説得的なロジックとなったのである。また、この「店舗＝ミニ市場」説は、クリスタラーの中心地の構造と人工的な中心地（GMSやモール）の構造との違いを示唆している点も注目すべきであろう。

ニールセンモデルのところでも述べたように、消費者による店舗の選択集合は特定の業態の範囲に絞られるので、選択集合が小売市場を決めている。それは特定の業態から成るので、業態＝市場ということもできる。業態を構成する店舗は「ミニ市場」なので、店舗選択問題はどのミニ市場が効用最大かを決める問題となる。

チェンバレン説：
　有賀氏のほかに、以下に引用するチェンバレン Chamberlin 1933 の指摘も、店の効用に関して示唆的である。

「製品の差異は製品自体の排他的な特許、トレードマーク、品質における非凡さ、デザイン、カラー、スタイルのような確実な特質に基づくであろう。差異はまた販売を取り巻く諸条件に関しても存在するであろう。一例をあげれば、小売取引においては、これらの諸条件は売り手の立地の便利さ、店の一般的なトーンや性格、売り手のビジネスのやり方、売り手の公正な売買をするという評判、礼儀正しさ、能率、顧客を売り手や彼に雇われた店員に結び付けるすべての個人的な絆、のようなファクターを含む。

これらの及び他の掴みどころのないファクターが、売り手によって異なる限り、それを考慮に入れる買い手にとって、その"製品"は多かれ少なかれ異なる、そしてそれに沿って購入が考えられるであろう。差異のこれらの2局面が留意されるとき、事実上すべての製品は、少なくとも少しは差異化されることは明らかであるし、経済活動の広い範囲にわたって、差異は相当に重要なことである、ということも明らかである。」

　つまり、どのような製品も、小売店頭に置かれるだけで、差異の色調を必ず帯びることが指摘されており、また製品を差異化する小売の諸ファクターが、掴みどころの無い感性的なものであることが指摘されている。
　この環境効果を重視するためにGMSは、カテゴリーキラーなどよりずっと多額の店舗投資を行うのである。専門店の例では、ローラアシュレイは、もし可能なら商品展示スペースよりも大きなフィッティングルームスペースを取ろうとする。これも購入時点での心理的効果が商品価値にプラスされると考えるからである。
　ここでも価格 p を用いた探索理論の無力さが明らかなのだが、同時に、消費者と小売との相互作用を理解するには、消費者の命題的態度だけでなく、今日的に言えば、認知的な自然的思考に関して、理解を深めねばならないことも示唆されていると言えよう（第10章参照）。

業態＝市場説と業態の収斂：
　店舗＝ミニ市場説の裏付けは第1章でみたように、多目的購買（クロスショッピング）を期間では満足させているという $K(\ell)$、$S(\ell)$ 図がひとつの証拠となる（図1.2～1.4）。このことはGMSの顧客が他の業態を利用しないということではないが、店全体がミニ市場として、多目的を満足させるひとつの対象として、効用最大化選択が繰り返され、固定客化する傾向が強いことを示している（選択回数に関しては第9章参照）。
　さらに言えば、店舗＝ミニ市場としての固定客を問題にするときは、業態もまたひとつの市場を形成している、と言われるべきであろう。**業態＝市場**なのである。消費者が店舗をミニ市場として選ぶときは、まず業態が選ばれ、その業態内の店が選択対象店となり、選択集合をつくり、効用最

大化選択がなされる、ということを店舗＝ミニ市場説は含意している。業態は選択集合でありそれ自体閉じた市場なのである。他の業態は他の目的の時に別の選択集合を形成するのである。

"業態"というものがその形を収斂する傾向があるのは、企業による模倣効果以前に、消費者によって選択集合が認知形成される際に、加えてもらいたいから収斂していく、ということもできる。消費者と店との相互作用における認知形成が原因として大きいのである。そして認知はプロトタイプ化されて定着する（第10章参照）。選択集合に入らないかぎり、選択される可能性は、特徴的な専門店を除いて極めて低い。ラーメンとパスタ、ラーメンとうどん、の間には無限に差異あるものを想定できるが、この間に新しい業態が現われないのは、消費者のプロトタイプ的認知に新たなひとつを加えることは、恣意的な訴求ではほとんど不可能だからである[注3]。業者は、業態内差異を狙えば、確実に選択集合に加われ、顧客需要のシェアを奪うことができるのである。

ミニ市場と通過客トレード：
　店と消費者との間の取引の形には、すでに述べたが、3種類ある。ひとつは定住地から吸引する魅力度トレード resident drawing trade、他の一つは吸引されるのではなく、単にドロップインされる通過客トレード passing trade、そして両者の特徴を併せ持つ中間的トレードである。
　この区別はひとつの店の中のカテゴリーにも当てはまる。たとえばホームセンター内の"米"というカテゴリーは通過客トレード passing trade にあたる。なぜなら"米"だけをＨＣに買いに行き、他の食品はスーパーに行くという買い物行為は、全く経済的ではないからであり、主に他の目的で訪れた顧客にドロップイン的に買われるのである。ＨＣはデスティネーションストアであるが、その目的のもとにミニ市場を形成しているのであって、目的合理性から外れたアイテムはドロップイン狙いということになる。
　スーパーの中の各食品および最寄品カテゴリーのなかでこの区別はあるかというと、渾然一体としていて、この区別はないと言える。店は食品および日常雑貨購入という大きな目的のもとで効用最大として選択され、その中でアイテムが買い回られる。この場合、店全体が魅力度を持っている。

2．8 GMSの同質化競争ということはあるか？

　田村氏の著作「業態の盛衰」は力作で思考を刺激する魅力的な本だが、どうしても賛同できない説があり、これについてここで述べておきたい。それは、ジャスコ相模原店とイトーヨーカドー古淵店（両店は50mほどの連絡橋で行き来できる近接立地である）が、近接立地における「競争マイオピア」（競争者の行動のみに反応して、顧客の欲求が見えなくなること）に陥り、「同質化」している、という主張である。田村氏の論拠は、両店の潜在商圏に居住し標本抽出された消費者2000人を対象とする訪問留め置き式アンケート調査結果に基づいている（2003年実施）。調査内容は例えば野菜品揃え（少ない─多い）、野菜鮮度（悪い─良い）、衣料品の流行導入速度（遅い─早い）、商品グレード（低い─高い）というような命題判断を食品、衣料品、日用雑貨売場に関して7点尺度で答えてもらう方法である。その結果、両店の間に有意差があるのは、食品の野菜鮮度、魚鮮度、料理法情報提供、レジ支払い時間、の4つであり、いずれもイトーヨーカドーの方が評点が高くなっているが、他はほとんど差異はなく、したがって両店は極めて「同質化」している、これは近接競争で相手の模倣ばかりしているからだ、と結論付けている。

　結論から言うとこれは偽の問題であり間違っている。つまり「同質化」問題は存在しない。その証拠のひとつは、田村氏も引用している両店の売上にある。2000年度売上はジャスコ相模原店134.7億円、イトーヨーカドー古淵店143.0億円となっている。この立地点でGMSが単独立地で獲得可能な売上は、集計型ロジット商圏モデルによれば、当時で130億円程度（その後のデフレ状況から現時点では110億円程度）、と推計されるから、両店合わせて278億円ということは、ちょうど2倍になっており、これはモデル上は、両店の売場面積の合計30371㎡×魅力度係数A_j（第7章参照）で集客している、と仮定して計算した場合と一致する。これは両店にまったき差異があるということを意味する。もしも「同質化」により、両店に差異がなければ、その程度によって、30371㎡よりも少ない面積で集客していることになり、売上も278億円よりもかなり少なくなる。同様の計算

は、大和鶴間でも、津田沼でも成立する（具体的実証は第9章参照）。もしも「完全に同質化」していれば、両店の売上は各々70億円程度に落ちるであろう。つまりジャスコ（現イオン）とイトーヨーカドーは、同業態だが顧客満足度（効用）からいえば、全く異なると消費者に顕示選好的に認知されている、ということになる。

　それでは田村氏はどこで間違えたか、ということになるが、調査分析方法に間違いがあるわけではない。それ自体は極めて綿密に行われている。問題は、アンケート調査というものの前提にある。すなわち消費者に複雑多様な売場の諸状況に関して「命題判断」を迫ること自体に問題があるのである。これは個人の命題判断によって個人ロジット選択モデルで、店の効用の属性のウェイトを計算する問題でも同様に生じる（第5章参照）。つまり個人の記憶は無限大でも、それを**想起**するとなると、極めて困難なのである。感性的なものの記憶は想起できないように脳はできている。たとえばジャスミンの香りを想起できるだろうか。あるいは本マグロのトロの味を。"特別な感性的経験"は、"〜はよかった"というように命題記号の形で記号化されるが、そういう経験は全体の一部であるし、その場合でも感性的経験そのものを想起はできない。**再認**できるのみである。視覚的経験は多少想起可能だが、極めて限定的である。例えば通い慣れた道沿いにどういう店があるか、なかなか思いだせないが、現地での再認は容易である。このことを、記憶の場所は脳の中ではなく、現場にある、という言い方をする。

　だから田村氏の質問に答えようとしても、消費者は困難を極める。そこで無難な、中立的評価で応じるほかないのである。逆に言えば、有意差がある、ということは、命題化された特別な経験であって、記号化された命題そのものを想起しているのである。田村氏が引き出した「野菜鮮度」、「魚鮮度」は、ジャスコの方が悪い、という命題判断には明確な原因がある。生鮮品は、売場で傷む。売場の環境は生鮮品にとって劣悪なのである。鮮度は日本文化の要で、これが落ちるということを消費者は許さない。売場環境の何が悪いかは、当時からわかっていて、端的に、当時は売場が広過ぎたためである。広いとどうしても長時間売場に置かれる商品が増える。売場では乾燥した空気、上昇した温度、強い光線、などで2時間程度で細

胞が傷むと言われている。一度傷んだ野菜を蘇生庫に戻しても真に生き返ることはないから、新鮮と思って買って帰っても、家につくころにはくたびれている、という経験を消費者はしているのである。魚も同様であるし、精肉も同様である。精肉で肉を赤く見せるために当時用いられていたハロゲンランプは、エネルギーが非常に高いためにこれも2時間程度で肉を黒変させてしまうのである。こうしたことはその後修正されて、野菜売場も魚売り場も大幅に売場が縮小されたから、現時点のイオン相模原店ではこれらの問題は生じないであろう。フロントフォーマットは随時修正されるのである。

　イトーヨーカドーはもともと生鮮売場は広くなかったから、これはイオンが生鮮食品売場に関して同質化した、ということに当たるであろうか。答えは否、である。生鮮食品といえども、今日では産地・生産者の違い、という差別化要因が重要になっている。これらに関して両店はそれぞれ非常に異なる品揃えとなっている。

　加工食品も、ＮＢではない商品がどの程度あるか、が重要な要素となっている（ＰＢは個々の製品そのものの品質が問題となる）。これらは消費の成熟化、に対応している。成熟化＝高齢化ということであり、歳と共に経験は積みあがり、人間は死ぬまで変化を求めるから、こういう差別化の方向が求められる。

　衣料品もまた、モデレートスケールという点では、両店同一であるが、その内容は著しく異なっている。イトーヨーカドーは元来、計画仕入れと単品管理とラック管理に優れ、従って品質水準にもぶれがないのが特徴である。そのうえ1998年ころまではファッショントレンドにも敏感で、鮮度のある売場であった。しかしその後バジェットスケールへスケールダウンした時期があったようで、このころから、変化の少ない売場になったように思われる。2011年の現在は古淵店は、品質感は高いが、以前よりもボトムが増え、トップスも定番的アイテムで、トレンド感の少ない売場となっている。一方のイオンは、期中仕入れの割合がイトーヨーカドーに比べて高いと推察され、それだけフロントフォーマットの変更は素早い。一時期、鮮度感の無い周回遅れの商品が多い時期があったが、現在ではフェミニンカテゴリーも品揃えされ、トレンド感も多少あるように見える。

住関連商品にもまた多くの違いがあり、それぞれ消費者の異なる好みとニーズに対応している。
　結論を言えば、同質なのはGMSの業態を規定しているモデレートスケールだけであって、アソート内容は全然別であり、時期によっても絶えず変化しているから、そして消費者の効用判断は多様で、消費者個々で異なるから、近接立地している2店の効用は、売場面積の合計にまさに比例しているのである。

2.9 GMS業態の成熟について

　GMS業態が成熟に向かっている、という説はあちこちで言われている。その多くは、暗に小売の輪は回る仮説のサイクル論のシナリオに沿っている。つまり具体的な分析によるものではなく、ひとつのイデオロギーと"業態成熟"という記号思考にもとづいている。社会科学の中で行う議論である以上、このキーとなる語が現実の中にどのような指示対象 reterent を持っているのか、文脈の中で明らかである必要があろう。ところが、言われている"業態革新"、"業態成熟"、あるいは"技術フロンティア"の指示対象は何か？と問うてみたくなるような論述が流通関連では非常に多いように思われる。筆者は"業態"、"革新"、"成熟"、"技術"、"フロンティア"は、場合にもよるが通常はそれぞれ定義無しの言語ゲームでよいと思う。しかしこれらが結びついて2語熟語のように使われるとき、その指示対象が何かを説明抜きで論じることはできるだろうか。言語の特徴で、論述は、あるいは思考は、さも現実を論じているかのように走らせることができるのである。ここから、社会科学の中に、"物語"が無数に産出されることとなる。
　"業態成熟"、忍び寄る非効率、という危機感は、業界では少なくとも80年代から存在していた。それは売上成長速度よりも人件費を中心とする経費増大の速度の方が速かったからである。これをどう解決するかが常に経営上の大きな問題だった。それを解決するひとつの道が新規出店である。これにより平均年齢を下げることができるからである。もうひとつの道は、パート比率の増大である。さらに別の道は、他の事業への進出と転出、I

Tによる生産性の向上、賃金抑制、M&A、直接的なリストラ、などがあり得るが、こうした問題はGMSだけの問題ではなく、産業界全体が常に抱えている問題である。

　GMSの売上はなぜ伸びないか、ひとつの説明はデフレである。この10年でいえば、家計調査の物品消費総額は2000年対比で2010年には約10％マイナスとなっている。空間競争に変化がない店なら、売上も10％下がるはずだが、先のイオン相模原店ではちょうどこのようになっている。つまりこの例では"業態成熟"は、業態の問題ではなく、消費支出の落ち込みによる。消費支出の落ち込みの内、衣料品は30％下がっているが、平均単価も下がっており、これはグローバリゼーションの効果である。平均賃金は賃金統計によればこの間やはり10％ほど下がっているから、この限りでは"業態成熟"は、長期デフレのせいで、その原因はグローバリゼーションであろう。

　GMSの場合、売上が上記デフレの範囲よりも落ち込んでいる店もある。それらの店の多くは、商圏内に異業態店や小型スーパーが進出したためであるが、とりわけGMSの選択集合には入らない2500㎡以下の小型スーパーが1次商圏内に進出すると、食品需要が食われる。異業態店も小型スーパーも、GMSの"買回り品商圏"を縮める効果はないが、GMSの"食品空間消費吸引率商圏"を虫食いのように食いとり、顧客の世帯当たりの期間平均購入額を低める効果があるのである（GMSがこの2種類の商圏を持つことは後章で論じる）。この場合、"業態成熟"は空間競争激化が原因と言えるが、同じことは小型スーパー側にも異業態店側にも言えることに注意しなければならない。つまり、空間競争激化は、今後必ずこの方向に進み、避けられないが、この結果による"業態成熟"は、関連する全業態に同時に起こることなのである。この"業態成熟"を抜け出せるかどうかは場所の問題で、立地における"ナッシュ均衡"が成立したところだけである。

　GMSに他の危機が訪れるとすれば、ひとつはモデレートスケールの効用を期待する消費者層が薄くなった時である。所得水準の2極化が大きく進むときは、こうなることが考えられ、その時はDSが優位に立つであろうが、そうなるという予測はいまのところできない。

GMSが危機に直面しているとすれば、他の原因は、"モデレートスケールの買回り品がその商圏を形成し全体の売上を作っている"という事態を見失う場合である。ファッション衣料品やホームファッション関連商品を力あるものにするのは、商品部という組織であるが、総合スーパーであるため専属の専門部隊を作らない傾向にある。部員が変わるとき、"モデレートスケールの買回り品"という目標が見失われて、"バジェットスケール"に手を出すと、消費者の期待を裏切る結果となる。見失われる原因は、専属で育ってきたわけではないGMSの商品部員が、ファッションとホームファッションのシーンで、そもそも今のファッションは何か、ということを把握し理解することが非常に難しいからだ。つまりこの面の行き詰まりは業態の問題というより経営組織の問題で、業態内で解決が可能なのである。

　GMS各社の現時点での解は、モールと組み合わせることである。モールと組み合わせると、GMSの利点と不透明な部分とが見えてくる。モールのベタースケールのブランドショップもセレクトショップも、独自のテイストコンセプトを持っており、それに共感しない消費者を排除している。GMSの平場は誰も排除しないがサービス水準は低い。しかし買いやすさから言えば平場の方がよいという消費者はいるし、モデレートスケールなので平場の方が売りやすい商品も多い。実際、GMSでなければ買えない商品カテゴリーも多い。つまりGMSとモールは補完関係にあるのである。しかしモールと組んだGMSのファッション関連のフロントフォーマットは、そのあるべき姿を模索中のように見える。

　モールと組んだGMSを"核店舗"というが、現実的効果から言えば、圧倒的集客力を発揮するのは、モールの方で（ただしモールの方が売場面積が大きい場合）、その恩恵で核店GMSは、同じ地点で箱型単店で出店する場合に期待される売上よりもずっと多く売る。またモールの集客数は増加傾向にあるので、それと共にGMSの売上も増加する傾向にある。

　つまりGMSの業態成熟論は、ライフサイクル論が予期するような段階にはなく、将来起こるとしても、それはGMS単独ではなく、小売全業態を巻き込んだ生き残り競争という形で現われるだろう。

注：
1）実際に田舎の野原に店を造るとなると、食品との相乗効果を出すためには、1次商圏内にある程度の人口が必要だった。
　岡田氏が中内氏ら他のGMS経営者と異なるもう一つの点として、モール型商業施設のデベロッパーの創始者であることを挙げることができる。今日のイオンモールのコンセプトはこの70年代初期からあったものの発展形である。
2）これは Hirschman and Stampfl 1980 "Roles of retailing in the diffusion of popular culture: microperspectives." による。そこでは小売業の役割として、①Change agent, ②Gatekeeper, ③Opinion leader, ④Innovator, の4つが挙げられている。企業のコンセプト（存在理由）やフロントフォーマット政策を考えるとき、この四つの役割は基準として参考になるであろう。
3）パスタラーメンというものをメニューに加えている店があるが、店主はこれはラーメンの一種であると言っている。

第3章 ハフモデルと定数効用モデルの再検討

3.1 二種類のグラビティモデル

　商圏理論の始まりは、ライリー Reilly 1929 が提唱した "小売引力の法則" からであると言われている。これは後にライリー・コンバース Reilly & Convers 1949 の2都市間商圏分割点公式としてまとめられた。これはマーケティングの分野での理論である。マーケティング学者ハフ Huff 1962 は、これらの引力概念は単に経験的な概念であって、背景となる理論的な内容を欠くとして、ルース Luce 1959 の**定数効用モデル**に基づくいわゆるハフモデルを提案した。ハフモデルには発生制約条件が付くのが特徴である。マーケティングの分野とは別個に、1955年ころから、交通計画の分野でもグラビティモデル gravity model が使われていた。それはライリー・コンバースよりも進んだものであったが、地域間流動をパターン化したものであった。発生制約条件付グラビティモデル（これはハフモデルに等しい）を最大エントロピー法で根拠づけたのが地理学者ウィルソン Wilson 1967 である。

　この章ではこれらのモデルを批判的に再検討し、ランダム効用モデルへの前哨とする。

ライリー＆コンバースの2都市間商圏分割点公式：
　P_a、P_b をそれぞれ A 都市と B 都市の規模（人口、あるいは中心地の商店数など）、R_a、R_b をそれぞれ A 都市と B 都市から商圏分割点までの距離、$R_{ab}=$ A 都市と B 都市の間の距離 $= R_a + R_b$、とすると、

$$R_b = \frac{R_{ab}}{1+\sqrt{P_a/P_b}} \text{ あるいは } \left(\frac{R_a}{R_b}\right)^2 = \frac{P_a}{P_b} \tag{3.1}$$

つまり2都市からそれらの商圏を分割する点までの距離の二乗の比は、両

都市の規模の比に等しい、というのが Reilly & Convers モデルである。これはグラビティモデルの1種である。そういわれるのはニュートンの引力の法則に似ているからで、またグラビティモデルにはこれ以外にも多くの変種がある。またこれは、都市だけではなく、2つの小売店の商圏を画定する場合も、"店 A の商圏内に競争店 B が出店すると、A の商圏は縮小され、競争者 B によって切断される"というようにも応用された。この場合は P_a、P_b の代わりに売場面積が使われた。これはティーセン・ポリゴン（ボロノイ分割）よりも進んだモデルだが、事態をきわめて簡略化していることに変わりはない。

逆に大きな都市ないし中心地にも適用されたが、規模が大きくなると、商圏は重なり合い、相互に浸透するようになる。また、人工的中心地の数が増え、相互に接近するようになると、中心地選択に関する消費者行動には**不確実性**が増す。こういう状況には分割点公式という単純なグラビティモデルは無力で、何らかの確率モデルが必要となる。そこで消費者にとっての中心地の効用、という概念を導入し、ルース1959の**定数効用モデル**に基づく確率商圏モデルを提案したのがハフ1962である。

交通計画におけるグラビティモデル：

1960年代〜1970年代に行われていた、道路計画のための道路ネットワーク交通需要予測では、概略次のようなグラビティモデルが使われていた。

それは地域をゾーニングしてゾーン間ＯＤ表 origin-destination table を作成し、その (i, j) 要素を、(i, j) 間のトリップ数 T_{ij} とすると、

$$T_{ij} = k_i (M_i M_j)^b / R_{ij}^\lambda \tag{3.2}$$

と仮定するものであった。ここで M_i、M_j は、各ゾーンの人口ないし産業集積量、R_{ij} は距離を表す。ハフモデルとの差異は、3.2式は流動パターンであり、ハフモデルには発生制約条件が付くという点であった。すなわち $M_i = O_i$（発生量）とし、$\Sigma_j T_{ij} = O_i$ という条件を置くと、3.2式はハフモデルと同型となる（ただし定数効用モデルであることは明示的ではない）。

交通計画の交通需要予測は概略次のように行われた。

① 地域をゾーンで区分けし、i ゾーンから j ゾーンへの現状における目的別モード別交通トリップ状況を調査して、ＯＤデータを作成する。
② ＯＤデータを用いてグラビティモデル（3.2）のパラメーターを推計し、グラビティモデルに従ってパターン化し目的別交通モード別現状推計ＯＤ表を作成する。
③ 各発地ゾーン i における目的別交通モード別将来発生トリップ数と到着ゾーンの産業集積量を予測し、グラビティモデルに従って将来予測ＯＤ表すなわち将来流動分布 $\{T_{ij}^*\}$ を作成する。
④ (i, j) 間の将来交通量を、計画線も含めた将来交通ネットワークへ配分する。

アメリカで当時どのような分析が行われていたかは、Bruton 1970、Taaffe and Gauthier, Jr. 1973 などに詳しく書かれている。Bruton によれば、グラビティモデルを交通計画に本格的に応用した例は、Casey Jr. 1955 が最初であるという。

発地 i	期間発生トリップ数または期間買物予算 O_i	目的地 j（魅力度＝売場面積 M_j）						合計
		1店	2店	…j店	$j+1$店	…	n店	
1	O_1				…			
2	O_2	⇒			…			
·	·							
·	·	出向(配分)確率	$P_{ij} = \alpha_i M_j / R_{ij}^\lambda$					1.00
·	·				…			
·	·	規格化条件	$\alpha_i = 1/(\Sigma_j M_j / R_{ij}^\lambda)$					
·	·							
i	O_i	配分買物トリップ数	$T_{ij} = O_i P_{ij} = \alpha_i O_i M_j / R_{ij}^\lambda$					$O_i = \Sigma_j T_{ij}$
·	·							
·	·	⇒						
·	·							
m	O_m							
	延べ顧客数	D_1	D_2	…$D_j = \Sigma_i T_{ij}$		…	D_n	

表3.1　買物OD表

グラビティモデル (3.2) において $M_i = O_i$ (発生トリップ数)、$M_j =$ 売場面積、$b = 1$ とし、両辺を発生量 O_i で割れば、

$$P(i,j) = T_{ij}/O_i = \alpha_1 M_j / R_{ij}^\lambda$$
$$\Sigma_j P(i,j) = 1 \qquad (P(i,j): i からjへの O_i の配分確率)$$

となり、これは買物トリップを表すハフモデルに他ならない。交通計画では、恐らくハフ1962より以前から同型の発生制約型交通トリップOD表が用いられていたのであろう。ハフ1962がグラビティモデルを経験則であって理論的根拠がないと言ったのは、マーケティングにおけるライリー1929のグラビティモデルを名指して言っているのであるが、ハフの概念は交通計画のグラビティモデルも根拠づけているはずである。それではハフ1962はグラビティモデルをどういう意味で根拠づけたのかという問題がある。ここに定数効用モデルの概念が絡んでくる。

3.2 ハフ Huff1962 論文のロジックの再検討
－ハフモデルは定数効用モデル－

ハフモデルには2つのもとになる論文があり、通常は1963年のものが引用されるが、そこにはモデルの論理的根拠についてはほとんど書かれておらず、それが丁寧に書かれているのが1962年の40ページほどの小冊子である。小冊子とはいえ、それは書籍として出版されており、また日本では蔵書しているところが極めて少ないので、複写文献として入手しづらい。1963年のものは簡単に手に入るため、こちらが引用されるものと思われる。

以下にハフ Huff 1962 の論理をたどって、再検討するが、入手しづらいことを考慮して、引用は原文のままとする。

一般に確率モデルにはさまざまな現象に合わせて多様なものが考えられてきたが、対象の確率的選択行動のモデルは、対象の効用に関してどのように消費者もしくは分析者が関わるかで、定数効用モデルとランダム効用モデルの2種類が区別される (Ben-Akiva and Lerman1985)。定数効

用モデルと言われるものは、ルース Luce 1959が"選択公理"choice axiom の系として導いたものである。**選択公理**とは、「選択の対象となる代替案の集合は、より一般的な集合から見ればその一部の"部分集合"である。代替案の選択確率はこの部分集合にのみ依存し、この外側に存在するどのような選択肢にも依存しない」というもので、たとえばスーパーを選択するときはその選択確率は、スーパーとＧＭＳから成る部分集合にのみ依存し、百貨店があろうとなかろうと無関係である、ということを意味する。ここから系の一つとして IIA 特性が導かれる(後述)。もしも選択公理が成り立ち、効用の測度が直接に選択確率に比例するとき、"厳密な効用"モデルが存在し次のように表わされる（U_k は k の効用）。

$$P(j) = U_j / \Sigma_k U_k \tag{3.3}$$

これがルースが導いた**定数効用モデル**である。要点は確率は対象ごとに決まっているということと、確率は部分集合の中で閉じている（確率の和が１になる）ということである。具体的なショッピング行動に当てはめると、「消費者は期間では各選択対象の効用に比例した選択確率に従って対象を選択し、その確率は期間発生トリップ数の配分確率となる。また１回々々の選択は**ベルヌーイ試行**になる」。

これに対して「消費者は、選択集合の中の効用最大の代替案を選択するが、個人の決定過程に関して分析者が十分な知識を欠くために確率的に見えるのだ」、というのが**ランダム効用モデル**の立場である。これは経済学の原理的見方に沿ったものである。ハフ 1962 は自らのモデルが、ルース 1959 の**定数効用モデル**に基づいていることをまず宣言している。なお、ランダム効用モデルの確率が定式化されたのは、Domencich and McFadden 1975 によってなので、ハフのこの時点では知られていなかった。

ハフは初めに、選択集合に関して、

①ショッピングセンターの一般的な集合があり、
②その下に消費者が利用可能なサブ集合があり、このサブ集合は消費者のテイストと好みに一致している、

③この中の各ショッピングセンターに効用関数が関連付けられる、

と定義している。これは定数効用モデルによる発生量配分確率が、消費者のテイストと好みに一致する、"ある範囲の店舗の集合の中で閉じる"、つまり $\Sigma_j P_{ij} = 1$ と書ける、ということに関する準備定義を行っているものである。これは、ハフモデルは"**ルースの選択公理のもとに成り立つ**"ということを言い変えたものに当たる。

　もしも選択公理が成立し、効用の測度が直接にトリップ確率に比例するとき、jショッピングセンターを選択する厳密な定数効用モデルは (3.3) のように表わされる。ハフ 1962 はここから出発している。また、サブ集合（配分先集合）の中の任意の 2 店のトリップ確率の比は、その効用比に等しく、これは他の店の存在に無関係に成り立つ、としている。すなわち、

$$P_{j1} / P_{j2} = U_{j1} / U_{j2}$$

これは選択集合が **IIA 特性** Independence from Irrelevant Alternatives を持つことを述べたものであるが、これはサブ集合を決定するときに意味を持ってくる。そして i で代表される地理的な統計的ユニットからみた j 店の効用関数を次のように**仮定**している（M_j は j の売場面積）。

$$U_{ij} = M_j / R_{ij}^{\lambda} \tag{3.4}$$

この"仮定"は「交通計画」でいうグラビティモデルであり、本来は実証ないし何らかの方法で根拠づけられなければならないものであるが、ハフでは"提唱"にとどまっていることに注意すべきである。

　したがって i 地点で j へ出向するトリップ確率は次のようになる。

$$P_{ij} = U_{ij} / \Sigma_j U_{ij} = (M_j / R_{ij}^{\lambda}) / \Sigma_k (M_k / R_{ik}^{\lambda}) \tag{3.5}$$

ここに M_j は j 店の売場面積、R_{ij} はトラベルタイムないし距離ないし j 店へたどり着くための努力の代理変数、λ は消費者のトリップＯＤデータか

ら推計される距離抵抗パラメーター、である。(3.5) がハフモデルである。このモデルは個人ではなく地域の"統計的ユニット"単位で成り立つものとして考えられている。したがって各ユニットの消費者は"平均人"で代表される。またこの確率の意味は i の発生量（買物トリップ数や買物予算）を j 店へ配分する**配分確率**であるとハフは宣言している。

一方でハフは、定数効用に基づいて次のようにトリップ行動を説明する。

"Let us assume that a consumer is confronted with four shopping centers, j1, j2, j3 and j4, from which he plans to choose one at a given time. Let us further assume that the consumer perceives the relative utilities (uj) associated with each of these four alternatives to be in proportion 1:2:3:4. The consumer will not select j4 exclusively in this choice situation, but will tend to choose it about $4/(1+2+3+4)=40$ per cent of the time if such a choice situation is repeated a number of times. Furthermore, he would show a tendency to select j4 four times as often as he would j1, twice as often as j2, and 1.33 times as often as j3."

つまり消費者はあるときは j4 のショッピングセンターを選ぶが、次の機会には j3 や j2 を選ぶ可能性があり、選択が繰り返される中で観測すれば、1：2：3：4 で各店へトリップする、ということになる。これは買物トリップが定数効用モデルのように観測されるとすれば、**観測には十分な期間を要する**ということと、消費者は選択集合をなすどの店にも**効用比の確率で訪れる**という結果となる、ということを意味している。これはまた、平均人の買物トリップは、ベルヌーイ試行を繰り返す**ベルヌーイ過程**であることを意味している（これについては第 4 章で改めて論じる）。

上の文に続いてハフは次のように言っている。

"Consumer behavior as just described differs markedly from traditional economic theory in that the latter maintains that the consumer will always choose one particular alternative (that which is

第 3 章 ハフモデルと定数効用モデルの再検討 79

"most desirable") with probability 1; therefore, all other alternatives possess probability zero."

伝統的経済学では効用最大の選択肢が唯一選択される、と考えられているが、定数効用モデルに基づく消費者はそうではない、と挑戦的に言っているわけである。

一方、ランダム効用モデルでは第4章で説明するように、消費者個人が、買物目的を満たす可能性のある選択集合の中で、j店を効用最大の唯一の選択肢として選択する確率が計算される。選択がリピートされる中である1回の選択状況が記述される。また、期間で何回選択するかは個人で異なるが、消費者は合理的だから同じ目的の下なら、期間でもぶれないで同じ選択をすると期待される。つまりランダム効用モデルは、伝統的経済学の原理的仮定を定式化したものである。したがって両モデルは全く相反するものであり、両立できない。

ハフモデル (3.5) は、iを地理的統計的ユニットとし、消費者を平均人で代表させて統計的モデルとして扱われる。続けてハフは、P_{ij}を発生需要配分確率であるとして、次のように提案している。

$$E(A_{ij}) = P_{ij} \cdot N_i \cdot B_{ik} \text{ (for all i's)} \tag{3.6}$$

ここにN_iはi統計的ユニットの消費者数、$E(A_{ij})$はi統計的ユニットからjへもたらされる期間売上予測値、B_{ik}はkカテゴリーの商品の一人当たりの期間買物予算、である。また次のように提案する。

$$E(A_{ijm}) = P_{ij} \cdot N_i \cdot T_m \text{ (for all i's)} \tag{3.7}$$

ここに$E(A_{ijm})$はi統計的ユニットからjへ出向する与えられた買物目的の期間mでの買物トリップ数（延べ客数）の期待値、T_mは期間mでの与えられた買物目的の発生買物トリップ数、である。

(3.6)、(3.7) はP_{ij}が配分確率であることを提唱するもので、定数効用モデルの前提と整合的であるが、ルースの選択公理を適用できるサブ集合

を、買物目的ごとにどのように特定するのか、また統計的ユニットごとの発生トリップ数（厄介なことにこれは店までの距離の関数であるのが現実）や目的ごとの買物予算をどのように知るのか、などについてハフは何も言っていない。

一方でハフはこの確率を用いると、i の消費者数 N_i のうち j を愛顧する patronize 消費者数 E_{ij} は次のように表わされると言っている。

$$E_{ij} = P_{ij} \cdot N_i \tag{3.8}$$

この (3.8) もまた人々を惑わす元凶の一つとなっている。(3.8) の E_{ij} は、発生需要 N_i ＝住民の人数なので、全員が同時に"1回トリップ"する場合に j 店を訪問する顧客数であるが、そのような"期間"を定義できるだろうか。サブ集合を構成できるほどに十分長い期間を考えれば、定数効用モデルのもとでは、地域の全員が少なくとも j 店を1回は訪れるのであるから、愛顧客は地域の全員ということになる。(3.8) を形式上計算することはできるが、それは何を意味するのか意味づけることはできないの

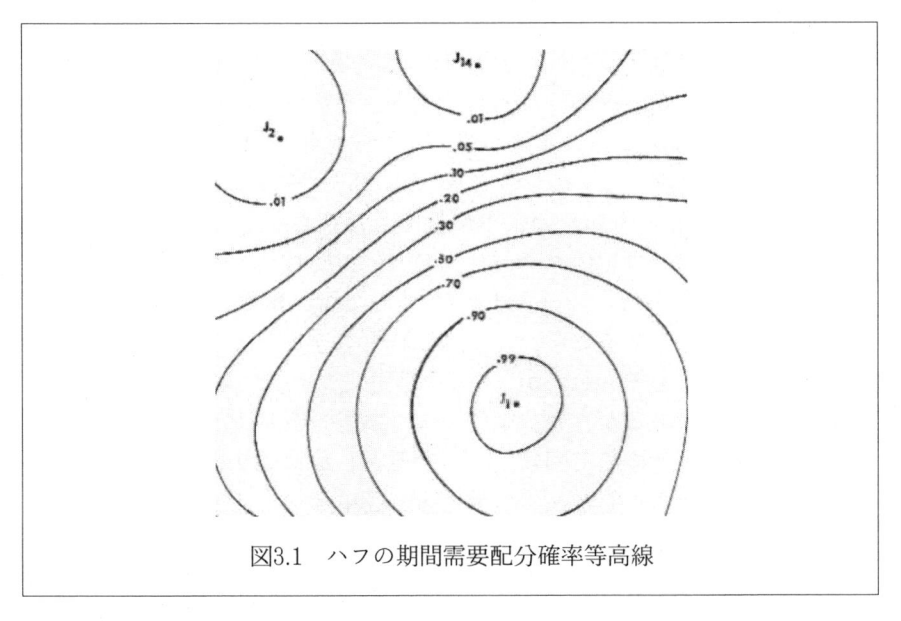

図3.1 ハフの期間需要配分確率等高線

である。

ランダム効用モデルに基づく**集計型ロジット商圏モデル**では、(3.6)、(3.7) のような計算は不可能である。その代わり、逆に (3.8) のような**固定客数**が計算されるから、発生予算の代わりに**個店ごとの顧客期間平均購入額**が判明する。定数効用モデルとランダム効用モデルは、このように両立できないモデルなのである。

ハフは、配分確率 (3.5) をもとに、地理空間上で、ショッピングセンターの商圏が相互に入り組むさまを確率等高線で、図 3.1 のように描けると提案したが、このアイデアはそれ以前のグラビティモデルから見ると、たいへんな前進で、パソコンの発達した今日、このアイデアを自在に扱えるようにしたのが、本書の方法である。ただし、ハフの描いた図 3.1 の確率等高線は店へ配分される**配分確率**であり、現実のデータからこれを構成することはできないが、ランダム効用に基づく本書の**選択確率**は、現実のデータからこれを構成でき、したがって実証検証もできる、という大きな違いがある。

ハフモデルはなぜグラビティモデルと同一なのか：

ハフ 1962 1963 は、ライリーのグラビティモデルは、単に経験的な概念であって、背景となる理論的な内容を欠き、また分割点方式では、商圏の中間領域を表現できないと非難して、ハフモデル (3.5) を提案した。これらは交通計画におけるグラビティモデルと同一であるのはなぜか。その理由は、定数効用を (3.4) のように仮定したことによる。この式は、すでに述べたようにハフ以前に交通計画の分野で使われていたグラビティモデルと同一なのである。ルース 1959 の意味では、**定数効用**は顕示選好からのみ知りえるものであるが、ハフはこれをグラビティモデルのように仮定しているわけである。したがってそれが正しいかどうかは、実証で決定されるべきものであるが、発生制約モデルの配分確率は、現実に対応するものがなく、実証は極めて困難なのである。しかしグラビティモデルが定数効用モデルであるとしたハフの仮定を、簡単な制約条件以外に消費者の買い物行動に関して"何の情報もなければ"、もっとも起こりそうなトリップ分布であることをウィルソン 1967 は演繹的に証明した。

3.3 空間的相互作用モデルと期間の問題

　物理学出身の地理学者ウィルソン Wilson1967 は、統計力学で用いられる最大エントロピー法を用いて、交通計画で用いられていた発生制約条件付グラビティモデル、したがってハフモデルを根拠づけた。すなわち、発生制約条件があり、地域の全移動コストが一定のとき、他の情報がなければそれがもっとも起こりそうな統計的法則であるということを証明して見せた。エントロピーとは、ミクロの状態数の対数のことで、最大エントロピー法とは、可能なミクロ状態数（ないしその対数）のうち、もっとも数の多い状態が、体系の平衡状態として現実に出現するであろう、という論法である。その方法の概略は次のとおりである。

　ハフと同様に地域をゾーニングし、ゾーン i から目的地 j へのトリップ数を T_{ij} と書く。ゾーン i の発生トリップ数を O_i とすると地域の総発生トリップ数は、

$$T = \Sigma O_i \tag{3.9}$$

発生制約条件 production-constrained condition は、

$$\Sigma_j T_{ij} = O_i \tag{3.10}$$

と表わされ、これはモデル成立のために**欠かすことのできない前提条件**である。

　また地域の総移動コスト E は一定であるとすると、

$$\Sigma_i \Sigma_j T_{ij} c_{ij} = E \tag{3.11}$$

ここに $c_{ij} = i, j$ 間の移動コストである。

　分布 $\{T_{ij}\}$ のもとでのミクロの状態数 $w(T_{ij})$ は、総発生トリップ数 T の中からそれぞれの T_{ij} を選び出す組み合わせ数であるから、${}_nC_m$ を組み

合わせ記号として、次のように表わされる。

$$\begin{aligned} w(T_{ij}) &= {}_T C_{T11} \cdot {}_{T\_T11} C_{T12} \cdots \cdots \\ &= T!/T_{11}!\,T_{12}!\cdots\cdots \\ &= T!/\Pi_{ij}\,T_{ij}! \end{aligned} \quad (3.12)$$

全てのミクロ状態は等確率で起こるとすると、"十分な長期間"で観測すれば、この $w(T_{ij})$ が最大となる状態がもっともよく観測されるであろう（平衡状態）。そこで $w(T_{ij})$ は実際に非常に鋭いピークを持っていること、したがって平衡状態は特定の式で表わされるであろうことをウィルソンは示し、$\log w(T_{ij})$ を制約条件 (3.10)、(3.11) のもとでラグランジュ未定係数法で解いて次の式を導いた。これを地理学では**発生制約型空間的相互作用モデル**という（"小売モデル"ともいう）。

$$T_{ij} = O_i \exp(\beta M_j - \beta c_{ij}) / \Sigma_k \exp(\beta M_k - \beta c_{ik}) \quad (3.13)$$

ここに M_j は j ショッピングセンターの効用の大きさないし規模を表す指標である。

　上記の内 **"十分な長期間"** は筆者による。実際ウィルソンは分布 $\{T_{ij}\}$ がどのような期間で成立するのかについては何も述べていない。彼が引用したこの方法は統計力学の方法であり、平衡状態では (3.13) に相当するピーク状態が観測されるであろうという意味である。であるから **"買物トリップにおいて平衡状態とは何か"**、あるいはどういう期間をとれば統計力学の含意と同等になるかが問題なのである。ウィルソンはこの時点では通勤トリップに関心があったようであるが、この場合は1日でも期間でも同じ分布となるから事実上期間の問題は生じない。こういうことから期間を問題にしなかったのかもしれない。それどころかウィルソンは「厳密にはこの理論は期間には当てはまらない no theory for period」と口走っている。"口走っている"というのは、すぐそれに続いて「目的別、人間の属性別にトリップを分類してそれぞれを均一にすれば期間でも有効な結果が期待される」と述べており、期間にするといろいろなものが混在して

しまうことを恐れての発言で、証明法そのものを否定しているわけではないからである。期間の問題は演繹法ではなく別のところにある。

"**問題は、発生制約条件（3.10）なのである**"。(3.13) の両辺を O_i で割れば発生量配分確率 P_{ij} の式、

$$P_{ij} = \exp(\beta M_j - \beta c_{ij}) / \Sigma_k \exp(\beta M_k - \beta c_{ik}) \tag{3.14}$$

となる。そして変数を対数変換すると、(3.14) はハフモデル (3.5) に一致する。このとき発生制約条件 (3.10) は

$$\Sigma_j P_{ij} = 1 \tag{3.15}$$

となり、確率が閉じていなければならないことを示す。つまり対象の集合 $\eta(j)$ 以外の店舗の存在に確率は影響されない、ということが暗に要求されている。これはルースの選択公理が成立することと同値である。ところが人間の買い物行動においてこの条件が満たされるまでには、**十分に長い期間**が必要なのである。たとえばスーパーやＧＭＳを対象とするとき、そのリピートサイクルは１日から１ヶ月程度まで個人によっていろいろなケースがある。このためたとえば期間を１日〜２日とすれば、集合 $\eta(j)$ から多くの選択肢が抜け落ち、このため P_{ij} は抜け落ちた店の影響を受け、(3.15) は成立しないのである。したがって空間的相互作用モデル (3.13) あるいは同じことだがハフモデル (3.5) が成立するためには、十分に長い観測期間を要するのである。より具体的にはモデル適用期間には**ミニマム期間**というものがあり、それは最長リピートサイクルにあたるのである。ミニマム期間より長い期間は、単に O_i と配分される T_{ij} が比例的に増えるだけである。

このように発生制約型空間的相互作用モデルはハフモデルに根拠を与えたのであるが、ハフモデルの側から言えば、それには"**期間の問題**"があるということである。またこの配分確率は対象の効用比で発生量を配分するので、空間的相互作用モデルは定数効用モデルであることをも示している。さらにつけ加えれば、ウィルソンの証明法は、トリップを定数効用に

基づく**ベルヌーイ過程**と考え、もっとも起こり得る確率を計算する場合と同一であることを示すことができ、この面からも期間モデルであると言える（これに関しては第 4 章 4.3 節と 4.5 節で論じる）。

地理学では、あるいはマーケティングの分野でも同様であるが、(3.14)と後章で導くランダム効用モデルの多項ロジットモデルによる選択確率が同じ式なので、"統計的モデルである空間的相互作用モデルは、合理的選択理論の個人選択モデルによって裏付けられた"という説が定説となっているが、全く意味が異なり従って異なる結果を導くことは第 4 章で再び論じる。

定数効用モデルとランダム効用モデルは両立できない。分析者が好きなように選択できるという問題ではない。買物行動の場合、どちらが現実を説明できるかは、実証検証によってきまるのである。

第4章　定数効用モデルとランダム効用モデルと その基本的な特性

4.1 効用概念とフェヒナー Fechner の法則

　周知のように経済学をはじめとする諸社会科学では、人間の行動は"合理的"である、ということを前提に理論を組み立てている。たとえば経済学では、消費者は予算制約の下で、効用を最大にするように消費するとされる。行動が"合理的"であるとは、行動が"自己の効用の最大化を目指している"、ということを意味する。

　効用とは何か。消費者は選択対象の各々の効用を知って計算しているのか、つまり対象の属性からなる効用関数を知っていて、それを計算をしたうえで最大のものを選択しているのかといえば、疑問に思う人がいてもおかしくない。一方、消費者が不合理で、衝動的で、そういう消費者が大半だとすれば、現実はカオスで、いかなる社会科学も成り立たないであろう。そうすると**消費者の合理性はどの程度のものか、定性的なものなのか**、ということが問題となる。ランダム効用モデルはこの問題に光を当てる。

　ここで効用とは何かについて簡単に触れておきたい。まず、効用は空っぽの容器のようなもので、問題によって何でも入れることができる、というように言われる。靴の効用、果物の効用、ブランドの効用、店舗の効用、政党の効用などなど。店で購入されたものが何であれ、購入されたものの満足度は個人にとってのその店の効用に加算される。効用が基数的効用として金銭で測ることができると考えられる場合、それは個人間で足すこともできる。例えば店の売上は店間で指標的に比較されるとき、店の集計的満足度と見做せる。

　しかし一般に"〜とは何か"という問いには、正面から答えるのは困難である、と言っておかねばならない。概念には直感の裏付けが必要であり、それがなければ空疎であるが、その意味は概念の諸関係の中で次第に明らかになるのであって、その関係の中で、"いかに〜"というように答えるほかない。つまり理論の中でのみ論じることができるのである。

効用とは第一に分析者の視点から見た操作的な概念なのである。効用に基づく理論の妥当性は現実に照らして判断される。理論には規範的理論 normative theory と実証的記述的な理論 positive theory があるが、前者は抽象的な理論モデルを通して現実を理解しようとし、後者は理論モデルによって現実のデータそのものを直接説明することを目指す。効用概念はまずは規範的理論で用いられるのである。実証的記述的理論は、規範的理論をもとに、それを実証可能な形に整えて、現実のデータに適用する応用モデルである。

また次のようにも言っておかねばならない。ここで言っている"効用"概念は合理的選択理論に関するもので、たしかに経済学と心理学から出てきたもので社会科学の基礎となる概念だが、同じ経済学の中には別種の"効用"概念があり、そこでは消費者はあたかも"計算マシン"のように行動すると想定されている、ということである。例えば"探索理論"モデルや在庫適正化ショッピングモデルの類であり、選択理論とは全く相いれない。

効用概念史によれば（Reogen 1968）、効用という概念が経済学に定着したのは、限界効用逓減の法則という、定性的には広く観察される法則を定式化したためである。これはある商品の効用を U、個人のその商品の持ち高を W、持ち高の増分を ΔW、その増分が個人にもたらす効用を ΔU とすると、効用の増分は持ち高の増分ではなく、その増分の持ち高に対する比率に比例して次第に小さくなる、というものである。式に書くと、

$$\Delta U = k\Delta W / W \quad (k は正の比例定数)$$

となる。これを積分すると効用関数は、

$$U = k \log W + c \quad (c は積分定数)$$

と表わされる。

これを最初に提唱したのはダニエル・ベルヌーイ（Daniel Bernoulli 1738、ベルヌーイ試行はヤコブ・ベルヌーイ Jakob Bernoulli 1713によ

る）で、非常に古いが、経済学者には長く見過ごされていて、こういう形で効用概念が知られるようになったのは、まったく同様の式であるフェヒナー Fechner の法則が知られるようになった 19 世紀中ごろのことのようである。

　フェヒナーの精神物理学の法則と言われるものは、ウェーバー Weber, E. H. による、感覚的弁別能力に関する次の法則を拡大したものである（大山 2000）。ウェーバーが発見したのは、人間の刺激の微細な弁別能力には最小単位（弁別閾）ΔI があり、それは刺激の大きさ I と関係し、$\Delta I/I =$ const. であるというものである。この定数 const. は重さの識別では 1/40 であるという。つまり、40 g に対して 41 g という 1g の差異をやっと識別できるが、80 g に対しては 82 g、120 g に対しては 123 g をようやく識別できるという。他の例では音の高さで 1/160、目で見る線の長さに関しては 1/50〜1/100 であるとウェーバーは報告している。これをウェーバーの法則と言い、$\Delta I/I =$ const. をウェーバー比と言い、今日でも使われている。

　フェヒナーが行ったのは、物理的刺激が精神の世界（感覚）に及ぼす影響を関数関係で定式化したことであった。フェヒナーはウェーバーの法則から出発したが、しかしウェーバーとは異なって、弁別には閾値があっても、精神の内部では感覚 Φ は無限に微分可能で、その微分 $d\Phi$ は刺激の微分 dI に対応していると考えた。すなわち、

$$d\Phi = kdI/I$$

これを微分すると、

$$\Phi = k \log I + C$$

を得る（C は積分定数）。

　弁別能力に段差 ΔI があるのに感覚は微分可能 $d\Phi$ と考えるのはいかにも無理があり、当時から非難されていたありさまは、ベルクソン Bergson 1889 の『時間と自由』にも読み取れるが、今日フェヒナーの名が不滅と

なっているのは、上の式の積分形の方で、効用関数の原型になっているからである。I は任意の商品の量、Φ はその効用、とすると、対数関数 $\log I$ は I の増加関数であるが、I の増加とともに次第に Φ の増加は緩やかなものとなり、曲線は寝てくる。これが、全てのものにつきものの、限界効用逓減則をうまく表現しているからである。効用 Φ も精神世界のものであり、直接測ることは困難だが、選択のような行為の結果から、仮定された効用関数が正しいかどうか知ることができるのである。

ここでフェヒナーの法則を取り上げたのは、本書の**集計型ランダム効用商圏モデル**は、第 6 章で説明するように、いわば装いを新たにした Fechner の法則のような形式だからである。

この限界効用逓減の法則は、その後次のような問題をめぐって議論が展開された。効用は測定し得るか、それは数量的に測定し得るか（基数的効用 cardinal utility）、それとも序数的にのみ測定し得るか（序数的効用 ordinal utility）、個人の効用は加算して集団の効用とし得るか、というものである。基数的効用と考えられる場合は加法性があり、序数的効用の場合は、効用は主観的なもので、異なる個人間で比較することも、単純に各個人の効用を足し合わせることもできないとされる。

フォン・ノイマン＝モルゲンシュテルン Von Neumann and Morgenstern 1953 は、個人の選好順序を示す一対比較表から基数的効用関数（より選好される方に大きな数字を割り当てる）を構築する画期的な方法を提案した（本書では用いないので説明は省く）。この効用関数をもとにすると、序数的効用でも人々は効用を最大化するように選択するということができる。ここでは同書中の次の言葉に注目したい。当時は効用概念についてはまだこういう状況だったのだ。

「効用や選好という概念は、物理学における力、質量、電荷などと比べて質的に劣っているとは、我々には思えない。すなわちこれらの概念はいずれも、直接的な形においては単に言葉だけの定義にすぎないが、実は、その定義の上に築きあげられる理論全体を通じてはじめて経験的統制に従うようになるのであって、それ以外の方法でそうなるのではない。言い換えると、効用概念は、これを利用した経済理論が構築され、その理論の結

果が経験あるいは常識と比較対照されることによってはじめて、同語反復以上に高められるのである。……（効用という概念の今日の状況は、）熱理論の初期を思い出させる。熱理論も、ある物体が他の物体よりも熱いと感じる直感的に明確な感覚に基礎を置いていたが、どのくらい熱いとか、何倍熱いとか、またそれがどんな意味なのか、といったことを客観的に表現する直接的な方法がなかったのである。この熱との比較から、このような理論の究極的な形態がどのようになるかを、前もって予想することがどんなに難しいかが分かる。……その後、熱というのは実は1つの数ではなくて、熱量と温度という2つの数によって量的に記述できる、ということがわかったのである。……たとえ効用が今日たしかに非数値的なものであるかのようにみえても、……どんな形をとっていくかは誰も予言することはできない。」(Von Neumann, J. and O. Morgenstern. 1953 銀林浩・橋本和美・宮本敏雄監訳)

4.2 ランダム効用と選択理論序説

　規範的分析にしろ実証的分析にしろ、解析的モデルでなければ議論は非常に限定されたものとなり、解析的モデルは基数的効用 cardinal utility でなければ構築できない。フォン・ノイマン＝モルゲンシュテルン以降、効用は基数的効用に基づく選択理論の中で論じられ、選択理論は、ルース 1959 から始まり、Luce and Suppes 1965, Manski 1973, Domencich and McFadden 1975, Koppelman 1975, など多くの人の研究を経て、Discrete Choice Theory あるいは多項ロジットモデル Multinomial Logit Model として解析的形を獲得する（Ben-Akiva, M. and S. R. Lerman. 1985 による）。

　このモデルの結論は簡潔なもので、個人 i からみて対象となる選択肢 j が確定効用 V_{ij} のほかに**ランダム効用** $\mathcal{E}_j$ を持っていて、j の効用を $V_{ij} + \mathcal{E}_j$ と書けるとき、個人 i が数ある選択肢のなかから j を"効用最大として選択する確率" $Pr(ij)$ は、

$$Pr(ij) = \exp(V_{ij}) / \Sigma_k \exp(V_{ik})$$

で表わされる、というものである。見かけは単純だが、その導出手順は相当に込み入ったもので、また抽象的なロジックなのでその限りでは規範的理論に属する。このモデルの背景にはいくつかの仮説があり、またモデルは特殊な癖を持っている。応用に当たってはこれらを理解する必要があり、そのためには、導出プロセスをトレースするしかない。

ところが、このモデルを現実の選択問題に適用して見ると、高い説明力を有することが判明する。つまり実証的記述的理論モデルでもあるのである。さらにこのモデルの集計型モデルをＧＩＳ上で店舗選択問題に適用し、消費者の行為の結果（顕示選好）である個店の固定客数または期間売上からモデルの**"個店の集客力パラメーター"**を推計すると、地理空間における店舗選択確率（顧客率とも言う。配分確率ではなく、地域住民の中でリピートする顧客の割合 share を示す）と各店のリピートする固定客数を非常によく説明できることが判明する。これは現実に、消費者が目的のもとに店舗を"合理的に"選択している、ということを意味している。

このことは実に驚くべきことではないだろうか？　この確率は選択する対象を効用最大と見る主観的確率を表現しており、全く抽象的なロジックで導かれている規範的理論である。その現実妥当性は、限界効用逓減則のように、定性的なものであってもおかしくはないのである。それが定量的にも実証されるということは、"合理的選択"は、分析者のノーマティブな仮説から、現実の消費者を支配している"法則"へと変わったことを意味するのである。

"合理的選択"における"合理性"は、ハーバート・サイモン Simon 1957 が区別した、完全合理性 perfect rationality と限定合理性 "bounded" rationality で言えば、限定合理性に当たる。後者は人間が扱える情報には制約があり、一つは環境的な制約で、他の制約は人間に元来備わっている認識の限界で、合理性はこの限界内での合理性であることを意味する。店舗選択理論における環境的制約は、主に現実から推測される選択ルール、という形で表わされる。

選択理論がＧＩＳ地理空間における店舗選択に適用できることは、選択確率を用いて商圏を科学的に記述できることを意味する。選択理論をこの具体的な問題に適用するには、論じるべき多くの事柄がある。集計型選択

理論の構築問題、IIA特性と選択集合特定問題、効用関数を行為の結果である固定客数または期間売上から推計する問題（顕示選好からの推計）、距離抵抗係数推計方法の問題、適合度検証、魅力度の加法性と解釈の問題、などなど。本書はその道筋を示し、ＧＭＳとスーパーを主な事例にして、小売立地のさまざまなパターンと空間競争の特徴を論じ、立地参入の問題をどう解けるかを示すことを目指している。

4.3 定数効用モデルとランダム効用モデルの事例

店舗選択の定数効用モデルはベルヌーイ過程：

　選択理論は、ある選び手ないし買い手（個人または世帯）が、さまざまな選択機会に、選択代替対案の集合からあるものを選ぶ確率をテーマとする。

　選択理論とは事例でいえば次のような事象を扱う。ある人がある月に10回カフェでコーヒーを飲んだが、そのカフェの対象は、スタバ、サンマルク、モスの3店であり、他にタリーズ、サブウェイがあるが、これらは選択対象にはならなかったとする。その内訳は5回スタバに、3回サンマルクに行き、2回モスに行ったとする。このとき4通りの選び方が考えられる。ひとつはこの回数は毎月不動であるというケース、二つ目はスタバに確率0.5、サンマルクに確率0.3、モスに確率0.2で行くが、月ごとに総回数のもとでそれぞれに行く回数は確率的に変動するというケース、三つ目は10回中7～10回はスタバに行くが毎回の選択ではその選択確率にはぶれが見られ、その理由は観測者には分からないというケース、4つ目はどれに行くかは全くランダムで毎月予測がつかないというケースである。

　ひとつ目のケースは、選択は決定論的であるといわれ、選択理論の対象にならない。4つ目のケースは反対の極でカオス的であり、これも選択理論の対象にならない。選択理論が扱うのは、このうち確率論を用いる二つ目と三つ目のケースである。

　二つ目のケースにおいて訪問確率 $P(j)$ を対象 j の効用（定数効用）$U(j)$ を用いて $P(j) = U(j)/\Sigma U(k)$ と書けるとき、これを**定数効用 constant utility モデル**という。ただしこう書けるためには、"ルースの

選択公理"が成り立つという条件が必要となる。この条件がないと選択集合が決まらない。

買物トリップに関する**定数効用モデル**は、毎回の出向は独立していて、常に同じ確率のもとで行われる**ベルヌーイ過程**であると考えることができる。ベルヌーイ過程とは一連の**ベルヌーイ試行**から成る過程を指す。ベルヌーイ試行の代表例はコイン投げ（コイントス）で、表が出る確率を問題とする。ベルヌーイ過程の特徴は次のとおりである。

①毎回の試行（カフェへの出向）は独立で、それ以前のカフェ選択とは無関係である。
②毎回の試行の結果は、あるカフェに行った（成功＝1）、そして他のカフェには行かなかった、の一通りの結果しかない。
③毎回の試行の成功の確率はカフェごとに決まっている。今の例ではスタバ $P=0.5$、サンマルク $P=0.3$、モス $P=0.2$ である。
④期間で m 回カフェへ行った場合、確率変数 X_i が i カフェへ行った回数、X_i がそれぞれの値をとる確率は P_i である。ただし $\Sigma_1^k P_i = 1$、k はカフェの数である。確率変数 $X=(X_1,\cdots,X_k)$ はパラメーター m と $P=(P_1,\cdots,P_k)$ の次の多項分布に従う。ここで $\Sigma_{i=1}^k X_i = m$ である。

$$Pr(X_1,\ldots,X_k;m,P_1,\ldots,P_k) = \frac{m!}{X_1!\ldots X_k!}P_1^{X_1}\ldots P_k^{X_k}$$

期待値は

$$E(X_i) = mP_i$$

たとえば上記の場合 $m=10$ で、上記の確率のもとで5回スタバに、3回サンマルクに、2回モスに行くということが起こる確率は0.85で、各カフェへ行った回数の期待値は、$E(X(スタバ))=5$、$E(X(サンマルク))=3$、$E(X(モス))=2$ となる。定数効用モデルでは"選択確率は対象に固有のもの"として決まっているが、「**対象を選ぶ選択回数が確率的に変動する**」。またなぜ選択回数が確率的に変動するかと言えば、ベルヌーイ過

程が毎回のコイン投げに帰着するように偶然に支配されているためである。つまりそこに効用最大化のような意志決定者の目的や意志は働いていない。

一般にj店の選択確率がP_jで、定数効用モデルのとき、m回の試行でjへ行く出向が多項分布に従うベルヌーイ過程と見ると、jへの出向回数の期待値はmP_jとなる。mを十分な長さで見た発生出向回数のとき、P_jは発生量配分確率となる。

意志決定者の合理的行動を表すランダム効用モデル：

3つ目のケースは、毎回の選択においてスタバが"効用最大"として選ばれるが、スタバの効用が"確定効用＋ランダム効用"というように選択毎に変動する部分であるランダム効用成分があるために、「**選択確率がある程度ランダムに変動する**」というもので、**ランダム効用 random utility モデル**と言われる。つまり同じランダムでも4つ目のケースのように行動がランダムなのではなく、選択確率にランダムな要素があるという意味である。ランダム効用モデルは、対象の効用にランダム成分があるだけでなく、選択する人間は**意志決定者 decision maker**であり、目的のもとで効用が最大のものを選ぶという**意志**のもとに選択行動を行う事象を記述する。この確率モデルは、「意志決定者の選択行為の間にある観測されない変数の効果と選択対象の観測されない属性の効果」（これらをランダム成分が表現している）を捉える。同時に個人が、効用最大化原理に従って、最も高い効用を示す対象を1つだけ選択する場合をモデル化する。確定効用関数は、観測可能な独立の属性変数と未知のパラメーターで構成され、それの値は観測された選択（顕示選好）から計算される。

このような個人の行動様式は、**合理的行動**と言われる。合理的行動という概念は、決定過程自体を記述するために使われる。この過程は一般に、矛盾のない選好推移性のもとに計算された、個人にとっての効用を最大にするという目的に従った意志決定過程を意味する。これは、意志決定者は、同一の状況下では同じ決定をリピートする、ということを意味する。選好推移性とは、AがBより好まれBがCより好まれるなら、AはCより好まれる、ということが成り立つということである。つまり合理的行為においては、時々に変化する心理的状態によって異なったふうに反応する衝動

第4章 定数効用モデルとランダム効用モデルとその基本的な特性 95

的意志決定は行われない。また、個人の合理性は、限定合理的である。すなわち限られた情報の中で、効用最大化原理に従った選択をする。

定数効用モデルとランダム効用モデルのこのような違いを表現してBen-Akiva and Lerman 1985 は次のように言っている。「行動は本来的に確率的なのだという仮定と、行動を完全に理解することは不可能ゆえ、また行動に影響を与えるすべての関連する要因を測定することは不可能ゆえ、われわれには確率的に見えるのだという考えの間には、大きな溝がある。」

定数効用モデルとランダム効用モデルはこのように両立できないモデルであり、ある事象について片方で説明がつけば、もう片方は誤りとなる。

4.4 定数効用と選択公理と IIA 特性

定数効用モデルとランダム効用モデルに関する確率論を詳しく紹介している教科書が見当たらないので、実務家のために、以下の4.4～4.7節で主に Ben-Akiva and Lerman 1985 と Luce 1959 を参照して紹介する。数式記号も前書に準じる。彼らが依拠したオリジナルの論文についても Ben-Akiva and Lerman 1985 を参照されたい。なお以下の理論的な紹介は、同書のなかで本書の議論に関係する部分を簡略化して引用しているものであって、直訳しているわけではない。また事例解説や IIA 特性に関する解釈等は、特に断らない限り筆者の見解で書いている。

定数効用 constant utility：

定数効用アプローチでは、選択対象の効用は固定される。効用が最大となる対象が選ばれるという原理の代わりに、選択対象全体にわたって効用をパラメーターとして含む確率分布関数が定義されており、消費者は、その選択確率に基づいて行動すると仮定される。定数効用アプローチにおける確率分布関数の選定は、具体的な事象に則して行われる。

消費者 n が対象 i を一般的な集合 C_n から選ぶ確率を次のように書く。

$P(i \mid C_n)$ または $P_n(i)$

明らかに次のように要請される。

$$0 \leq P(i \mid C_n) \leq 1 \quad \text{all } i \in C_n$$
$$\Sigma_{i \in C_n} P(i \mid C_n) = 1 \tag{4.1}$$

特記すべきは、1回の選択では唯一つが選ばれるので、次の事が成り立たねばならない。

$$P(i \text{ and } j \mid C_n) = 0 \quad\quad\quad i \neq j \in C_n$$
$$P(i \text{ or } j \mid C_n) = P(i \mid C_n) + P(j \mid C_n) \quad i \neq j \in C_n$$

一般に、任意の部分集合 $\tilde{C}_n \in C_n$ に対して、選択がこの部分集合内にある確率は、次のように書ける。

$$P(\tilde{C}_n \mid C_n) = \Sigma_i P(i \mid C_n) \tag{4.2}$$

条件付き選択確率は、選択が部分集合 $\tilde{C}_n$ 内で行われたという条件下で、選択肢 i が選ばれる確率であり、$P(\tilde{C}_n \mid C_n) > 0$ とすると、(4.2) を用いて次のように書ける。

$$P(i \mid \tilde{C}_n \subseteq C_n) = P(i \mid C_n) / P(\tilde{C}_n \mid C_n) \tag{4.3}$$

選択公理 choice axiom と IIA 特性：

Luce1959 が**個人選択公理** individual choice axiom とよんだものは、次の"**仮説**"である。一般的な有限集合 C_n のサブ集合 $\tilde{C}_n$ に対して定義される選択確率の集合は、条件付き確率が存在するときはいつでも、次の**選択公理**を満たすとする。

$$P(i \mid \tilde{C}_n \subseteq C_n) = P(i \mid \tilde{C}_n) \quad i \in \tilde{C}_n \subseteq C_n \tag{4.4}$$

このとき、

$$\Sigma_i P(i \mid \tilde{C}_n \subseteq C_n) = 1 \qquad \text{all } i \in \tilde{C}_n \tag{4.5}$$

言葉でいえば、**選択肢のサブ集合から選択される選択確率は、サブ集合に含まれる選択対象にのみ依存し、他に存在するかもしれない任意の選択肢には依存しない**。これが成り立つかどうかは現実が決めるが、成り立つときは選択階層を考慮せずに確率を（4.5）のように閉じることができ事象を大幅に簡略化できる。

(4.4)を条件付き選択確率の定義式（4.3）に代入すると次式を得る。

$$P(i \mid C_n) = P(i \mid \tilde{C}_n) P(\tilde{C}_n \mid C_n) \qquad i \in \tilde{C}_n \subseteq C_n \tag{4.6}$$

すなわち、一般的集合 C_n から i を選ぶ選択確率は、サブ集合 $\tilde{C}_n$ から i を選ぶ選択確率とその選択が $\tilde{C}_n$ の中で行われる確率の積である。この積はサブ集合 $\tilde{C}_n$ の定義に依存しない。j に対しても同様であるから、

$$P(j \mid C_n) = P(j \mid \tilde{C}_n) P(\tilde{C}_n \mid C_n) \qquad j \in \tilde{C}_n \subseteq C_n$$

したがって次の **IIA 特性** Independence from Irrelevant Alternatives を得る。

$$P(i \mid \tilde{C}_n)/P(j \mid \tilde{C}_n) = P(i \mid C_n)/P(j \mid C_n) \qquad i, j \in \tilde{C}_n \subseteq C_n \tag{4.7}$$

これは選択公理が成り立つときは任意の i と j を選ぶ選択確率の比は、他の任意の代替案の存在に無関係であることを示す。この特性も現実に照らして判断される。後に導く多項ロジットモデルも選択公理に従う。したがってこの IIA 特性を有する。

選択公理の別の表現である式（4.6）は、一般的な集合から考えるとき選択を階層別 choice hierarchy に分割できることを示す。しかし選択公理が成り立つときは、選択確率は一般的な集合から出発する必要はなく、サブ集合すなわち選択集合だけを考えればよい。

Luce 1959 によれば、もしも**選択公理が成立し、効用の測度が直接に選**

択確率に比例するとき、厳密な定数効用 strict utility モデルは次のようになる。

$$P(i \mid C_n) = U_{in} / \Sigma_k U_{kn} \qquad k \in C_n \tag{4.8}$$

ここで効用は正の定数に限定される。この式は任意のサブ集合 $\tilde{C}_n \subseteq C_n$ に適用できる。

ハフ Huff 1962 は、店舗選択に関して、この厳密な定数効用モデルを仮定して彼のモデルを提唱した。

4.5 ランダム効用 random utility

ランダム効用モデルでは、選択行動において観測される矛盾は、分析者側の観測上の情報欠如の結果であるとして扱われる。**個人は常に効用最大の代替案を選択するものと仮定される**。しかしながら、効用は分析者には確実なものとしては知られていないし、それゆえ分析者によってランダム変数として扱われる。

一般に、選択対象 i の意志決定者 n に対するランダム効用 U_{in} を観測可能な成分（確定効用）V_{in} と観測できない成分（ランダム効用ないし攪乱項）ϵ_{in} の和として表わすことができる。

$$U_{in} = V_{in} + \epsilon_{in} \tag{4.9}$$

n が選択集合から効用最大の i を選ぶ確率は次のように書ける。

$$P(i \mid C_n) = Pr[V_{in} + \epsilon_{in} \geq V_{jn} + \epsilon_{jn} \qquad all\ j \in C_n]$$

V_{in} と V_{jn} は関数である。ϵ_{in} と ϵ_{jn} も関数だが、分析者の観点からはランダムである。具体的なランダム効用モデルを導くには、集合全体にわたる攪乱項の確率分布を仮定する必要がある。

4.6 二項選択モデル binary choice

二項選択モデルを詳しく論じることはいろいろな目的に役立つ。二項を i, j とし、i が選ばれるとすると

$$P(i \mid C_n) = Pr[V_{in} + \mathcal{E}_{in} \geq V_{jn} + \mathcal{E}_{jn}]$$

ここで明らかに、両方の対象の効用に定数を加えて確定効用をシフトさせても、選択確率に影響しない。つまり"効用のスケールの原点は任意に定義できる"、あるいは"測定する最初の起点に無関係にある平均値を持っている"、ということである。

この効用の相対的な性質は別様に書ける。n が代替案 i を選択する確率をもう一度書きなおすと、

$$\begin{aligned}
P_n(i) &= Pr(U_{in} \geq U_{jn}) \\
&= Pr[V_{in} + \mathcal{E}_{in} \geq V_{jn} + \mathcal{E}_{jn}] \qquad (4.10)\\
&= Pr[\mathcal{E}_{jn} - \mathcal{E}_{in} \leq V_{in} - V_{jn}]
\end{aligned}$$

このように書いてみると明らかなように、V と $\mathcal{E}$ の絶対値は問題ではない、2項選択におけるすべての問題は V の差異が $\mathcal{E}$ の差異より大きいかどうかということである。2項間の差異だけが問題なのである。

確定効用の具体的記述：

個人 n にとっての対象 i と j の確定効用 V_{in}、V_{jn} の関数形は、対象の k 個の属性のベクトルを X_{in} で表わすとき、X_{in} はパラメーターに関して線形結合を仮定する（以下、太字のアルファベットはベクトルを表す）。X_{in} は、小売店選択の事例では、店までの距離、品揃えの量、質、サービスの質、売場環境、などを意味する。未知のパラメーターを $\boldsymbol{\beta} = [\beta_1, \beta_2, ...\beta_k]$ と書くと、

$$V_{in} = \beta X_{in} = \beta_1 X_{in1} + \beta_2 X_{in2} + \cdots + \beta_k X_{ink}$$
$$V_{jn} = \beta X_{jn} = \beta_1 X_{jn1} + \beta_2 X_{jn2} + \cdots + \beta_k X_{jnk}$$
(4.11)

パラメーター β は対象が異なっても同じとする。さらに β は全人口の各個人間で共通であると仮定する。このように仮定しないとこの β をデータから推計できないからである。この仮定は大して問題ではない。もしも異なる社会経済的グループがはっきり異なる β を持っていると考えられるならば、それぞれのグループごとにモデルを構築すればよいのである（マーケットセグメンテーション別モデル）。また（4.11）はパラメーターに関して線形であるが、属性 X_{in} の関数形が線形である必要はない。属性に関する関数形は、多項式、区分線形、対数関数、指数関数、その他の属性変換などでもかまわない。

選択集合を特定する問題：

分析者は、ある人々の、すべての潜在的な選択対象を含む選択集合 C（マスター集合）を定義できる。人口の各メンバーはそれぞれ自分のサブ集合 C_n を持っているが、それはマスター集合よりかなり小さなものであろう。例えばある地理的エリアに含まれる小売店の選択を考えると、マスター集合 C はその中にほとんどすべての小売店を含むと考えることができるが、特定の個人にとっては、現実の選択集合 C_n はごく限られたものであろう。

明らかに、任意の特定の個人にとって、何が可能な代替案となるかを分析者が特定することは非常に困難である。この**選択集合特定問題**は、ＧＩＳ上での集計型ロジット商圏モデルでは、店のハウスカードデータベースを用いて実証的にこの選択集合を特定できる。

ランダム効用のスケール：

上述のように対象の効用に任意の定数を足し引きしても、選択確率には影響しない。このことは一般性を失うことなしに、攪乱項の平均は任意の定数に等しいと定義できることを意味する。最も便利な仮定はすべての攪乱項はゼロ平均を持っている、とすることである。攪乱項のゼロでない平均は確定効用に吸収されると仮定してよい。

攪乱項の平均値に加えてさらに、それらのスケールは確定効用 V のスケールと両立することが保証されねばならない。式 (4.10) から次のように書ける。

$$P_n(i) = Pr(U_{in} \geq U_{jn}]$$
$$= Pr[V_{in} + \mathcal{E}_{in} \geq V_{jn} + \mathcal{E}_{jn}]$$
$$= Pr[\alpha V_{in} + \alpha \mathcal{E}_{in} \geq \alpha V_{jn} + \alpha \mathcal{E}_{jn}] \qquad \text{for any } \alpha > 0$$

このように各対象の効用に正の定数を掛けても選択確率に影響しない。このことは、確定効用 V をユニークにするには、それらのスケールを固定しなければならないことを意味する。

適切なスケールを攪乱項に与えるとして、$\mathcal{E}_{jn} - \mathcal{E}_{in}$ の分布の適切な関数形は何か？この分布に関する仮定を変えると、異なる選択モデルとなる。現実の応用では、攪乱項は極めて多くの観測されない効果の混成物であり、それらの各々は何らかの方法で攪乱項に寄与する。

二項プロビットモデル binary probit：

攪乱項を多数の観測できない独立の成分の和と見做すとき、中心極限定理により攪乱項の分布は正規分布となる。$\mathcal{E}_{in}$ と $\mathcal{E}_{jn}$ はそれぞれ平均ゼロで分散が σ_i^2 と σ_j^2 の正規分布に従い、さらに共分散 σ_{ij} を持つとする。この仮定の下では、$\mathcal{E}_{jn} - \mathcal{E}_{in}$ もまた正規分布し、その平均はゼロ、分散は $\sigma_i^2 + \sigma_j^2 - 2\sigma_{ij} = \sigma^2$ となる。これを用いると $P_n(i)$ は次のように表わされる。

$$P_n(i) = Pr[\mathcal{E}_{jn} - \mathcal{E}_{1n} \leq V_{in} - V_{jn}]$$
$$= \int_{\epsilon = -\infty}^{V_{in} - V_{jn}} \frac{1}{\sigma\sqrt{2\pi}} \exp[-1/2(\mathcal{E}/\sigma)^2] d\mathcal{E} \qquad \sigma > 0$$
$$= \frac{1}{\sqrt{2\pi}} \int_{-\infty}^{(V_{in} - V_{jn})/\sigma} \exp[(-1/2)u^2] du$$
$$= \Phi((V_{in} - V_{jn})/\sigma)$$

ここに Φ は標準累積正規分布を表す。

V がパラメーター β に関して線形のときは、

$$V_{in} - V_{jn} = \beta(X_{in} - X_{jn})$$

と表わされるから、

$$P_n(i) = \Phi(\beta(X_{in} - X_{jn})/\sigma)$$

これを二項プロビットとよぶ。$1/\sigma$ は効用関数のスケールなので、任意の正の値に設定できる。通常、$\sigma = 1$ とされる。$\sigma = 1$ のとき、二項プロビット関数は図4.1のようになる。

プロビット選択確率は、σ のみに依存し、σ_i^2、σ_j^2、σ_{ij} には依存しない。つまり攪乱項の各々の分散も共分散も選択確率には無関係である。さらに σ のスケールをどうとるかは任意なので、σ と β を正の定数 α でスケール変更しても選択確率には全く影響を与えない。

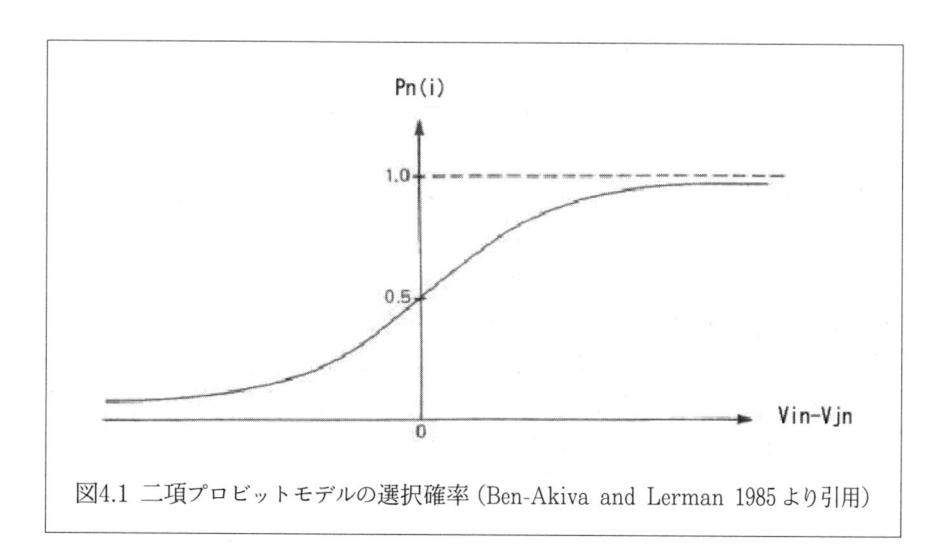

図4.1 二項プロビットモデルの選択確率（Ben-Akiva and Lerman 1985より引用）

二項ロジットモデル binary logit：

　二項プロビットは直感的でリーズナブルであるけれども、それは積分を実行できないので閉じた関数形にならない。応用に際しては積分形のまま正規分布表を参照するほかない。そこでプロビットに"よく似ていて"かつ閉じた形を持つ選択モデルが代用として求められるが、それが二項ロジットモデルである。

　$\varepsilon_n = \varepsilon_{jn} - \varepsilon_{in}$ は、ロジスティック分布に従うとする。密度関数

$$f(\varepsilon_n) = \mu \exp(-\mu\varepsilon_n)/(1+\exp(-\mu\varepsilon_n))^2$$

を正規分布の代わりに用いる。累積分布関数 $F(\varepsilon_n)$ は、

$$\begin{aligned}F(\varepsilon_n) &= \int_{-\infty}^{\varepsilon n} f(\varepsilon_n)d\varepsilon_n \\ &= 1/(1+\exp(-\mu\varepsilon_n)) \qquad \mu > 0 \quad -\infty < \varepsilon_n < \infty\end{aligned}$$

となる。なお、$F(\varepsilon_n)$ は成長曲線を表す微分方程式

$$dF(\varepsilon_n)/d\varepsilon_n = \mu F(\varepsilon_n)[1-F(\varepsilon_n)]$$

の解である。

　ここに μ は正のスケールパラメーターである。ロジスティック分布は正規分布を非常によく近似する一方で、積分可能なので分析的にも扱いやすい。ただし、ロジスティック分布は左右対称ではなく、正規分布よりも右裾が"より太いテール"を持っていることに留意すべきである（Domencich and McFadden 1975）。なお、ε_n がロジスティック分布に従うということは、ε_{jn} と ε_{in} が独立で、Gumbel 分布（第1種極値分布）に従うということと等価である。またロジット logit の語源はこのロジスティック logistic にあると思われる。

　ε_n に関するこの仮定の下、i の選択確率は次のようになる。

$$P_n(i) = Pr(U_{in} \geq U_{jn})$$
$$= Pr[\mathcal{E}_n \leq V_{in} - V_{jn}]$$
$$= \int_{-\infty}^{V_{in}-V_{jn}} f(\mathcal{E}_n) d\mathcal{E}$$
$$= 1/(1 + \exp(-\mu(V_{in} - V_{jn}))$$
$$= \exp(\mu V_{in})/(\exp(\mu V_{in}) + \exp(\mu V_{jn}))$$

これが2項ロジットモデルである。V_{in} と V_{jn} がパラメーター β に関して線形のとき、

$$P_n(i) = \exp(\mu\beta X_{in})/(\exp(\mu\beta X_{in}) + \exp(\mu\beta X_{jn}))$$
$$= 1/(1 + \exp(-\mu\beta(X_{in} - X_{jn})))$$

となる。パラメーターに関して線形効用となる場合 μ は β と識別できないから、一般に $\mu = 1$ と仮定される。

4.7 多項ロジットモデル multinomial logit

多項ロジットモデルは選択対象が3つ以上になる場合（多項選択問題）の効用最大化選択の確率を解析形で表す。Gumbel分布の特性を用いて多項ロジットモデルを導く方法は、初めは Domencich and McFadden 1975 による。多項ロジットモデルを導く方法はいくつか知られているが、以下に紹介する方法は Ben-Akiva and Lerman 1985 と木島・小守氏1999を参照している。なお、本書の集計型ＧＩＳロジット商圏モデルは標本を用いない方法なので、パラメーターの推計方法と尤度関数には触れないが、これに関してはマクファデン McFadden 1974、片平氏 1987 が詳しい。

多項選択理論の一般形：
　各個人 n が利用できる選択集合を C_n とし、その要素の数を J、そのう

ち n が利用できる最大数を $J_n (J_n \leq J)$ とする。ランダム効用の理論に従って、意志決定者 n が C_n の中の任意の要素 i を**効用最大**のものとして選ぶ確率は、次のように書ける。

$$P_n(i) = Pr(U_{in} \geq U_{jn} \quad \forall j \in C_n)$$

代替案の効用は、確定成分とランダム成分に分けることができるから、

$$\begin{aligned} P_n(i) &= Pr[U_{in} \geq U_{jn} & \forall j \in C_n \quad j \neq i] \\ &= Pr[V_{in} + \varepsilon_{in} \geq V_{jn} + \varepsilon_{jn} & \forall j \in C_n \quad j \neq i] \\ &= Pr[\varepsilon_{jn} \leq V_{in} - V_{jn} + \varepsilon_{in} & \forall j \in C_n \quad j \neq i] \end{aligned} \quad (4.12)$$

$f(\varepsilon_{1n}, \varepsilon_{2n}, \cdots, \varepsilon_{J_n n})$ を攪乱項の確率密度関数とする。一般性を失うことなしに代替案 $i = 1$ を C_n における効用最大の代替案であるとすることができる。このとき (4.12) は次のように書ける。

$$\begin{aligned} P_n(1) = \int_{\varepsilon_{1n} = -\infty}^{\infty} \int_{\varepsilon_{2n} = -\infty}^{V_{1n} - V_{2n} + \varepsilon_{1n}} \cdots \\ \int_{\varepsilon_{J_n n} = -\infty}^{V_{1n} - V_{J_n n} + \varepsilon_{1n}} f(\varepsilon_{1n}, \varepsilon_{2n}, \cdots, \varepsilon_{J_n n}) d\varepsilon_{J_n n} \, d\varepsilon_{J_n - 1, n} \cdots d\varepsilon_{1n} \end{aligned} \quad (4.13)$$

明らかに、もしも $i = 1$ 以外のケースに興味があるなら、(4.13) を適切に用いて、C_n における選択を単に並べ替えればよい。積分は U_{in} が最大となる攪乱項のサブ空間にわたって実行される。

$$U_{in} = \max\{U_{1n}, U_{2n}, \cdots, U_{J_n n}\}$$

(4.13) は、選択確率を抽象的に表す最も直接的な方法である。別の表記法としては、F を攪乱項の累積分布関数とし、$F_i(\varepsilon_{1n}, \varepsilon_{2n}, \cdots, \varepsilon_{J_n n})$ を F の ε_{in} に関する導関数とし、代替案を $i = 1$ のように並べ替えているとすると、次のように書ける。

$$P_n(1) = \int_{\mathcal{E}_{1n}=-\infty}^{\infty} F_i(\mathcal{E}_{1n}, V_{1n}-V_{2n}+\mathcal{E}_{1n}, V_{1n}-V_{3n} \\ +\mathcal{E}_{1n}, ..., V_{1n}-V_{J_n n}+\mathcal{E}_{1n})d\mathcal{E}_{1n} \tag{4.14}$$

つまり1が効用最大のものとして選ばれる確率、すなわち全ての攪乱項に関して条件 $V_{1n}+\mathcal{E}_{1n} \geq V_{jn}+\mathcal{E}_{jn}$ を満たす確率は、$\mathcal{E}_{1n}$ のすべての可能な値($-\infty \sim +\infty$)にわたって積分(4.14)を実行すれば得られる。

多項ロジットモデル:
　ここで次の仮定を置いて、二項ロジットと同様に積分(4.13)、(4.14)の解析形を導く。

　　仮定:攪乱項 $\mathcal{E}_{in}$ はすべて独立で同一の Gumbel 分布(第I種極値分布ないし二重指数分布)に従うとする。

$\mathcal{E}_{1n}$ を単に $\mathcal{E}$ と書くと、$\mathcal{E}$ に関する Gumbel 分布の分布関数はスケールパラメーターを μ とすると、

$$F(\mathcal{E}) = \exp(-e^{-\mu\varepsilon})$$

密度関数は

$$f(\mathcal{E}) = \mu e^{-\mu\varepsilon} \exp(-e^{-\mu\varepsilon})$$

で与えられる。ここで及び次頁の大文字 $\mathcal{E}$ と小文字 ε は同じとする。
　個人 n が選択集合 η(選択肢は k 個あるとして)から1を効用最大として選択する確率を改めて $P(1|\eta)$ と書くと(4.14)は次のように展開される(以下の解法は木島・小守氏1999による)。

$$P(1\mid\eta) = Pr(V_{1n}+\mathcal{E}_{1n} \geq V_{jn}+\mathcal{E}_{jn})$$

$$= Pr(\mathcal{E}_{jn} \leq V_{1n}-V_{jn}+\mathcal{E}_{1n})$$

$$= \int_{-\infty}^{+\infty} Pr(\mathcal{E}_{jn} \leq V_{1n}-V_{jn}+\mathcal{E})f(\mathcal{E})d\mathcal{E} \quad \text{for all } j \neq 1$$

$$= \int_{-\infty}^{+\infty} \prod_j Pr(\varepsilon_{jn} < V_{1n}-V_{jn}+\varepsilon)f(\varepsilon)d\varepsilon \qquad (j \neq 1)$$

$$= \int_{-\infty}^{+\infty} \prod_j \exp[-\exp(-\mu(V_{1n}-V_{jn}+\varepsilon))]\mu e^{-\mu\varepsilon}\exp(-e^{-\mu\varepsilon})d\varepsilon \quad (j \neq 1)$$

$$= \int_{-\infty}^{+\infty} \exp\Big[-\sum_j \exp[-\mu(V_{1n}-V_{jn}+\varepsilon)]\Big]\mu e^{-\mu\varepsilon}\exp(-e^{-\mu\varepsilon})d\varepsilon \quad (j \neq 1)$$

ここで $x = V_{1n}+\varepsilon$ とすると、

$$= \exp(\mu V_{1n})\int_{-\infty}^{+\infty} \mu e^{-\mu\varepsilon}\exp\Big[-\exp(-\mu x)\sum_{j=1}^{J_n}\exp(\mu V_{jn})\Big]dx$$

$$= \Big[\exp(\mu V_{1n})\Big/\sum_{j=1}^{J_n}\exp(\mu V_{jn})\Big] \cdot$$

$$\int_{-\infty}^{+\infty} \mu e^{-\mu x}\Big(\sum_{j=1}^{J_n}\exp(\mu V_{jn})\Big)\exp\Big[-\exp(-\mu x)\sum_{j=1}^{J_n}\exp(\mu V_{jn})\Big]dx$$

$$= \frac{\exp(\mu V_{1n})}{\sum_{j=1}^{J_n}\exp(\mu V_{jn})}\Big[\exp\Big\{-\exp(-\mu x)\sum_{j=1}^{J_n}\exp(\mu V_{jn})\Big\}\Big]_{-\infty}^{+\infty}$$

$$= \frac{\exp(\mu V_{1n})}{\sum_{j=1}^{J_n}\exp(\mu V_{jn})} \qquad (4.15)$$

となる。1は任意の $i(\forall i \in \eta)$ で置き換えられうる。(4.15) を多項ロジットモデルという。

Gumbel分布は、正規確率密度をよく近似するという理由でのみ使われる。攪乱項は独立にかつ同じ分布形で分布している（independent and identically distributed IID）という仮定は、次のように影響する。IIDによりすべての攪乱項は同一のスケールパラメーターμを持つことになるが、μの値は、それが効用のスケールを決めるという理由で、任意に選ぶことができる。(4.15)の各項にスケールパラメーターμが存在するが、このパラメーターは識別できないので、一般には1のような任意の値に設定する。任意とはいえ、各々の攪乱項はμの同一の値を持つということは、ランダム効用の分散が等しい、ということを意味する。場合によってはこの制約を守ることが難しいことがある。

　結局、選択集合（対象数J_n）の各対象の効用がランダム成分を持ち、$U_{in} = V_{in} + \epsilon_{in}$と書けるとき、個人$n$が対象$i$を効用最大として選択集合$\eta$から選択する確率は、確定効用の指数関数となる。すなわち再度書けば

$$P_n(i \mid \eta) = \exp V_{in} \Big/ \left(\sum_{j=1}^{J_n} \exp V_{jn} \right) \tag{4.16}$$

対象iの確定効用V_{in}は、nが対象iに与える主観的な効用である。あるいはV_{in}を何らかのモデル式で仮定すれば、その属性ないしパラメーターは個人の行為の結果から測定される。

4.8　無関係の代替案からの独立（IIA特性）

定数効用モデルのIIA特性：

　定数効用モデルの節で述べたようにIIA特性と言われるものは、次の**選択公理の系**である。「一般的な有限集合C_nのサブ集合$\tilde{C}_n$に対して定義される選択確率の集合は、条件付き確率が存在するときはいつでも次の関係を満たす。」

$$P(i \mid \tilde{C}_n \subseteq C_n) = P(i \mid \tilde{C}_n) \qquad i \in \tilde{C}_n \subseteq C_n \tag{4.4 再掲}$$

つまり、「選択肢のサブ集合から選択される選択確率は、サブ集合に含ま

れる選択対象にのみ依存し、他に存在するかもしれない任意の選択肢には依存しない。」

　これは定理ではなく、仮説であり、これが成り立つかどうかは現実が決める。この公理の系として

$$P(i \mid C_n) = P(i \mid \tilde{C}_n) P(\tilde{C}_n \mid C_n) \qquad i \in \tilde{C}_n \subseteq C_n \qquad (4.6 再掲)$$

すなわち、「一般的な集合 C_n から i を選ぶ選択確率は、サブ集合 $\tilde{C}_n$ から i を選ぶ選択確率とその選択が $\tilde{C}_n$ の中で行われる確率の積である。」この積はサブ集合 $\tilde{C}_n$ の定義に依存しない。この系として次の **IIA 特性**を得る。

$$P(i \mid \tilde{C}_n) / P(j \mid \tilde{C}_n) = P(i \mid C_n) / P(j \mid C_n) \quad i, j \in \tilde{C}_n \subseteq C_n \ (4.7 再掲)$$

これは選択公理が成り立つときは**任意の選択肢 i と j のそれぞれが選択される確率の比は、それら以外の選択肢の存在に影響されない**ことを示す。ただし確率の絶対値は選択対象の数による。

　IIA 特性は、"選択公理が成り立つならば" その系として導かれるもので、このことを忘れると妙な結論になることがある。その例としてよく引き合いに出されるのが "**赤バス青バス・パラドックス**" である。

　いま、通勤者 n の交通モードの選択肢が car と bus で、選択確率が次のようだとする。

$P(car \mid C_n) = 0.5$

$P(bus \mid C_n) = 0.5$

この状況下で bus が同じ型のバスで色だけ違う選択肢 red bus と blue bus の 2 種類になったとする。その場合でも IIA 特性が成り立つとすると、

$P(car \mid C_n) = 0.33$

$P(red\ bus \mid C_n) = 0.33$

$P(blue\ bus \mid C_n) = 0.33$

となるであろう。これは何かおかしいではないか、ということである。このパラドックスが生じるのは、car と red bus と blue bus を"同レベルの選択肢"であるとして扱っているためである。これは現実的ではなく、現実は red bus と blue bus は、サブ集合 $\tilde{C}_n(bus)$ の選択肢である。red bus と blue bus がサブ集合 $\tilde{C}_n(bus)$ から選ばれる確率は 0.5 であろうから、このとき (4.6) から、

$$P(red\ bus\ |\ C_n) = P(red\ bus\ |\ \tilde{C}_n(bus))P(\tilde{C}_n(bus)\ |\ C_n)$$
$$= 0.5 \times 0.5 = 0.25$$

となり、現実的な結果となる。つまり、IIA 特性にまつわるパラドックスは、現実的ではない前提を置くために生じるものである。選択公理の問題は、それが成り立つ適切なサブ集合 $\tilde{C}_n$ を現実の中に見出す問題に帰着するのである。このとき、選択確率は (4.5) のように $\tilde{C}_n$ の中で規格化することができる。

ランダム効用モデルの IIA 特性：

多項ロジットモデルが IIA 特性を持つことは次のように示される。

$$P_n(i)/P_n(k) = (\exp V_{in}/\Sigma_{j \in C_n} \exp V_{jn})/$$
$$(\exp V_{kn}/\Sigma_{j \in C_n} \exp V_{jn}) \qquad (4.17)$$
$$= \exp V_{in}/\exp V_{kn} = \exp(V_{in} - V_{kn})$$

すなわち任意の選択肢 i と k のそれぞれが選択される確率の比は、それら以外の選択肢の存在に影響されない。このためロジットモデルは、この IIA 特性が成り立つ範囲の選択集合とセグメンテーションに適用されねばならない。

注意すべきは定数効用モデルにおける"赤バス青バス・パラドックス"は、多項ロジットモデルではいささか趣を異にするということである。それは多項ロジットモデルを導いたときに"ランダム効用（攪乱項）はすべて相互に独立である"と仮定されたことに由来する。

この仮定は赤バス青バスの場合は全くありそうもないことである。事実、

独立であるというよりも、完全に相関的であるといえる。すなわち青バスが選ばれるときは赤バスも同様に選ばれるであろう。こういう場合はそもそも多項ロジットモデルが成立しない。というよりもそもそも赤色と青色を異なる属性とすべきではない。

　赤バスと青バスの属性が色以外は同一というのではなく、座席数が違うとか馬力が違うとか、他の属性が違っているような場合、攪乱項は相互に独立であるという仮定は成立するので、バスの選択がバス以外の交通モードの存在に無関係ならば、バスのサブ集合についてIIA特性が成り立ち、多項ロジットモデルも成立する。

　小売選択のIIA特性問題は、選択問題に適したサブ集合を特定する問題に帰する。GMSを選択するとき、あるいは逆にスーパーを選択するとき、その選択集合にどの範囲のスーパーまで含まれるか、という問題が重要なのである。要点は確率を閉じることができる、つまり

$$\Sigma_i P(i) = 1 \quad i \in \tilde{C}_n$$

と書いて、IIA特性が奇妙な問題を生じない集合 $\tilde{C}_n$ を特定することなのである。これは集計型ロジット商圏モデルの場合は、後章で論じるように特定の店のハウスカードデータベースを用いて推定することができる。

　このような観点から、ひとつの閉じたサブ集合、すなわち選択集合を形成するということが"業態開発の目的である"、ということが理解できる。選択のステージを形成してしまえば、商品カテゴリーで消費需要を囲うよりもより高い段階で、消費需要を囲いこむことができるのである。

4.9 定数効用モデルとランダム効用モデルは同じという謬説について

　筆者がどうしても理解できないのは、代表的なマーケティング学者がランダム効用モデルは結局のところ定数効用モデルと同じであると主張していることである。中西氏の著作1983は、小売商圏理論に関する主要な教

科書であるけれども、残念なことにこのことを繰り返し強調している。その部分を引用すると、

「ベッカー、デグルートとマーシャルマーシャック（1963）は、定数効用モデルは確率効用モデル（本書でいうランダム効用モデル）の1特殊形であることを示した。……確率効用モデルの内、定数比例法則もしくはそれと同等の個人選択公理を満足させるものは定数効用モデルとみなすことができるというのがその趣旨である。……この結果は……モデル間の関連を明らかにした点で重要であろう。」（同書 p 92）。

そして引き続いてマクファデンモデル（1975）を単純化した形で紹介して、これが

「確率効用モデルから出発して定数効用モデルを導出した」

ものであることを指摘し、

$Prob.(U_i \geq \text{Max } U_j) = \exp(-\alpha_i)/\Sigma_j \exp(-\alpha_j)$

を導いて、

「これが実数の α_j について定数効用モデルであることは明らかであろう。」

と述べている（p 92～93）。こう言う以上、中西氏は最後の数式だけを見て判断していることになる。さらに続けて、

「確率効用モデル（本書でいうランダム効用モデル）は……分析を容易にするために制約的な仮定をして定数効用モデルに変形したものを実証研究に用いている以上、それは小売引力モデルの理論的根拠として定数効用モデルを超えるものではないといえよう。」（p 96）。

第4章 定数効用モデルとランダム効用モデルとその基本的な特性　113

と結論している。ここで定数効用モデルはハフモデルを指している。
　中西氏のもと同僚のクーパー Cooper1993 も次のように述べている。

「Yellot 1977 は、確率効用が多変量極値分布に従うことを必要十分として、確率効用モデルが定数効用モデルと同値である（したがって、IIA特性を有する）ことを証明した。」(Cooper, L. G. 1993 井上哲浩訳 p 280)。

この言述が意味不明であることは前節までの説明で明らかであろう。

　マーケティング分野だけでなく、複数の地理学の教科書にも、"多項ロジットモデルは、個人選択確率の立場から発生制約型空間的相互作用モデルを根拠づけた"という趣旨のことが書かれている。例えば石川氏 1988 は、「多項ロジットモデルとしての発生制約モデル」と氏が呼ぶ形容矛盾的な意味不明のモデルを導き、エントロピー最大化モデルは集計モデルであるのに対し、多項ロジットモデルは非集計モデルであるが、「Anas1983 は、多項ロジットモデルを介すると、これら二つのアプローチが同一のものになることを明らかにしている。」と述べている（同書 p.151）。そして Anas の言明により「エントロピー最大化モデルに、効用最大化を中心とする理論的基礎が、十分に与えられうることになる」（同書 p.152）、と言っている。
　ここには引用しないが、ほかにも何人か同じようなことを言っている人がいる。筆者はどうしてこういう指摘が繰り返されるのかいぶかったが、マーケティング分野と地理学でのこうした指摘には、何か共通の物語的な思い込みがあるように思われる。
　もう一度整理すると、**ランダム効用モデルの本質は、積分 (4.13)、(4.14) に表わされている**。それは個人が選択肢の中から当の**個人にとって効用最大のものを一回選ぶ確率**を表している。個人にとって効用を最大にするこの選択は経済学の伝統的な前提に沿ったものであり、**個人が自らの好みと判断力と意志を持って合理的に行動する**ということと同義である。このモデルを期間の選択にも適用するのは、個人が合理的なら同じ選択をリピートするであろうという前提から来る。店舗選択の場合、ランダム効

用モデルから計算されるのは固定客数であり、固定客の期間平均購入額から売上が推計される。

定数効用モデルと空間的相互作用モデルとベルヌーイ過程：
　一方、定数効用モデルが記述するのは、対象に固有の効用に沿ってふらふらとベルヌーイ試行を繰り返す**コイントス人間**なのである。このモデルは一回の選択に適用しても意味がなく、対象を一巡する十分な期間に適用して初めて意味を持つ。その確率は発生需要を対象へ配分する確率なので、店舗を対象とする場合、計算されるのは延べ客数であり、トリップ一回の平均購入単価を用いて売上が計算される。

　地理学の場合の誤認も実は同じ根に基づく。Wilson1967がトリップパターンを導出するロジックをカフェの例で略記すると次のようになる。場所1にいる消費者がある期間にkカ所のカフェへトリップする総数をN、そのうちjカフェへ行く回数をT_{1j}と書く。考えられる場合の数Wは

$$W = N \text{から} T_{11} \text{を選ぶ数} \times (N-T_{11}) \text{から} T_{12} \text{を選ぶ数} \times \cdots\cdots$$
$$= N!/(T_{11}! \, T_{12}! \cdots) = N!/\Pi_j T_{1j}! \quad (j = 1, 2, ..., k)$$

となる。このWを制約条件$\Sigma_j T_{1j} = N$（発生量一定）、$\Sigma_j T_{1j} c_{1j} = C$（総コスト一定）の下で最大にする$\{T_{1j}\}$を計算すると指数関数形のトリップパターンとなる、というものである。ここで$W = N!/\Pi_j T_{1j}!$を最大にするということは、多項分布$f(T_{1j}, ..., T_{1k}; N, P_1, ..., P_k)$を最大にするということに等しいから、与えられたパラメーターのもとでもっとも起こりそうなベルヌーイ過程を求めているということと等価なのである。ここでも消費者は目的も意志もなくふらふらと行動するとみなされている。

　ウィルソンの証明法が買物トリップを定数効用に基づく**ベルヌーイ過程と見做していることと等価**であることを再度一般的に述べておくと次のようになる。
　ベルヌーイ過程はベルヌーイ試行の連続である。事象が$1, 2, \cdots, k$というk種類あり、独立のT回の試行で各事象が起こる回数を$T_1, T_2, ..., T_k$

第4章　定数効用モデルとランダム効用モデルとその基本的な特性　115

($\Sigma T_j = T$) とすると、各 T_j 回は確率変数である。試行がベルヌーイ試行で、それぞれの T_j が出る確率が $p_1, p_2, ..., p_k$ ($\Sigma p_j = 1$) と対象ごとに決まっているとき（定数効用）、確率変数 $T_1, T_2, ..., T_k$ は、$p_1, p_2, ..., p_k$ と T をパラメーターとする多項分布に従う。

買物トリップの場合それが全部で T 回行われ、地点 i から目的地 j への買物トリップ分布 $\{T_{ij}\} = T_{i1} = n_1, T_{i2} = n_2, T_{ik} = n_k$ が生じたとすると、これがベルヌーイ過程なら多項分布に従うから、分布 $\{T_{ij}\}$ が実現する確率は、次のように表わされる。

$$P\{T_{ij}\} = P\{T_{i1} = n_1, T_{i2} = n_2, \cdots T_{ik} = n_k\}$$
$$= [T!/(n_1! n_2! \cdots n_k!)] p_1^{n_1} p_2^{n_2} \cdots p_k^{n_k}$$

この確率 $P\{T_{ij}\}$ が最大になる状態が現実に実現する分布 $\{T_{ij}\}$ と考えられる。制約条件 $\Sigma T_{ij} = T$ と、買物トリップ総コスト制約 $\Sigma\Sigma T_{ij} c_{ij} = C$ 以外に何の情報もないとき、$P\{T_{ij}\}$ を最大にする分布はこの条件のもとで、上記の多項分布の係数である次の W ないし $\log W$ を最大にする $\{T_{ij}\}$ であろう。

$$W = T!/n_1! n_2! \cdots n_k!$$

こうしてウィルソンがグラビティモデルを導出した最大エントロピー法という証明法は、各ゾーンを代表する平均人が行うトリップを定数効用に基づく**ベルヌーイ過程**と見做していることと等価であると言えるのである。

消費者の選択行動において定数効用モデルが正しいか、ランダム効用モデルが正しいかは、議論で決まるのではなく、データによる実証検証で決まる。はっきり言えるのは、両モデルは両立することは不可能である、ということである。ひとたびある分野の事象でランダム効用モデルが正しいと実証されたからには、その分野ではもはや定数効用モデルは適用できないのである。

第5章　店舗選択問題への個人ロジットモデルの応用例

5.1 研究事例

　ロジットモデルの店舗選択問題への応用例として、Gensch, Recker1979 の論文 "The multinomial, multiattribute logit choice model" を取り上げ、内容を簡単に紹介した上で、批判的に検討して見る。この論文は片平氏の著作でも紹介されているが、小売店選択の個人ロジットモデルとその限界を理解するのに適切な内容なので、また、集計型ロジットモデルとしての商圏モデルの理解にも有用なので、ここで取り上げる。

　個人モデルとしてのロジット分析の目的は、対象の属性評価データを用いて、効用関数の属性の重みを最尤法によって特定し、それが個人の店舗選択をどの程度合理的なものとして説明できるかを明らかにすることである。店舗選択過程は、ブランド選択と製品選択に先行するから、これらの問題を理解する上でも、この過程への洞察は欠かせない、と考えられるのである。洞察の深化は、地理空間での店舗選択モデルの進化を待たねばならず、ＧＩＳの進歩で今日ようやくその過程を把握できるようになってきたのである。この Gensch, Recker1979 の論文はその前哨戦として価値を持っている。

調査方法とデータ構成：
　調査は食品購入のための店舗選択に関するもので、データ収集は、ニューヨークのバッファローで 1500 世帯をランダム抽出して、封書を送る方法で行われた。回収率は 22.5％であった。各世帯に、最もよく行く食品店とこれらの店の属性評価に関して回答してもらった。属性データは、よく訪れる4店までに関して、前もって明示しておいた属性に対する満足度の7段階尺度（"非常に良い" から "非常に悪い" まで）のレーティング、つまり命題判断である。回答者はまた、言及された各店への期間買物回数とトリップ時間を示すよう求められた。提示された属性は表 5.1 のとおりで

ある。食品店は9つの主要なチェーンスーパーマーケットと、2つの"小型の独立店"と"近所の店"がチェーンでない店として加わった。

ロジットモデル：

個人 n にとっての対象 j の k 番目の属性スコアを $X_{jk}^{(n)}$ とするとき、対象 j の確定効用 $V_j^{(n)}$ が線形に加算できると仮定する。

$$V_j^{(n)} = \Sigma_{(k \in S^j)} \beta_{jk}^* X_{jk}^{(n)} + \Sigma_{(k \in S)} \beta_k X_{jk}^{(n)} \tag{5.1}$$

ここに、

- β_{jk}^* ＝選択対象 j に定義される k 番目の属性の重要性を反映する効用ウェイト
- β_k ＝すべての対象店に定義される k 番目の一般的属性の重要性を反映する効用ウェイト
- S^j ＝選択対象店 j に関連する他の店と共通しない属性の集合
- S ＝選択対象店すべてに共通する属性の集合

個人 n は選択対象店の集合 C_n の中から、効用が最大と認知される j 店を選好すると仮定すると、選択確率は多項ロジットモデルで表わされる。

$$P_n(j \mid C_n) = \exp(V_j^{(n)}) / \Sigma_{(\ell \in C_n)} \exp(V_\ell^{(n)}) \tag{5.2}$$

ウェイトパラメーター β_{jk}^* と β_k は、全個人に共通と仮定される。

式 (5.1) のパラメーターは、最尤法で推計される。すなわち、個人 n によって $N^{(n)}$ 回の買い物トリップで j 店が $N_j^{(n)}$ 回選択されたとして、サンプル数を m、対象数を s とすると、そのようなことが起こる確率すなわち尤度関数は、次のように表わされる。

$$L = \Pi_{n=1}^{m} \left[\frac{N^{(n)}!}{N_1^{(n)}! \cdots N_s^{(n)}!} \right] \Pi_{j=1}^{s} P_n(j)^{N_j^{(n)}}$$

β_{jk}^* と β_k の推定値は、L もしくは $\log L$ を最大にするものとして得られる。本書では個人ロジットモデルではなく、次章の集計型ロジットモデルを用いるので、最尤法の具体的計算については触れない（これについては片平氏 1987 に詳しく解説されている。また事例解説は奥野・高橋・根田氏 1999 にある）。

データ分析結果：

　この調査研究では、すべてのストアは同じ共通の属性を持つとし、属性集合 S に関して計算された。したがって推計されたのは属性ウェイト β_k である。(5.1) は、

$$V_j^{(n)} = \Sigma_{(k \in S)} \beta_k X_{jk}^{(n)} = \beta_1 X_{j1}^{(n)} + \beta_2 X_{j2}^{(n)} + \cdots + \beta_k X_{jk}^{(n)}$$

となる。期間で個人 n が j 店を $N^{(n)}$ 回の買い物で $N_j^{(n)}$ 回選んだというデータに基づき、最尤法によって重みが $\bar{\beta}_1, \bar{\beta}_2, \ldots, \bar{\beta}_k$ と推計されると、n にとっての j 店の効用の予測値 $\bar{V}_j^{(n)}$ は、各人の属性スコアを用いて、次のように計算される。

$$\bar{V}_j^{(n)} = \bar{\beta}_1 X_{j1}^{(n)} + \bar{\beta}_2 X_{j2}^{(n)} + \cdots + \bar{\beta}_k X_{jk}^{(n)} \tag{5.3}$$

　これによって (5.2) より、個人が効用最大と見做す（したがってもっとも頻繁に訪れるであろう）店の1回の選択確率が計算される。

　表 5.2 は、信頼区間 95% で帰無仮説 β_k = zero とは見なせないすべての属性のウェイト β_k である。ゼロとあまり違わないすべての属性は除外された。ウェイトの値は t 統計量の順に並べられている、という（ひとつ順が違っているが）。

　適合度を示す決定係数 R^2 は非線形モデルでは使えないので、モデルの結果を正当化する信頼性は他の適合度を用いねばならない。

　適合度の一つは、各店ごとに正しく予測された選択の割合、である。j 店をもっとも頻繁に使う人のうち、j 店に関する理論選択確率ないし効用 $\bar{V}_j^{(n)}$ が、最大になる人の割合、である。表 5.3 に示すように、モデルは、87%でこの割合を正しく推計している、という。

1. パーキングスポットを見つけやすい	9. 精肉の品質がよい(*)
2. 店から家へ帰りやすい	10. 農産物の品質がよい
3. 勤務先から店へ行きやすい	11. 店で商品を見つけやすい(*)
4. 家から店へ行きやすい(*)	12. 品揃えの幅が広い
5. 利用する他の店の近くにある	13. クレジットカードが使える
6. 店は便利な時間帯に開いている	14. チェッカーを通りやすい
7. 手ごろな価格帯である	15. 返品交換が容易である(*)
8. 品目が揃っている	16. 他店にない商品がある

表5.1 属性リスト

変数	パラメータ推計値	t 統計量
店までの知覚的時間	-1.486	-4.23
返品交換が容易である	0.842	2.57
家から店へ行きやすい	1.336	2.92
店で商品を見つけやすい	0.546	2.29
精肉の品質がよい	0.342	1.93

表5.2 ロジットモデルの有意な属性

店番号	もっとも頻繁に使われる店として選択された構成比（％）	j店をもっとも使う人の内それを正しく予測した割合（$V_j^{(n)}$がＭａｘとなる割合）
1	6.2	0.89
2	21.2	0.77
3	2.7	1
4	9.6	0.93
5	2.1	1
6	9.6	0.86
7	4.1	0.83
8	21.9	0.94
9	2.1	0.67
10	13	0.84
11	7.5	0.91
計	100	
Ratio of choices predicted correctly = 0.87		
Ratio of individuals predicted correctly = 0.81		

表5.3 モデルの適合度検証

もうひとつの適合度は、j 店をもっとも頻繁に使う人の総サンプル数 N に対する構成比が、j 店の理論選択確率が他のどの店よりも大きかった個人の全体に対する割合との比較で、モデルは、標本の 81% を正しく予測している、という。

5.2 論文の注目点と補足的コメント

この論文は、店舗の集客に資する有効な属性を導出する、という視点から見られがちであるが、ここでは別の視点からコメントしておきたい。

①この論文は、スーパーというミニ市場の選択が、**ランダム効用モデルに従っている**、それゆえその選択確率は個人ロジットモデルでよく説明できるということを示している。ロジットモデルは、消費者個人が効用最大の 1 店を 1 回選ぶ確率であるが、期間で何回か選択行為をする中で、ロジットモデルが指示する店が、最も多く選択されている、という検証を行っている。

もしもこのデータを定数効用モデルで説明できるとするならば、各 j 店の定数効用を知らなければならないが、事前にそれを知る方法はない。仮に (5.2) の $\exp(V_j^{(n)})$ を定数効用とみなし、(5.3) のように $V_j^{(n)}$ を推定すると、定数効用モデルの訪問確率 $P_n(j)$ はランダム効用モデルの選択確率と一致するであろう。けれどもその意味は異なる。従って異なる結果を導く。定数効用モデルすなわちハフモデルは消費者は十分な期間では、確率 $P_n(j)$ で集合 C_n の全ての店を訪問する期間モデルである。それゆえそれは期間発生需要配分確率である。

ランダム効用モデルには発生制約条件や期間発生需要という概念はない。ランダム効用モデルの確率は、分析では期間のデータを用いるが、本質的には期間の確率ではなく、1 回の選択確率であり、また期間で考えても消費者が合理的である限り矛盾の無い選好推移性の仮定から選択は変わらない。それが集合 C_n の各店に振られるのは、基本的に"分析者は"意思決定者にとっての対象の効用について十分確かなことを知らないので、そう見えるだろう、ということを表しているのである。もし

も完全な情報を持っていれば選択は決定論的となり、確率は不要となる。また次章の集計型ランダム効用モデルすなわち統計的ロジットモデルでは、平均人の選択確率は各対象を効用最大として固定的に選択する人々がそのような割合で存在するであろうことを意味する。ランダム効用モデルでは個々の消費者にとっては、**同じ購買目的のもとでは効用最大の店は選択の機会ごとに異なるのではなく特定の１店**なのである。このようにランダム効用モデルにおける「確定効用」は「定数効用」ではないのである。

　これに対して定数効用モデルでは、選択のたびごとにどの店が選ばれるかは言うことができない。選択は本来的にコイントスなのである。期間の複数回の選択について総選択回数を前提に各店の選択回数の期待値を言うことができるのみである。したがって定数効用モデルの検証は標本の各人の総発生トリップ数を用いて各店への訪問回数の期待値を計算し、現実とどの程度合っているかを調べるという方法となろう。つまりＯＤ表を用いた検証となる。

　定数効用モデルは本質的に期間モデルであり、**発生制約モデル** production-constrained model である。この期間は任意にとることはできず、一通りの巡廻が済むミニマム期間というものがある。確率はこの期間発生需要の**配分確率**である。

　集計型ロジット商圏モデル（ランダム効用モデル）は期間モデルではないけれども、潜在的に期間が関係する。つまりスーパー選択には消費者全員が参加するので、全員参加の可能なミニマム期間というものがあり、それは個人のさまざまな訪問サイクルの中のマキシマムな期間ということになる。このミニマム期間より長い期間における１回の選択確率であり、その期間で何回選択するかは個人によって異なり、そのことによってモデルは影響を受けないのである。このため着地側の任意の店のハウスカードデータベースによる実証が可能となるのである。

②ロジットモデルは特定の目的のもとでの合理的選択を問題にしているので、選択集合 C_n には目的の異なる店は入れられない。この調査研究ではチェーンスーパーマーケットと、２つの"小型の独立店"と"近所の店"が C_n を構成しているが、スーパーはミニ市場としての目的地であ

り、"小型の独立店"と"近所の店"の場合はおそらく特定の商品の購買が目的なので、スーパーだけの方がより整合的であったと言えよう。

また店舗の集客力の属性評価法には次のような問題点があることも指摘しておきたい。

③効用の属性の中では時間距離が特別に大きく効いている。これは現実的な結果だが、この時間距離の効果が大きいために、87%という適合度となっているということは否めない。
④効用を属性の重み付和、つまり多属性線形効用関数の形で書けるのは、無条件ではなく、属性が相互に独立の場合、すなわち属性間に相互関係が無い場合に限られると考えられる。属性はなるべく独立のものとすべきであろう。しかしこの論文の属性にはそうとは言えないものがある。特に問題なのは、"Perceived time to store"と、"Easy to get to store from home"で、t統計量が大きい、つまり有効な5つの属性のうち2つを占めている。仮に後者を外したら、有意な属性に関してまた違った結果になった可能性がある。
⑤分析者が、属性をあらかじめ言葉で命題判断の形で、消費者に提示しているが、分析はこの提示に依存している。属性リストを見ればわかるように、これ以外に多くの属性を容易に思いつく。つまり、知覚された時間距離あるいはそれと相関する距離は別格として、スーパーの属性に関しては多くの別の結果があり得る、ということは留意すべきであろう。たとえば、売場面積に相当する属性が見当たらないことである（代理変数のようなものはあるが）。距離と共に売場面積は効用の最大の要因のはずなので、直接的に属性に加えていれば、大きなt値を得て表5.2に残ったであろう。
⑥属性を外から言葉で与えて、スコアを付けさせ、線形結合した効用の有意性からふるいに落とす、という発想は、効用は言葉で説明できる、すなわち「命題判断できる」という仮定に基づく。これは「行為は欲求と信念に基づく」という社会科学の前提から来る。これはデイヴィドソンDavidson1980以来のモデルで、「**欲求・信念モデル**」と言われる（第

10章参照)。属性を命題の形で提示された消費者は、記憶の中からこの命題に合うと思われる事象を「想起」してスコアを付けるが、「呼び起こせる記憶」には非常な限界がある。というのも、すでに議論したけれども、もう一度言えば、経験は確かに記憶されるが、それは言わば頭の中ではなく、「もともとあった現場」に置かれるからである。人は道を歩くことはでき、歩いているとき道の記憶は次々と呼び起こされ再認されるが、歩いた後で歩いた道を想い起こすのは非常に困難である、というのはその例である。同様に店の記憶は、店の売場に立ったときに、必要なら鮮明に想起される。一般に現場を離れて想起されるのは「プロトタイプ」(代表的記号：漠然としたイメージを伴うことがある)や「象徴」や「記号化されたエピソード記憶」だけである。「ジャスミンの香り」という記号は容易に理解できるが、その香りそのものを想起できる人はいない。好きか嫌いか言うことができる人もいるが(評価付記号)、言えない人も多い。「ジャスミンの香り」という記号の指示対象は、ソシュールの言うシニフィエと同じであり、つまり自己言及的記号である。つまりこの記号はスペルベルの言う「象徴」として働き、想起はその周りをめぐるが、指示している対象に行きつくことはない(Sperber1975)。属性とはこのような意味での「象徴」であり、属性記号を示されても経験そのものは想起できない以上、「評価尺度のスコア」は極めてあいまいなものとならざるを得ない。スコア付与は、この経験の記憶の呼び起こしの不可能性ないし曖昧さに大きく依存している。だから2章で言及した田村氏の分析にも限界があり、誤った結論へ至るのである。

⑦分析者が店の主要な属性とそれに関する消費者の信念をすべて網羅できるか？　消費者はそれに関して記憶を呼び起こせるか？　すべての経験に評価はついているか、それとも呼び起こしの中で何とか評価しているのか？　効用は信念以外の、つまり記号化されていない感情や無意識的思考、店のトーンのような認知的特性、にもよるのではないか？　こういう疑問は、個人を対象にしたアンケート調査につきものであるが、答えようがないともいえる。方法の限界を承知で結果を解釈するほかない。

⑧店舗選択に関して記憶と行為にまつわる曖昧さを克服する他の方法として、第6章で取り上げる関数魅力度を用いる集計型ロジット商圏モデル

がある。これは平均人を仮定し、平均人の効用を客観的物理的変数と、集計的顕示選好結果である顧客数または期間売上から推計される㎡当たり魅力度である個店別パラメーターすなわち魅力度係数 A_j を用い、「主観的要素の客観化」を図るモデルである。

第6章 集計型ロジットモデルとGIS環境下での商圏モデル

6.1 集計的予測 aggregate forecasting の方法

　これまでの選択モデルは、任意の個人がいろいろな選択行為をする確率を予測するものである。しかしながら、投資や事業計画の決定を助けるものは、店の顧客数や売上、あるいは公共投資では、都市間の通勤人口や輸送貨物量のような、個人を集計した何らかの"集計的需要" aggregate demand である。この集計的予測の方法を、本節と次節で Ben-Akiva and Lerman1985 を参照しつつ紹介する。

　集計的予測をするという問題は、関連する集計的人口を定義し、その中で選択代替案を選択する人口を予測するという手続きの問題である。まず関連する全人口を T と書く。問題は各代替案を選ぶ個人全体を集計することであり、あるいはその T における人口の割合を予測することである。一般に T のうち、選択に関わる意思決定者はその一部なので、意志決定者の数を N_T と書く ($N_T \leq T$)。T にいる個人 n がある代替案 j を選ぶ確率を $P(j \mid \boldsymbol{Z_n})$ と書く。$\boldsymbol{Z_n}$ はモデルに現われる選択対象の個人 n にとっての効用の属性ベクトルである。どのような効用関数であるかはさしあたり問題ではない。もしも人口 T の各メンバーに対する $\boldsymbol{Z_n}$ の値を知ったならば、その時集計的予測は、少なくとも概念的には直接的に書ける。任意の代替案 j を選ぶ T における個人の数を $N_T(j)$ とすると、それは単に、

$$N_T(j) = \Sigma_{n=1}^{N_T} P(j \mid \boldsymbol{Z_n}) \tag{6.1}$$

となろう。$N_T(j)$ は人口 T において j を選ぶ個人の数を集計した数の期待値である。式 (6.1) よりも便利なのは、j を選ぶ人口の**シェア**の予測である。$H(j)$ を N_T のうち j を選ぶ人の割合とすると、

$$H(j) = (1/N_T)N_T(j) = (1/N_T)\Sigma_{n=1}^{N_T} P(j \mid \boldsymbol{Z_n}) \tag{6.2}$$

このように書けても、個人 n の選択に関する完全なベクトル $\bm{Z_n}$ を知ることは事実上不可能なので、式 (6.1) も (6.2) も、計算することはできない。現実の応用においては分析者は $P(j|\bm{Z_n})$ を決して知ることができない。したがって、"個人を集計する問題は、集計的予測に必要な計算を縮減する方法を開発すること"に帰着する。これが"平均人"による集計的予測方法である。

6.2 平均人 average individual による集計手続き

すべての個人を総合して集計的に予測する問題を、選択モデル、人口、または両方に関する簡略化した仮説によって集計計算を縮減する代表的方法は、**平均人** average individual を用いる方法で、平均人に対する選択確率を**シェア** $H(j)$ の近似として用いるというものである。

この平均人とは、その特性を使って全人口を代表する"代表的個人または世帯"のことである。集計手続きを形式的に言えば、$\bm{Z_n}$ が $f(Z)$ のように分布しているとき、$\bar{Z}$ をその平均とする。そして (6.2) において $\bm{Z_n}$ のかわりにこのを用い、$H(j)$ を $P(j|\bar{Z})$ のように近似する、ということである。すなわち

$$\begin{aligned}
H(j) &= (1/N_T)\Sigma_{n=1}^{N_T} P(j|\bm{Z_n}) \\
&\fallingdotseq (1/N_T)P(j|\bar{Z})N_T \\
&= P(j|\bar{Z})
\end{aligned} \tag{6.3}$$

例として $P(j|\bm{Z_n})$ が簡単なロジットモデル $P(j|\bm{Z_n})=1/(1+\exp(-Z_n))$ である場合の平均人近似について計算して見る。N_T は 2 人であり、Z_1 と Z_2 をそれぞれ 2 人の人間の対象 j の効用の属性評価値とし、$Z_1=1$、$Z_2=5$、という大きく異なる場合を考える。このとき平均人の効用の属性評価値は $\bar{Z}=3.0$ である。$H(j)$ は平均人を用いない場合、

$$H(j) = (1/2)[1/(1+\exp(-1))+1/(1+\exp(-5))] = 0.862$$

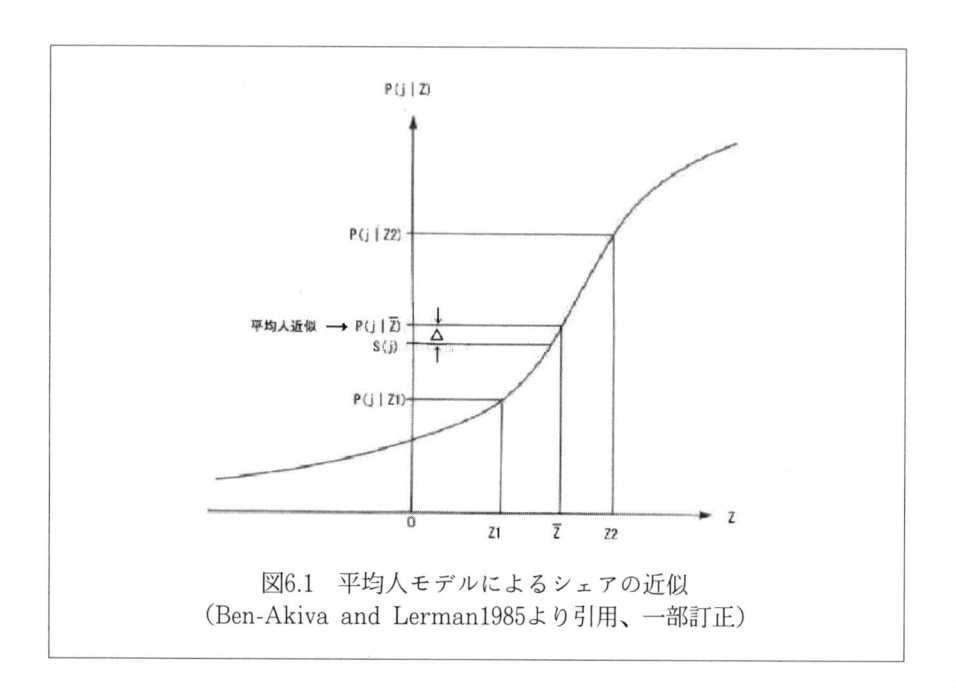

図6.1 平均人モデルによるシェアの近似
(Ben-Akiva and Lerman1985より引用、一部訂正)

一方平均人で近似すると、

$$P(j|\bar{Z}) = [1/(1+\exp(-3.0))] = 0.953$$

$H(j)-P(j|\bar{Z}) = -0.091$ は、"集計誤差" aggregation error と言われる。このように個人の効用の属性値に大きな開きがあっても、シェアの推計値は平均人でよく近似できることが分かる。平均人によるシェアの集計誤差は、対象に対する個人間の属性評価値の差異が小さいほど小さくなる。

6.3 GIS環境下での集計型ロジット商圏モデル

平均人iにとって対象jの効用関数は、パラメーターに関して線形であると仮定し、対象の属性は3つとする。

$$V_{ij} = \boldsymbol{\beta}\bar{\boldsymbol{Z}}_{ij} = \beta_1\bar{Z}_{ij1} + \beta_2\bar{Z}_{ij2} + \beta_3\bar{Z}_{ij3}$$

そして属性には"限界効用逓減則"があり、もしくはFechnerの法則が働き、そのため

$$\bar{Z}_{ij1} = \ln A_j,$$
$$\bar{Z}_{ij2} = \ln M_j,$$
$$\bar{Z}_{ij3} = \ln R_{ij}$$

と仮定する。ここで A_j、M_j は i によらないとする。ln は自然対数を意味する。

$$V_{ij} = \boldsymbol{\beta}\bar{\boldsymbol{Z}}_{ij} = \beta_1\bar{Z}_{ij1} + \beta_2\bar{Z}_{ij2} + \beta_3\bar{Z}_{ij3} = \beta_1 \ln A_j + \beta_2 \ln M_j + \beta_3 \ln R_{ij} \quad (6.4)$$

平均人 i による j の選択確率 $P(i,j)$ は、ロジットモデルでは次のようになる。

$$P(i,j \mid \bar{Z}) = \exp V_{ij} \Big/ \Sigma_{k=1}^{Q} \exp V_{ik}$$
$$= \exp(\beta_1 \ln A_j + \beta_2 \ln M_j + \beta_3 \ln R_{ij}) \Big/ \Sigma_{k=1}^{Q} \exp V_{ik}$$

ここに、k：代替案の番号、Q：選択代替案の数。

効用はスケール変換によって不変なので、ここでは $\beta_1 = \beta_2 = 1$ とし、β_3 を $-\lambda$ と書く。また $1\big/\Sigma_{k=1}^{Q} \exp V_{ik}$ は、確率の規格化定数なので、単に α_i と書く。そうすると、上式は、

$$P(i,j \mid \bar{Z}) = \alpha_i A_j M_j R_{ij}^{-\lambda}$$

となる。これは対象が何であれ、"平均人 i" が j を効用最大として選択する確率であるが、その意味は、$H(i,j)$、すなわち何らかの統計的ユニット i において j を効用最大として選択する人の"割合（シェア）"である。

A_j、M_j、R_{ij}、にそれぞれ具体的な意味を与えると、これはＧＩＳ環境下での集計型ロジット商圏モデルとなる。あらためて、ＧＩＳの地理環境下で、地点iの周りの人口または世帯が、選択集合を成すQ店の中のj店を効用最大の店として選ぶ割合を$H(i,j)$と書き、iからjまでの距離をR_{ij}、j店の売場面積をM_j、㎡当たりの魅力度をA_jとして"**魅力度係数**"とよぶことにする。$A_j M_j$はj店の**魅力度**である。A_jはモデルの中で、消費者による顕示選好の結果である個店の顧客数もしくは期間売上から計測されるものとする。そうするとこのA_jは、**平均人がj店に与える㎡当たりの主観的効用**を反映する。また、店からみるとそれは、**集客力の強さを表す指標**ともなっている。

　iの周りの平均人がj店を"効用最大の店として"選ぶ確率$P(i,j)$は、

$$H(i,j) = P(i,j) = \alpha_i A_j M_j R_{ij}^{-\lambda} \tag{6.5}$$

となる。これがＧＩＳ環境下での**集計型ロジット商圏モデル**である。これは対象jの効用関数に「グラビティ型モデル」を仮定しているということである。このため (6.5) はハフモデルと同型であるが、「関数パラメーターA_j」が加わる点が異なる。また$P(i,j)$の意味は全く異なり、j店を効用最大として選択する人のiの周りの人口におけるシェアを意味する。計算される諸量も異なり、j店の顧客率曲線、空間消費吸引率曲線、固定客数、確率帯別固定客数、期間顧客平均購入額、魅力度係数（基準年以降の既存店の場合)、などである。

　ＧＩＳ環境下というのは、次章で述べるように、ＧＩＳ上で、平均人を仮定し、このモデルに従ってエリア内各店の各地点iにおけるj店の固定客シェア（顧客率）を表す確率商圏$P(i,j)$を計算できるからである。平均人とは誰を代表するのかは、問題とする業態の特性による。ＧＭＳとスーパー選択の場合はすべての世帯が参加するので一般世帯もしくは家計調査でいう総世帯に換算した一般世帯となる。

　ＧＩＳ上では、距離はユークリッド距離と仮定される。従って河川や湖沼などの自然障害物が間に入る場合は個別に結果の修正を要する。また距離抵抗係数λは消費者がどの交通機関（モード）を用いるかに無関係であ

ると仮定される（モードミックスの仮定）。これらの仮定の妥当性は、すべて"実証検証"いかんにかかっている。

　店の"全効用"が売場面積と魅力度係数に関係してくる理由は、効用という概念の融通むげさにある。"**効用**"という概念には、各個人ごとに店に関するあらゆる種類の満足度を放り込める。そして満足度は購入金額で測られると考える（基数的効用）ので、店の期間売上は集計的な効用を表す。けれどもこれはあくまでもありそうな仮定であり、正当性は実証によってのみ得られる。つまりこの効用の概念は選択理論に結びついた理論負荷概念であり、その正当性は最終的には、理論が実証されることを通して獲得される。

　効用全体の中には商品以外の人を惹きつける要素（サービス水準、飲食娯楽の豊富さ、売場環境の快適さなど）の満足度もまた、購入金額というものに尺度化されている限りですべて入る。売場面積以外のすべての要素の、効用に及ぼす効果は、集計的行為の結果である固定客数もしくは期間売上から推測される魅力度係数 A_j が呑み込んでいる。

　A_j がどのようなものかは、外から概念や命題を与える方法では知ることはできないが、近隣店舗との相対的関係の中で相対値として決まるこの A_j がモデルに含まれるおかげで、集計的にみれば、人々は合理的に行為しており、選択のシェアは計算することができるという結果となるのである。

　$P(i,j)$ が"固定客"の割合を示すのは、ランダム効用選択理論の前提は、消費者は合理的行為者であり、同じ状況下では同じ選択をリピートする、ということだからである。これは分析者による仮定であり、本当にそうかどうかは実証で確認して見るほかない。第7章で述べるように、店のハウスカード客はリピートする固定客であり、メンバーは入れ変わりが非常に少なく、またこのデータをもとに推計される丁目別固定客の割合は、集計型ロジット商圏モデルが示す値とメソレベルでよく合う。つまり、消費者の合理性は現実のものなのである。

　ロジットモデルをＧＩＳ環境下の商圏モデルとして確立するには、次の問題を具体的に明らかにしなければならない。

①ＧＩＳ上で$H(i,j) = P(i,j)$を表現する方法の確立、
②IIA特性を満たす選択集合の特定方法の確立、
③距離抵抗係数λの推計方法の確立、
④魅力度係数A_jを消費者の行為の結果である顧客数もしくは期間売上から推計する方法の確立、
⑤モデルが現実と適合するかどうかを実証検証する方法の確立、
⑥店舗が参入し退出するときの商圏と固定顧客数の予測方法の確立、
などである。これらについて第7章、第8章で説明する。

第7章　ＧＩＳ集計型ロジット商圏モデルの具体的構築と実証検証－ＧＭＳ選択の場合－

　第6章6.3節で論じたように、ＧＩＳ環境下での集計型ロジット商圏モデルは、

$$H(i,j) = P(i,j) = A_j M_j R_{ij}^{-\lambda} \Big/ \Sigma_k A_k M_k R_{ik}^{-\lambda} \tag{7.1}$$

と表わされる。ここに、i は地点、j は何らかの選択集合に属する店、$H(i,j) = P(i,j)$ は、i 地点の周りの人口または世帯の集計的単位において j 店を効用最大として選択する人のシェア（j 店の固定客の割合）、$R_{ij} = ij$ 間のユークリッド距離、$\lambda =$ 距離抵抗係数、$A_j M_j =$ 魅力度、$M_j = j$ 店の売場面積、$A_j =$ 魅力度係数 $=$ ㎡当たりの集客力指標である。A_j は既存店でハウスカードデータベースがある場合は消費者の顕示選好の結果である固定客数から推定されるが、その場合以外は期間売上から、これから述べる方法で推計されるものである[注1]。

　(7.1) は、j 店の確定効用を (6.4) のように置いたうえで、変数に意味を与えただけで、これが実際に顧客率商圏を表すものかどうかは、ＧＩＳ上で、モデルを具体化して、現実のデータと照らし合わせて実証検証しなければならない。

　パソコンを用いて、任意のラスタ地図上にメッシュ国勢調査データの定義に合わせてメッシュ線をレイヤーし、各メッシュに国勢調査データを配置したパソコン内の空間をＧＩＳ（Geographic Information System）または単に地理空間と呼ぶことにする。このＧＩＳは市販のＧＩＳではなく、商圏解析を行えるように特別にプログラミングしたものである。

　(7.1) において確率 $P(i,j)$ は当然次の条件を満たさなければならない。

$$\Sigma_j P(i,j) = 1 \tag{7.2}$$

このように書ける店 j の集合の範囲すなわち**"選択集合"**を特定すること

が、(7.1)を実証モデルにするうえで肝心なことになる。全ての実証作業は同時的に行われるが、説明は逐次的に行なうしかないので、まずはこの選択集合特定の準備から行う。

7.1 規模別業態定義と選択ルール

　実証作業はGMS及びスーパー（SM）商圏で行うが、最初に行うべきは、基準年を決め、その店舗データベースを作成することである。本書では2004年を基準年とし、（株）商業界発行の「日本スーパー名鑑ポイントデータ付」（2005年版）を使用している。店舗データベースの項目は、店名、緯度経度、直営売場面積、売上（平均月商；判明している店について）、個店別魅力度係数 A_j、個店別期間顧客平均購入額比率 C_j（期間平均物品消費総額に対する割合、2011年時点ではおよそ10万円に対する比率）から成る。このうち売上については他の情報源からのデータも加える。また A_j は、基準年では後述の相対的㎡効率を用いるが、基準年以降の予測ではアウトプットデータとなる。C_j は基準年では個店別に固定客数を計算した後で付け加える事後的データであるが、基準年以降の予測ではインプットデータとして仮説的に設定する。基準年とは、時系列で行う予測シミュレーションのスタートの年という意味であり、また個店の基準年の集客力指標 A_j（＝基準年における相対的㎡効率）から基準年固定客数を求め、個店別期間顧客平均購入額比率 C_j を求める年でもある（7.4節参照）。

　この店舗データベースをインプットデータとして"選択集合"に含まれる各店の顧客率商圏を（7.1）および（7.2）に従って計算するが、結果は"選択集合"によって大きく変わる。"選択集合"を特定する方法は後に述べるが、簡単に言えば、選択集合にいろいろな可能性のある店を加えて（百貨店、HC、コンビニなど；入れ替えテスト）、GMSの選択率商圏を計算し、GMSのハウスカードデータベースから推計される丁目顧客率と地図上で比較して、影響のある店を絞り込むという方法である。モデル（7.1）および（7.2）はリピートする固定客シェアを記述するものであるから、ハウスカードデータベースは"期間データ"を用いる（7.3節参照）。

　結論から先に言うと、GMSの選択率（店全体の顧客率）を決める選択

業態名	直営面積	記号	業態平均 A_j
GMS2	10000㎡超	gg	1.00
GMS1	6000～9999㎡	g	1.03
SM2	2500～5999㎡	ss	1.44
SM1	750～2499㎡	s	1.92

表7.1 規模別業態定義

集合には、およそ直営売場面積2500㎡以上の大型スーパーとGMS以外はほとんど影響していないことが判明する。ほとんどというのは主に2500㎡という区切り方が多少エリアで異なるという意味である。つまり大型スーパーでも衣料品、住居関連品のアソートが非常に少なければ集合には入らない。逆に2500㎡以下でも、衣料住余関連品に注力しているスーパーは集合に入る場合もあるであろう。一方、GMSの食品商圏(正確には食品消費吸引率商圏)と2500㎡以下の小型SMの顧客率商圏を決めるときは750～1000㎡以上のSMを加えなければならない。

このような入れ替えテストの結果から、スーパーとGMSを売場面積規模であらかじめ分類しておく必要があることが判明するので、表7.1のように分類し、それぞれを規模を基準とした"**業態**"と呼ぶことにする。そして店舗データベースをこの業態別に編成する。

このように規模別に分ける他の理由は、店舗の売上が判らない店もあるので、その場合、A_jとC_jに関して平均値を適用しなければならないが、ここでいう業態別の平均値がかなり異なるためと、"選択ルール"が異なるためである。この区分はある程度任意であるが、あまり細分化すると、業態別店舗が少なくなり、平均値が計算しにくくなるので、分析経験上このような区分となる傾向がある。A_jの平均値だけで言えばGMS2とGMS1を分ける必要はないが、選択最大距離が異なると考えられるのでこの区別を要する。この業態分類を用いると、**GMSの選択集合**は{GMS2, GMS1, SM2}であることが判明する。**SM1を加えた選択集合**{GMS2, GMS1, SM2, SM1}は、これに関しては第8章で論じるが、GMSの食品空間消費吸引率商圏とスーパーの選択率商圏を決定してるこ

とが判明する。なお750㎡はスーパーの食品マーチャンダイジングのフルスタイルを構成できる下限の売場面積である。これ以下の小型スーパーや異業態店の存在の影響は、商圏にではなく、各店のC_jの大きさに影響を与えるのみである。

　上記を念頭に置くと、地理空間上のGMSの店舗選択問題は図C7.1のように図示される（以下では図番号にCが付くものはカラー表示の図で見開きにまとめている）。また小型スーパーSM1まで含めた店舗選択問題は図C7.2のように示される。番号の前の記号がそれぞれの店舗の業態を表す。格子はいわゆる500mメッシュ線を表す。円の中心をi地点とすると、円は消費者から見た**選択最大距離**を表し、任意に設定できるようにしておく。この選択最大距離は店から見れば商品の**最大到達距離**であるからそのように定義することもできる。選択確率は1％まで計算し、それより遠方を無視することにすると、最遠の1％確率等高線は、通常は選択最大距離円の内側で自動的に位置が決まる。

　この選択最大距離は"業態"別に異なり、大規模店ほど長く設定する。通常、1％確率等高線が自然に決定されるように長めに設定するが、どの最大距離で自然に決まるかどうかはシミュレーションですぐに判明する。1％商圏ラインが自然な位置で決まった後で最大距離を延ばすと、外側に位置をずらすのは主にこの1％ラインで、それよりも大きな確率ラインはほとんど動かない。渋滞などの原因で現実の消費者のモビリティ（mobility：移動のしやすさ）が小さいと考えられるエリアでは、それを考慮して最大距離を短く設定する。GMS2の場合、大都市圏ではおよそ10km前後で、郊外に行くほど伸びる。食品商圏解析で選択集合に入れるSM1では2〜4km程度である。中小型店でも特別に集客力のある店に関しては、"個店別"に長めに設定する必要がある場合もある。

　次に選択最大距離内の"居住地直近から数えて何店を選択の候補"とするかを設定する。これも消費者の一種のモビリティを表し、商圏の大きさと形状に影響する。その影響は小型店ほど大きい。地形や交通状況などで消費者が遠くの店を選択しないと思われるエリアでは選択候補は少なくなる。

　このようにすると、**地理空間上の店舗選択ルール**は、より具体的に、**選**

択最大距離以内で、選択集合を構成する店舗を、**業態別**に、**居住地直近から数えて何店を選択の候補とするか**、というように設定される。これらをまとめて"**選択ルール**"ということができる。

GMSとスーパーはすべての人が利用する可能性があるから、選択を行うモデル上の"平均人"は、"一般世帯"もしくは家計調査で定義される"総世帯に換算した一般世帯"となる。

7.2 選択確率等高線と確率帯と確率帯代表値

第3章で論じたように、商圏を確率等高線で把握するアイデアを最初に提示したのはハフであるが、GISの時代ではこのアイデアを使って商圏をより精密に表現でき、空間競争状況を分析できるだけでなく、これを用いて顧客のデモグラフィックスを集計することができる。また集計型ロジット商圏モデルの実証検証が可能となるのである。

ここでは表7.2のような19本の確率等高線を設定し、(7.1)の選択確率を計算して等高線を作成すると、図C7.3のような等高線による商圏がパソコン内で作成される（図C7.3の右は等高線の色見本）。この等高線を外側の端の1%から3本づつ取り上げて、各々1つの**確率帯**とし、真ん中の確率の値を**確率帯の代表値**とする。そうすると9本の確率帯が設定される。

確率等高線数	19	
確率帯数	9	
下限値	代表値	上限値
0.6	0.8	1
0.4	0.5	0.6
0.25	0.3	0.4
0.17	0.2	0.25
0.12	0.15	0.17
0.08	0.1	0.12
0.06	0.07	0.08
0.04	0.05	0.06
0.01	0.02	0.04

表7.2 確率と確率帯定義

これら選択確率等高線の形は、選択集合を形成する店舗の空間的配置により決定されるもので、人口の地理的分布には無関係である（図C7.3の濃淡は500mメッシュの人口密度）。

確率帯を定義するのは、集計型ロジット商圏モデルは統計的モデルであり、地理的な点ではなく、何らかの地理的な統計的ユニットで成り立てばよいのであるが、その統計的ユニットを**確率帯**とするのである。これは従来、小売業界で慣習的に1次商圏、2次商圏、3次商圏と3分類で考えられてきたものを、確率帯を根拠により科学的により精密に定義したものに当たる。またこのレベルを**メソレベル** meso-level ともいう。

このような確率帯の定義は任意に変更できるが、あえてこのようにした理由は次のとおりである。これも後に述べるが、(7.1)の距離抵抗係数λの推計をいろいろなエリアで試みると、およそ$\lambda \fallingdotseq 2.40$と推計される。確率$P(i,j)$を、横軸を距離としてグラフ図示すれば、$R_{ij}^{-2.4}$は原点に対して凸なカーブを描く。しかし例えばGMSの商圏は、店舗配置と魅力度によってきまるので、同じ売場面積でも場所によって大小様々となり、距離を横軸にとるとグラフでは一律に比較分析できない。そこで距離に関しては地図上で分析することとし、グラフ表示もしくはエクセル表表示では、**距離の代理変数**として**確率帯代表値**を用いて、店舗間の比較分析を行えるようにする。選択確率$P(i,j)$を、横軸を確率代表値に取って図示した時、原点に対して凸になるような滑らかなカーブを描かせた方が距離の代理変数として適切となるが、こうなる確率等高線の設定が、表7.2なのである（図7.12参照）。確率60％－100％の間を1つの確率帯とし、代表値80％としているのは、これだけを見ていると、ここだけいかにも幅が広すぎるように見えるけれども、平均で80％の人が固定客として利用するこの帯は、計算上一般に店の周辺の狭いエリアとなる。店舗密度にもよるが、GMSでも半径500m～1km程度で、店舗密度が高くなるとさらに狭くなる。SMになると200～300m程度となる。この設定で確率帯の面積は外側の代表値の小さな確率帯ほど広くなる（図C7.3参照）。

こうした理由から商圏解析はこの19本の確率等高線と9本の確率帯を用いて行われる。1％未満の領域は"圏外"として扱い、顧客数の計算には含めないとする。

7．3 現実の被説明項＝丁目別顧客率

　集計型ロジット商圏モデルが表現しているのは、GMSをミニ市場という目的で選択する時、当該店を効用最大の店として選択する各地点における固定客の割合であるが、固定客とは一定期間でリピートする客 regular customer のことである。ミニ市場として選択するということは、期間での買い物が複数のカテゴリーにわたる多目的のショッピングになるということである。
　GMSのミニ市場としての選択目的は買回り品目的と食品目的という2種類の目的があると考えられ、それぞれ選択集合が異なり、商圏も買回り品商圏と食品商圏という2種類の商圏を抱えることになるであろう。
　この理論商圏の適合度をデータで実証検証するには、期間のハウスカードデータベースから計算される丁目別顧客率と、理論顧客率とを比較することで行える。
　カードデータベースの売上は店全体の売上の一部であり、その割合は大型店ほど小さい。そこでこのデータベースから丁目顧客率を推計するには、以下に述べるように"実効倍率"を用いて行う。
　ロジット商圏モデルの前提は、店の売上の大半は固定客によるものであること、選択確率は期間における平均人による1回の選択確率であること、であるが、何回選択したかを決めるものではない。
　GMSでは買い物の性質上データの期間は半年間で十分だが、この間にカードデータベースにはさまざまなリピート回数が見られる。リピート回数が異なるのは、居住地と店との距離、商圏の広さが関係し、したがって店の立地条件でリピート構成は大きく異なる（図9.2、9.4参照）。例えば商圏の狭い都市圏のGMSでは大半の人が半年に6回以上来るが、地方の田園立地では、1回の人の1回以上の客に占める割合は20％以上になることがある。ただし売上に占める割合は5％程度である。カード客の中には最低回数で少しの買い物しかしていない、全体として売上寄与率の低い非常に多数の客がいる場合があるのである。このようなわけで期間に何回リピートしたら固定客である、というようなアプリオリな定義は存在しな

いのである。

　分析操作上は個店ごとにどこかで線を引いて、モデルのいう平均人が代表する固定客の範囲を決め、カードデータベースを編集しなければならない。売上の大半は固定客によるものという前提から、この実証分析では、顧客をリピート回数の大きい順に並べて、売上を基準にそれを高率（90%前後）でカバーするという条件で切り、都市圏のGMSで6回以上、田園立地で1回以上（ただし1回の顧客については6000円以上購入）としている。このカードデータベースに加わる顧客を"Mカード客"、それ以外を"OMカード客"と呼ぶことにする。人数だけでいえばOMカード客が少ないというわけではない。それどころか非常に多い場合もある。したがって"Mカード客"とは、一般世帯を代表するという"平均人"の定義をさらに狭め、"平均人"が代表する顧客の構成範囲をリピート回数によって再定義しているのである。この定義は店ごとに異なる。そして"実効倍率"を平均人への換算倍率としてMカード客数を平均人の数に換算するのである。

　このデータ操作の妥当性の根拠は、理論上計算される固定客数が、この平均人の数に概略一致することが複数の店で実証される、ということから得られる。すなわち、理論上の要請として、定義した個店の平均人の推定数（下記の丁目実効顧客数の和）と、ロジット商圏モデルがメッシュ国勢調査データから計算する個店の固定客数（一般世帯数もしくは総世帯換算の一般世帯数）とが概略一致しなければならない、ということがあるが、この理論固定客数と都市圏のGMSで6回以上というカード客で推計した実効顧客数すなわち平均人の数とは、たとえば本書で報告しているA店の場合、45062世帯（理論）、49551世帯（カードデータ）、B店の場合42663世帯（理論）、40670世帯（カードデータ）となっている。この要請を確率帯で実証したのが、図7.12、地理空間上の顧客率で実証したのが図C7.6、図C7.9、図C7.13、図C8.9などである。

　効用最大化選択における効用も顧客率も"理論負荷概念"なので、理論と独立に決められるわけではない。選択確率の理論値（確率等高線）と推定された丁目顧客率とが、商圏エリア全域で比較可能となり、近似するならばこのデータ編成は妥当性を得るが、エリア内のローカルな部分に後述

のようなある程度の問題が生じるものの、この線引きで全体的に比較可能な妥当なものとなっている。

　丁目別顧客率は、次のように"実効倍率"を用いて推計する。こんにちスーパーやＧＭＳのハウスカード客（ポイントカード客や自社発行のクレジットカード客）の割合は30〜80％に達している（商圏の狭い小型店ほど高い）。

　このカード客のほかは、現金支払い客か他社のクレジットカード客であるが同様に大半が固定客であるとする。そして店全体の期間売上対自社カード顧客の期間売上の比（実効倍率）が、消費者の居住地によらず一定と仮定する。次式で丁目実効顧客率を算出し、これをモデルの被説明項とする。

実効倍率＝店全体売上／Ｍ顧客カード売上
丁目実効顧客数＝丁目Ｍカード客数×実効倍率
丁目実効顧客率＝丁目実効顧客数／丁目一般世帯数

　実効倍率はＧＭＳでは3.0〜4.5くらいになる。実効倍率は、一人のＭカード客に何人の他の平均人換算の固定客がいるかを示すもので、例えば実効倍率が3.0であれば、Ｍカード客1人に対して、その2倍の他の固定客がいる、という計算方法となる。"実効"は計算方法を強調するためにつけたもので意味上は、**平均人換算率**であり、実効顧客数＝平均人換算の固定客数、実効顧客率＝平均人換算の顧客率、である。

　この仮定の矛盾が出るのは店の近辺、特に徒歩圏の丁目である。通常、店の近辺は、他と比べて極端に自社カード保有率が高くなるので、実効倍率を用いると店の近辺の丁目だけ実効顧客数が丁目世帯数を超えることがある。この場合は実効顧客数＝丁目世帯数、顧客率＝100％とする。

　ＧＭＳの具体的な現実の丁目顧客率は図Ｃ7.4のようになる。具体的な場所を伏せるため地図情報は使わないが、升目は500ｍメッシュで、マークは丁目中心点（国土交通省の大字・町丁目位置参照情報を用いている）を表し、マークが示す顧客率は正確である。ここでは顧客率を8段階で表わしている。もっと細かく見ることもできるが、7．8節で見るように確率25％以上（代表値30％）の中心部での適合度が実際上問題となるので、

これで充分である。マークの定義は、次のようになっている（図C7.3の右の色見本も参照。）

　　明るい青色●印は60％以上（代表値80％）、
　　黒色■印は40〜60％（代表値50％）、
　　茶色▲印は25〜40％（代表値30％）、
　　ピンク色◆印は12〜25％（代表値20％＆15％）、
　　オレンジ色▼印は8〜12％（代表値10％）、
　　緑色★印は4〜8％（代表値7％＆5％）、
　　青色☆印は1〜4％（代表値2％）、
　　青緑色◎印は1％未満（これは計算上は圏外扱いで、平均顧客率は約
　　　　　　　　0.5％、顧客構成比は約3％）、

　集計型ロジット商圏モデルの適合度検証は2種類の方法が考えられる。ひとつは確率帯という**メソレベル**での顧客率と確率帯代表値との相関に関する決定係数である。他の一つは確率帯とここで示した8段階の丁目顧客率の巾との地理上の位置の関係で見る方法である。たとえば茶色▲印の丁目は、25％ラインと40％ラインの間（確率代表値30％の確率帯）にどの程度あるかどうかをモデルの説明力とみる。つまり各**"確率帯"**に**"丁目顧客率の巾"**がおさまる程度で判断するのであるが、決定係数のような数値判断ではなく、視認となる。
　小型スーパーのように商圏が狭い場合は、丁目では広過ぎることがあり、この場合は、顧客の住所を丁目で切らずに、街区までとし、街区別実効顧客数を計算し、一方で街区別一般世帯数をメッシュを細分化して推定し、街区別実効顧客率を計算し、等高線と比較して検証することができる。

7．4　基準年店舗データベースにおける
　　魅力度係数 A_j ＝相対的㎡効率という仮定

　店舗データベースは、基準年のものとそれ以降のものと2種類に分かれる。基準年店舗データベースとはそこで相対的㎡効率が計算されるデータ

ベースのことで、ここでは2004年としている。相対的㎡効率とは㎡効率を相対化したもので、基準は何でもよいが、ここではGMS2の平均㎡効率を1.00として相対化する。このとき表7.1のようにGMS1の平均相対的㎡効率は1.03、SM2のそれは1.44、SM1のそれは1.92となる。なお、業態別平均相対的㎡効率は、たとえばSM2では

$$(\Sigma_{SM2} U_k / \Sigma_{SM2} M_k) / (\Sigma_{GMS2} U_m / \Sigma_{GMS2} M_m)$$

として計算する。ここにU_kは店の売上、M_kは売場面積で、Σ_{SM2}はSM2の売上が判明している店全体にわたって和をとることを表す。相対的㎡効率が重要なのは、基準年ではA_j＝相対的㎡効率と仮定するからであり、また売上が不明の店の場合は、A_j＝業態別平均相対的㎡効率と置くからである。A_j＝相対的㎡効率という仮定の妥当性は、後に示すようにこれをもとに計算される基準年ないし基準年以降の選択確率等高線の推計および予測値が、店舗の丁目顧客率に、上記の確率帯でよく一致することで検証される。意味上から言えば、A_jは㎡当たりの効用であり、効用は行為の結果である売上から測定されるべきであり、それらは店舗間で比較されるのだから店舗間で相対化されるべきである、という論拠から導かれる。なお、集客は魅力度$A_j M_j$で行われるので、売場面積が同じでも、魅力度係数A_jが大きいほど、商圏確率等高線は中心部分の厚みが増し、全体に外側に拡大する。

7.5 店舗データベース基準年時点における商圏解析概要

　まだ距離抵抗係数λの推計前だが、λの値を仮定すると、商圏解析で行う計算の概要は、次のとおりである。基準年時点の魅力度係数は相対的㎡効率とし、売上不明の店舗に関しては業態別平均相対的㎡効率を適用すると、店舗データベースの全店のA_jが埋まるので、例えば20km四方とか30km四方の地理空間上で、集計型ロジット商圏モデル（7.1）による個店の選択確率を、図C7.1のような任意の選択集合の店舗配置のもとで、選択ルールに基づいて計算することができる。

入力ファイルは、選択集合をなす業態別店舗データベースファイルと平成17年メッシュ国勢調査データである。計算は500mメッシュを任意に細分した細分メッシュの中心をiとし、$P(i,j)$ ($j=1, 2, \cdots$) を計算して記録し、次に隣の細分メッシュへ移って同じことを行い、これを設定した解析エリア（地理空間）の全域にわたって行い、その後、解析エリア内の選択集合を構成する全店の選択確率等高線を描く。そして各店ごとに、確率帯に沿って確率帯内一般世帯数を計算し、

固定客数＝$\Sigma_{確率帯}$ 確率帯内一般世帯数×確率代表値

として個店別固定客数を計算する。確率帯内一般世帯数の計算はプログラム上、高度の工夫を要する。個店別固定客数が計算されると、

顧客期間平均購入額＝個店期間売上／個店別固定客数、

を計算し、

顧客期間平均購入額比率 C_j
　　＝顧客期間平均購入額／期間平均物品消費総額、

としてC_jを計算する。期間物品消費総額は、現時点でいえば月額およそ10万円である。後にまとめて論じるように、A_jとC_jは、個店の商圏の状況を示す重要なパラメーターで、集計型ロジット商圏解析で、中心的な役割を演じる。別様に名付けておけば、A_jはj店の**集客力指標**である。またC_jは**需要吸収力指標**で、自店の**品揃え**の**需要吸収力**を反映するだけでなく、"自店の顧客の50％以上を集客する商圏"（以下ではこれを**主要商圏**という）内の異業態店および選択集合外の小型店が吸収する需要の程度、すなわち**異業態間競争の程度**も反映する。
　出力は、解析結果エクセル表と選択確率等高線と、個店別および確率帯別に集計した各種国勢調査項目である。解析結果エクセル表には個店別入力項目のほか、個店別魅力度係数A_jと（基準年では所与、それ以外では

推計予測)、C_j と、個店別固定客数推計値と、確率帯別固定客数が出力項として加わる。選択確率等高線は任意のラスタ地図上にレイヤーして**近隣店との空間競争の状況**を分析でき、確率帯に沿った国勢調査項目のデータの集計のほか、四則演算、円領域 or 四角領域のメッシュ集計ができる。

7.6 店舗データベース基準年以降の時点の商圏解析概要

　基準年以降の時点では、エリア内に店舗の参入・退出、増床・改装があり、選択集合と魅力度の相対的関係の変化があり、新たな魅力度の関係となるので、近隣にそのような変化があった店舗では、もはや魅力度係数＝相対的㎡効率という関係にはない。ただし距離抵抗係数 λ の推定値が大きいことから、ある程度以上離れた場所での変化は、あまり影響しない。魅力度係数は相対的な指標で、単位はないので、売上情報のない店の魅力度係数は以前の店舗データベース時点のままとし、売上情報のある店に関しては、これに一致する顧客数を集客する A_j を求める。すなわち選択集合内の j 店の理論顧客数 N_j が現実の固定客数 N_j^* に一致する A_j を求める。N_j^* は一般には分からないので、期間売上 U_j^* を用いて、

$$N_j^* = U_j^* / 個店別顧客期間平均購入額$$
$$= U_j^* / (期間平均物品購入額 \times C_j)$$

を用いる。個店別顧客期間平均購入額あるいは C_j は、既存店の場合は店舗データベース時点のものを、新規参入店の場合は、立地環境の似ている既存店の値から推定した値を用いる。**主要商圏**内に異業態店や小型店が多数立地した既存店では C_j の減少を考慮する。これに関しては C_j の特性として第9章で論じる。A_j を求める方法は、

$$理論固定客数 N_j = \Sigma_{確率帯} j 店確率帯内一般世帯数 \times j 店確率代表値$$
$$= N_j^* \tag{7.3}$$

となる A_j を、A_j を少しづつ変える逐次計算法で求める。

形式的に書くと、選択集合内の j 店の魅力度係数 A_j は、次のような空間積分を含む一種の非線形連立方程式の解として得られる。式の本数は解析エリア内の選択集合の内、売上が判明している店の数に一致する。売上不明の店は、業態別平均の A_j を持つ店として式の中に含まれる。積分は解析エリア全体にわたって行われる。

$$\begin{aligned} N_j &= \int_x \int_y Pr(x,y:j)\sigma(x,y)dxdy \\ &= \int_x \int_y (1/\Sigma_k A_k M_k R(x,y:k)^{-\lambda}) A_k M_k R(x,y:j)^{-\lambda} \sigma(x,y)dxdy \\ &= N_j^* \end{aligned} \quad (7.4)$$

ここに、

$A_j = j$ 店の魅力度係数（未知数）
$k = 1,\ \cdots,m$（m：選択集合に含まれるエリア内の店舗数）
$(x,y) =$ 地理上の地点
$\sigma(x,y) =$ 世帯密度

つまり A_j は一般に、基準年以降では、店舗間の関係の中で決まる**関数パラメーター**となる。言い換えれば外から与件として与えることのできないパラメーターである。

式 (7.4) はとてつもなく複雑なように見えるが、これは (x,y) という地点で表記しているためで、われわれの関心は確率帯という**メソレベル**で商圏を説明できればよい、という立場なので積分は (7.3) のように確率帯別集計に置き換えることができる。実際の計算方法は、ＧＩＳ上で各 j 店について先に定義した9本の確率帯をまず計算し、各確率帯に沿って消費主体別平均人（GMS-SM選択では一般世帯）の数を計算し、確率代表値を用いて顧客数を集計計算する。このように (7.3) を計算し、N_j が N_j^* に一致する A_j を繰り返し計算で求めるわけである。元来非線形なので収束できるかが危ぶまれたことがあったが、大半の店で売上が判明していた2000年以前のデータベースを用いても速やかに収束することを確認している。

各店の固定客数は、確率の規格化条件 $\Sigma_j P(i,j) = 1$ を通して、相互に

関連している。つまりある店が**集客力指標** A_j を通して多くの顧客を集客すれば、他店の顧客はその分減少する。固定客数のエリア合計は一定であり、参入による小売集客競争は常に**ゼロサムゲーム**である。集計型ロジット商圏モデルはこのことを表現している。この顧客争奪競争は、とりわけ近隣店舗間で激しいので、参入店の予測が解析の主目的の場合は、参入店近隣の店舗の集客力 A_j を正確し計測するために、それら近隣の店の売上情報は欠かせない。反面、より遠方の店の売上情報は、直営売場面積情報さえ正確なら、予測精度には大きくは影響しない。

予測の場合の出力である解析結果エクセル表には、個店別魅力度係数 A_j 推計値、固定客数推計値、推定売上、顧客平均期間購入額比率 C_j、直営売面、などの項があるが、このうち確率商圏を決める原因項は A_j で、その直接の結果は固定客数である。**需要吸収力指標** C_j についてもう一度言うと、これは自店の需要吸収力だけでなく、"主要商圏"内の選択集合外競合店の影響も反映するので、設定に当たっては、既存店ではこの種の商圏環境の変化を考慮する。参入店では商圏環境が類似する店舗を参考にする。なお、ハウスカードデータベースを用いる場合の既存店分析では、C_j はこのデータベースから直接判明する。本書の商圏モデル(7.1)および(7.2)の実証分析ではすべてこの直接把握した C_j を用いている。

7.7 ベキ乗パラメーター λ の推定方法(1)
―確率帯別一致度の決定係数―

距離抵抗係数 λ は、消費者の店選択における空間的モビリティの程度を示す。λ の推定方法は、ハウスカードデータベースから推計した丁目別顧客率と理論選択確率帯とを比較して行う。本書の実証検証ではハウスカードデータベースは2007年のものを用いているが、店舗データベース基準年は2004年なので、この間に近隣に直営面積2500㎡以上の大型店の参入退出が無く、売上もほとんど変化していないGMSの店を選んで行う。この場合、魅力度係数もほとんど変化していないと見ることができる。すなわち魅力度係数 A_j =基準年の相対的㎡効率として、また選択集合は{GMS2, GMS1, SM2}であるとして、理論確率等高線を計算できる。そ

のような店を選び、その店を中心とする解析エリアを設定し、λの値をいろいろと変えて、その店の確率等高線を計算し、そのうちのどの値がもっともよく現実に適合しているかを見つけ出す。図C 7.4 で丁目顧客率を示した店が事例として選ばれた店である。解析は 2007 年で行っており、A_j =0.97 である。C_j は同店のハウスカードデータベースの C_j =0.19（月間平均 10 万円に対して）を用いている。

集計型ロジット商圏モデルは、統計的モデルであり、ある大きさの地域単位、つまり**メソレベル**（マクロとミクロの中間）という集合レベルで成り立てばよいという立場をとっている。メソレベルでの適合度判定は先述のように2種類あり、ひとつは9本の理論確率帯におけるデータ上の顧客率と確率代表値との比較とその相関で適合度が判断される。他の一つは、地理空間上での確率帯の位置と丁目顧客率の位置関係である。

理論確率帯での適合度判定は次のように行う。丁目別一般世帯数データ

A. 確率帯内に丁目代表点がある丁目の実効客数の確率帯計										
	80(%)	50(%)	30(%)	20(%)	15(%)	10(%)	7(%)	5(%)	2(%)	圏外	総和
λ =2.0の場合	9025	8054	8718	4811	5497	3404	3164	2902	4335	1499	51409
λ =2.2の場合	9025	9330	8836	4693	4532	4575	1897	2443	4387	1691	51409
λ =2.4の場合	9311	9365	9103	3846	4728	4060	2548	2080	4510	2071	51622
λ =2.6の場合	11787	9396	7752	5060	3627	3846	2006	2102	4615	2587	52778
λ =2.8の場合	13669	7897	8229	4785	3024	3588	1892	2417	4811	2688	53000
B. 確率帯内に丁目代表点がある丁目の一般世帯数の確率帯計										
	80(%)	50(%)	30(%)	20(%)	15(%)	10(%)	7(%)	5(%)	2(%)	圏外	
λ =2.0の場合	9025	11920	24617	24012	34983	42926	62748	96402	344742	326439	
λ =2.2の場合	9025	14596	27746	26626	34015	64122	41063	91755	315798	353068	
λ =2.4の場合	9311	14936	31411	20131	32935	53202	50208	82515	266400	416765	
λ =2.6の場合	11787	15686	28185	28143	25531	52115	37105	77109	220483	481670	
λ =2.8の場合	13669	14621	31671	26062	21588	49086	32199	74458	217815	496745	
C. 確率帯内に丁目代表点がある丁目の確率帯別顧客率A／B										
	80(%)	50(%)	30(%)	20(%)	15(%)	10(%)	7(%)	5(%)	2(%)	圏外	
λ =2.0の場合	100.0	67.6	35.4	20.0	15.7	7.9	5.0	3.0	1.3	0.5	
λ =2.2の場合	100.0	63.9	31.9	17.6	13.3	7.1	4.6	2.7	1.4	0.5	
λ =2.4の場合	100.0	62.7	29.0	19.1	14.4	7.6	5.1	2.5	1.7	0.5	
λ =2.6の場合	100.0	59.9	27.5	18.0	14.2	7.4	5.4	2.7	2.1	0.5	
λ =2.8の場合	100.0	54.0	26.0	18.4	14.0	7.3	5.9	3.3	2.2	0.5	

表7.3　事例店におけるλ値別確率帯別顧客率

$\lambda=2.0$ の	$r(x,y)^2$	0.961461282
$\lambda=2.2$ の	$r(x,y)^2$	0.975189364
$\lambda=2.4$ の	$r(x,y)^2$	0.974347932
$\lambda=2.6$ の	$r(x,y)^2$	0.976145297
$\lambda=2.8$ の	$r(x,y)^2$	0.975435889

表7.4 λ別決定係数

とj店のハウスカードデータベースによる丁目別実効顧客数データの各丁目中心点に緯度経度を付与する（変換テーブルは「大字・町丁目位置参照情報　国土交通省」を用いる）。その緯度経度を基準に、各丁目がどの確率帯に属するかを示す理論確率代表値を付与し、理論確率帯ごとに、

　確率帯の顧客率＝
　　　理論確率帯の内に代表点が存在する丁目の実効顧客数の計／
　　　理論確率帯の内に代表点が存在する丁目の一般世帯数の計

を計算し、それと確率帯の代表値とを比較して、一致する程度（相関係数またはその二乗である決定係数）によって、このレベルで理論の適合度を判定する。事例店の場合、λ値別確率帯別顧客率は表7.3のＣのようになる。相関係数は次式で計算される。

$$r(x,y) = \Sigma(x(i)-\bar{x})(y(i)-\bar{y})/\sqrt{(x(i)-\bar{x})^2}\sqrt{(y(i)-\bar{y})^2}$$

xは確率代表値、yは確率帯の顧客率（表7.3のＣの各値）である。各λ別の決定係数は表7.4のようになる。つまり確率帯全体でみるとλによって結果に対して違いはなく、どれを使っても、必要な顧客数約5万人を集客する。しかし仔細に見ると、代表値50％、30％の確率帯でかなりの違いがあることを見出す。つまり50％確率帯ではλ＝2.8がもっとも合っているが、λ＝2.0ではかなり違っている。30％の確率帯ではλ＝2.8も、λ＝2.0もかなり違っているがλ＝2.4ではよく合っている。15％以下ではλ

による違いはたいしてない。

　このようなことからさらに地理空間上での丁目顧客率と確率等高線で表わされた確率帯との比較が必要となるのである。ただしこの場合は決定係数のような数値化はできず、**視認による判定**である。

7.8　ベキ乗パラメーター λ の推定方法（2）
　　　―地図上の視認による λ 値の判定―

　確率等高線の全体の形を $\lambda=2.0$、2.4、2.8 の3ケースで示すと図C7.5〜図C7.7のようになる。マークは丁目代表点の位置で丁目の現実の顧客率を示し、定義は図C7.3の色見本と同じである。λ による商圏の形状の変化の特徴は、全体的には次のようになる。λ が小さいと消費者の選択におけるモビリティが大きくなり、商圏は外側に広がるが、同時に中心部は縮小し狭くなる。中心部からの流出が多いためである。λ が大きくなるとモビリティが小さくなり、商圏は全体として縮小するが、同時に中心部から外への流出が減るので、中心部の範囲が拡大する。いずれのケースでも顧客数5万人を集客することには変わりないが、全体の形状を見ると、$\lambda=2.0$ では商圏は広がり過ぎ、$\lambda=2.8$ では商圏は狭すぎるように見える。

　しかし表7.3に見るように、**中心部（代表値で30％以上、確率等高線で25％以上）の適合度が特に重要**なので、拡大して見たのが図C7.8〜図C7.10である。$\lambda=2.8$ は、中心部の等確率線60％ライン（代表値80％）の適合性が最も良いが、40％ライン（代表値50％）と25％ライン（代表値30％）は大きすぎる。$\lambda=2.0$ は60％ライン、40％ライン、25％ラインのいずれも狭すぎる。$\lambda=2.4$ は60％ラインがやや狭いが、40％ライン、25％ラインは適切な大きさとなっている。このような丁目顧客率と確率ラインの比較から、$\lambda=2.4〜2.6$ が最もよく適合しているという判断となる。さらに表7.3を参照すると **$\lambda=2.4$ がベター**という結論となる。

　$\lambda=2.4$ は、ハフモデルで広く仮定的に使われている $\lambda=2.0$ と比べると、全体的には狭い商圏をもたらすが、しかし足元の1次商圏（顧客率40％ライン以上）は広くなる商圏を形成する。このことからある程度以上離れた参入店の影響はあまり受けないで済む。これらは、小売業における現実

の経験とも合致している。

　λ＝2.4の妥当性は、以後、これを用いて他の店の解析を行い、ハウスカードデータベースを用いて同様に検証すると、いずれも妥当することから、相当に一般的に使えるものと考えている。というのも成田のような関東地方の田舎（人口密度は希薄で商圏最大距離は50kmになる）でも、λ＝2.4で顧客率の現実値と理論値は概略一致したパターンとなる。このことは分析上、たいへん意義がある。なぜなら、空間密度ごとにλが異なるとすると、境界域を調べてそこを境に段差のある解析を行うことになるが、ベキ乗値なので、少しの違いが非常に大きな差異を生じ、ありそうにもない結果をもたらすからである。こうしたことからも、消費者のモビリティを示すλは、広範囲の地域で同一であると考えられる。

　λ＝2.4のモデルが現実説明力が最も高いとすると、図C7.9について補足説明を要するであろう。図中の十字印は選択集合に含まれない小型スーパーの所在地を示す。これらスーパーがまとまって存在する北側の2か所のゾーンの周辺の丁目の顧客率は明らかに理論値より小さい。これら丁目の住民は事例店を全く利用しないとは限らず、リピート間隔が長い顧客が多いというようにも考えられる。というのは、この分析では都市圏では半年間に6回以上訪問した客を固定客と定義しているからである。しかしそれでは定義を4回に下げたらこのローカルエリアの丁目顧客率が必ず理論値に近づくかというとそうとも限らないので、GMSの分析店に比較的近い場所にある小型スーパーの周辺の顧客率低下の説明不足は、このロジット商圏モデルではある程度ついて回る問題なのである。というのはこれら小型スーパーを選択集合に入れると、今度はこれら店舗の周辺の理論値は現実の丁目顧客率よりもずっと小さくなってしまうからである。この問題は"食品商圏解析"（第8章）という方法で解決することができる。

7.9 選択集合決定方法

　選択の際にどのような店が選択集合に加わっているかを特定するのが、**選択集合決定問題**である。これが本質的に重要であることは、恐らくハフも分かっていたと思うが、ミニ市場としての中心地ではなく、商品別選択

を仮定していたためと、標本調査を利用することを前提にしていたため、その決定方法については、特に考察していない。

　これに対して集計型ロジット商圏モデルでは、GMS選択集合に加わるスーパーの下限の規模は、特定の店のハウスカードデータベースから丁目顧客率を推計し、一方で代替案の店を選択集合に入れたり除いたりして（入れ替えテスト）、それに対応するこの店の顧客率等高線と丁目選択率を比較することで特定できる。

　図C7.11は、選択集合η {GMS2,GMS1,SM2} を特定する方法を示した図である。等高線は選択集合をη {GMS2,GMS1,SM2} として計算したGMSのgg77の顧客率等高線を示す。等高線は内側より、60%、40%、25%、12%、8%、4%、1%ラインとなっている。マークは丁目中心点で、その形はgg77のハウスカードデータベースから得られた実効顧客率を示す。マークの意味は前記と同じである。店業態記号付きの数字とマークは、それぞれの店の位置を示す。明らかにSM1のs933、s934、s941、s938、s939、s464、s936の存在は選択確率に影響していない。もしもこれらを選択集合に入れて計算すると、ss34やss88の周りのようにgg77の等高線に穴が開いてしまう。ss88も周りの様子からみると無視されているように見えるが、これを選択集合から除いて計算すると、gg77の確率等高線の60%、40%、25%ラインはss88の場所を大きく超えて北側に突出するので、やはりss88はある程度考慮されているのである。このような検討を他の店でも行うと、GMSの選択集合の下限はおよそ2500㎡であることが判明する。ただしこれは絶対的なものではないことは先述のとおりである。解析のつどより小型の近隣店舗について選択集合に入るかどうか検討する必要がある。

　なぜ買回り品の品揃えが不十分なSM2が選択集合に入るのか、ということを品揃えで考察しても、明確な結論は出ない。恐らくSM2の**主要商圏**内の世帯のGMSへの訪問回数が半年間に6回よりも低い人が多くなるのだと思われる。後に図C7.13に見るようにあるいは図C7.9の北方のゾーンで見られたように、SM1がGMSの選択に影響を与えているケースが見られるが、これも同様と考えられる。

　このようにして代替案入れ替えテスト解析で、GIS上で選択集合を決

定することができるのは、選択確率（顧客率）を任意の個店の丁目実効顧客率と比較して判断できるからである。ハフモデルのように、定数効用を前提とする出向確率だと、ＯＤ表パターンで分析しなければならず、その配分先店舗集合をＧＩＳ上で判定する方法がない。

なお、図Ｃ7.11で右端の顧客率60％以上を示している3つの丁目は、地理上袋小路になっておりここら当たりから東へは行けないので、gg77を選択するほかなく、そのため距離があるにもかかわらず高い選択率となっている。

各種異業態店はＧＭＳ選択には無関係であることは同様の方法で確認される。

7.10 選択確率商圏のメソレベルにおける店別適合度検証

確率帯レベルでの適合度検証（4店の事例）：
　集計型ロジット商圏モデルは、メソレベルという集合レベルで成り立つが、先述のようにメソレベルには確率帯と丁目という2種類がある。λ＝

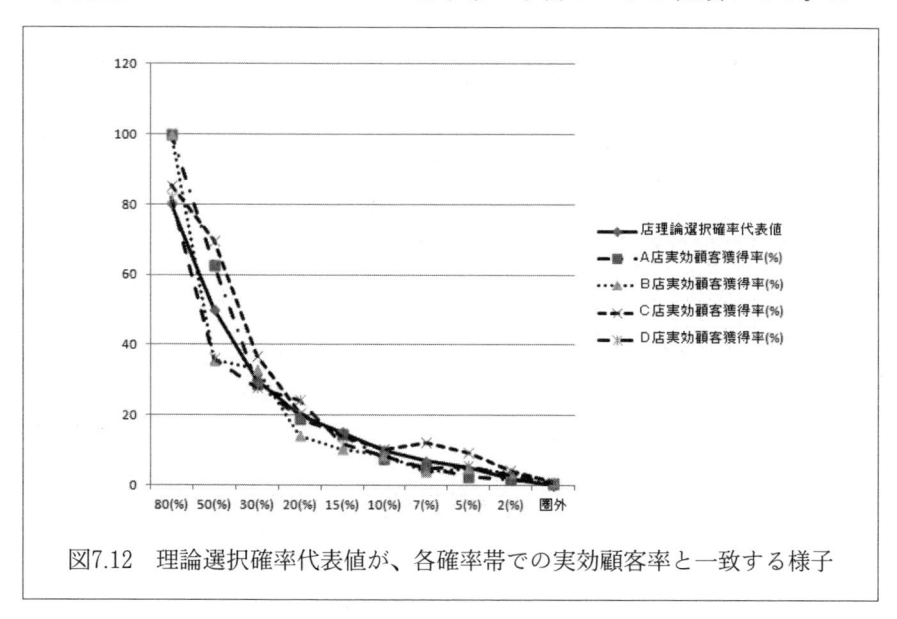

図7.12　理論選択確率代表値が、各確率帯での実効顧客率と一致する様子

A店の	$r(x,y)^2$	0.992239
B店の	$r(x,y)^2$	0.925961
C店の	$r(x,y)^2$	0.950613
D店の	$r(x,y)^2$	0.944149

表7.5　4店別決定係数

2.4 のもとでの店別適合度を確率帯で行う方法はこれも先述のとおり j 店の理論確率帯ごとに、

理論確率帯内実効顧客率
　　　　　＝($\Sigma_{(帯内丁目)}$ 実効顧客数)／($\Sigma_{(帯内丁目)}$ 一般世帯数)

を計算し、それが確率帯の代表値に一致する程度によって、このレベルで理論の適合度が実証されることになる（図 7.12 のグラフ）。

図 7.12 のグラフで例示した 4 店の内、A 店と C 店は既存店、B 店と D 店は 2005 年以降の新規参入店で、モデル上は"予測"に当たる。このグラフの中で黒線実線は理論選択確率で、これとの一致度が適合度の目安となる。このグラフは一見非線形に見えるが、理論％対現実％の比較なので線形であり、適合度検証には、理論確率代表値 x とその確率帯上でハウスカードデータベースで観測された実効顧客獲得率（顧客率）y との決定係数が使える。その値は表 7.5 のようになる。4 店とも高い相関となっている。

仔細に見れば、確率代表値 50％の確率帯での差異が大きいが、これには理由がある。一般に 50％確率帯の幅は $R_{ij}^{-2.4}$ を反映して巾が狭く、郊外では丁目の広がりの方がずっと大きいことが多い。他方で幾何学的中心である丁目中心点は人口中心に一致するとは限らないので、人口中心で見ると、両サイドの確率帯に中心点が入る可能性があるためである。50％確率帯に属する丁目の緯度経度を人口中心に移せば、この乖離は減る可能性が高い。（ここでは国土交通省の住所緯度経度変換テーブルの幾何学的中心のままであり、この補正を行っていない。）

新規参入店の予測解析の地理空間上の丁目別適合度比較の事例：

　メソレベルの地理上の位置の関係の適合度には8段階の丁目顧客率を用いる。丁目をメソレベルとみなせる世帯数の下限については正確なことは言えないが、分析経験上は一般世帯数が100世帯を超すと、その丁目の実効顧客率は理論値と比較できるようになるといえる。j店の丁目別の現実の**実効顧客率の巾**が、地図上で理論**確率等高線の巾**と比べておよそ一致していれば、理論とそれに伴う仮説は、実証されたことになる。既存店の場合のこの突合の事例は、先述のλと選択集合の決定過程ですでに見てきた。

　店舗の参入や退出がある場合の参入店や影響を受ける既存店の顧客率商圏は、「**予測解析**」になる。この予測解析の手順は簡潔で、予測時点での店舗データベースに参入店を加え、退出店を削除し、それをシステムに入力する。参入店のA_jをどのように設定するかに検討を要する。既存店の場合は、特に大きく売上が変化した場合は、それが参入店もしくは退出店の影響か、自店のA_jの変化か、もしくは選択集合外の店の近隣への参入によるC_jの影響かは、シミュレーションで判定できる。以下の部分と続く7.11節で参入店のA_jをどのように設定し、丁目突合がどうなるかの事例を論じる。

　図C7.13は新規参入店の実証例である。図C7.13は2004年の店舗データベースをもとにgg99のハウスカードデータベース時点である2007年当時を推計したものである。gg99のA_jをその売上から (7.2) のように推計して、確率等高線を計算している。つまりこのケースは完全な予測ではなくて、売上という事後情報からより正確に商圏を計算している。その際C_jはハウスカードデータベースから得られる期間平均購入額を用いているが、これも第9章で述べるようにC_jは1次商圏内に展開する小型SMとの関係から、かなり安定的に類推できるので、ハウスカードデータなしでも既存店解析から設定できる。

　図C7.13で等高線は新規参入したGMSのgg99の選択確率を示す。選択集合はSM2の下限を2500㎡として計算している。この選択率つまり商圏は買回り品を中心とした商圏である。等高線と丁目マークの定義は前記と同じである。

全体的に適合度は非常に良いが、違いの目立つ丁目もある。ss10 北側はかなり押し込まれているが、これは計算時に ss10 の売上調査を行っていないためである。計算では業態平均の魅力度係数を用いているが、明らかに ss10 は、それよりも強い集客力を発揮している。近隣の選択集合外の小型スーパー s373、s706、は選択集合には入れることはできないが（入れるとこの周辺に商圏の穴が開き、誤差が拡大する）、しかし無視できない影響を選択率に与えている。この種の集客力の高い小型ＳＭの近辺の丁目の住民は、先述の事例と同様にこのＧＭＳへの来店回数が半年間に 6 回未満となっているのであろう。食品目的での店舗選択では s373 と s706 が強い集客力を発揮していると想定されるが、この問題の解析モデル上の解決は、次章の**食品商圏解析**で行うことができる。

以上のようにハウスカードデータベースから推計される丁目顧客率と集計型ロジット商圏モデルから計算される顧客率の適合度は、確率帯や丁目というメソレベルで非常に良い結果を示す。このことは、消費者は、スーパーやＧＭＳ選択では、ランダム効用モデルが主張するように、非常に**"目的合理的"**で、**"固定客となる傾向が高い"**、ということを意味している。これはまた店舗に関する有賀説を裏付ける結果とも言える。

7.11 新規参入店の予測解析の場合の A_j の数値事例

図 C7.13 は、新規参入店の解析の場合でも集計型ロジット商圏モデルがよく適合することを例示したものだが、この場合、2004 年を基準年に 2007 年を推計している。2007 年のこの gg99 の売上はわかっており、C_j はハウスカードデータベースで $C_j=0.18$（月間 10 万円に対して）と分かっているので、この売上をもたらす A_j を、顧客数計算を通して推計計算する、という手順となる。その結果は $A_j=1.46$ である。

gg99 が全くの新規案件で、事後的売上情報もないとし、その予測を 2006 年に行うと仮定した場合、2004 年を基準年に 2006 年を推計し、エリア内各店の A_k 推計値をもとに、2007 年参入店の A_j を設定して商圏を推計する、という手順となる。まず近隣の同業態の競合店の A_k に対して参入店の A_j は相対的にどのくらいになるかがポイントである。解析エリア

	店番号	gg5	gg6	gg7	gg8	gg9	gg10	gg11	gg12	gg13	gg14		
2004基準年	魅力度係数 A_j	1	0.94	0.89	1.28	0.9	1.25	0.69	0.9	1.27	1.24		
2004基準年	一般世帯顧客月平均購入額比率 C_j	0.16	0.21	0.16	0.21	0.19	0.16	0.24	0.16	0.22	0.15		
2006推計	魅力度係数 A_j	0.9	0.94	0.85	1.28	0.9	1.25	閉店	0.99	1.27	1.24		
2006推計	一般世帯顧客月平均購入額比率 C_j	0.16	0.21	0.16	0.21	0.19	0.16	*	0.16	0.22	0.15		
	店番号	gg5	gg6	gg7	gg8	gg9	gg10	gg11	gg12	gg13	gg14	gg98	gg99
2007予測	魅力度係数 A_j	0.9	0.94	0.85	1.28	0.9	1.25	*	0.99	1.27	1.24	1.45	1.45
2007予測	一般世帯顧客月平均購入額比率 C_j	0.16	0.21	0.16	0.21	0.19	0.16	*	0.16	0.22	0.15	0.18	0.18
												参入	参入

表7.6 図7.13の参入店gg99のA_jとC_j設定の年別シミュレーション・プロセス

内の最も有力な同業他店のA_kに対して相対的にどういう値になるかを検討し、複数ケース設定する。表7.6はこの関係を示す。2006年のＧＭＳ２の各既存店のA_jの値からgg99の場合、A_j＝1.3～1.5と推測されることが判る（参入店の場合の集客力A_jは一般に既存店のA_jより大きくなる）。A_jによって、リピートする固定顧客数が計算される。売上は売上＝顧客数×消費者物品消費額×C_j、として計算される。つまり、売上は商圏が画定した後で、1次商圏内もしくは先の**"主要商圏"**内のＳＭ１の展開状況から、C_jを推測し、計算する、という手順となる。C_jの推測には、立地環境の似たエリアの既存店の値が参考になる。

A_jは、ＧＭＳがモールを抱えている場合あるいは核店の場合、モール面積がＧＭＳより大きければ、モールが集客する力がＧＭＳを上回り、それを反映してA_jはかなり大きくなる。ＧＭＳの魅力度はモールを含む商業面積の50％くらいになることが解析経験上分かっている。

注：
1）初めに述べたように本書では、固定客と顧客は同じ意味で使っている。

第8章 食品商圏解析の概念と方法と空間消費吸引率の諸関係
－GMSの食品商圏およびスーパーの商圏－

8.1 食品空間消費吸引率および消費率と店全体の選択確率との関係

　第7章の買回り品商圏解析はGMS2の店全体商圏を解析するときに用いる。より小型のGMS1以下のスーパーの顧客率商圏解析は、買回り品の品揃えが弱いことから、以下の食品商圏解析で行われる。

　食品商圏解析では、選択集合はSM1まで加わって {gms2,gms1,sm2,sm1} となる。この場合は食品スーパーであるSM1との比較でGMSを選択候補に入れるのであるから、**食品目的の店舗選択行動**ということになり、得られる商圏は**食品商圏**となる。これに対して選択集合を {gms2,gms1,sm2} とする場合は、店全体をモデレートスケールの買回り品を中心に選択する行動で、得られる商圏は**店全体商圏**で、GMSにとっては**買回り品商圏**というべき商圏となる。集合 {gms2,gms1,sm2,sm1} の中のj店をj {gms2,gms1,sm2,sm1} と記し、集合 {gms2,gms1,sm2} の中のj店をJ {gms2,gms1,sm2} と記して、選択集合の違いによる選択確率の意味と両者の関係を探る。

　まず選択集合 {gms2,gms1,sm2} におけるj店選択確率と食品消費との関係を調べる。ここでは丁目ではなく確率帯で考えることとし、店全体商圏の確率代表値を ℓ で記す。今、GMSの確率帯 ℓ での**食品空間消費吸引率**を、次のように定義する。

　　店の理論確率帯 ℓ での食品空間消費吸引率 $F(\ell)$
　　　＝(ℓ の実効顧客数×ℓ の顧客世帯の月間平均食品購入額)／
　　　　(ℓ の世帯数×世帯当たり月間平均食品消費需要額)
　　　＝(ℓ の実効顧客数／ℓ の世帯数)×(ℓ の顧客世帯の月間平均食品
　　　　購入額／世帯当たり月間平均食品消費需要額)
　　　＝店全体商圏の ℓ の実効顧客率×ℓ の顧客の食品消費率 $S(\ell)$
　　　≒店全体の理論顧客率 ℓ ×ℓ の顧客の食品消費率 $S(\ell)$

$$= P(\ell, J\{\text{g m s 2}, \text{g m s 1}, \text{s m2}\}) \times S(\ell)$$

ここに

$S(\ell) = \ell$ の顧客の食品消費率
　　　 $= J$ 店の ℓ の顧客 1 世帯当たり月間平均食品購入額／
　　　　顧客 1 世帯当たり月間平均食品消費需要額

　ここで顧客 1 人当たり月間平均食品消費需要額は、実際に計算する場合は、店の足元の確率代表値 80％の確率帯の顧客の**平均購入額（購入しない人を含めた平均）**を用いる。これはハウスカードデータベースより推計できる。つまり $S(\ell)$ は $\ell = 80\%$ 確率帯で $S(\ell) = 1.00$ とする確率帯別消費率である。この分母の平均食品消費需要額は**個店の食品マーチャンダイジングに対する消費需要**という意味となる。食品商圏解析を行う場合にこの値を必要とするわけではないが、この食品商圏モデルを実証検証するときは必要となる。このモデルビルディングを理解するうえでは、概念的に了解しておけばよい。

　この $S(\ell)$ は、GMSでは図 8.1 のような事例パターンとなる。ℓ と共に減衰するのは、食品を主目的としない顧客の割合が距離と共に次第に増大するためである（第 9 章 9．1 節参照）。しかしGMSではクロスショッピング効果のために遠方でも食品の 1 世帯当たり食品消費率は 5 割程度までしか下がらない。こうして食品空間消費吸引率 $F(\ell)$ は、

食品空間消費吸引率 $F(\ell)$
$$= P(\ell, J\{\text{g m s 2}, \text{g m s 1}, \text{s m2}\}) \times S(\ell) \tag{8.1}$$

と表わされることが判った。ここでの ℓ は、顧客が店を全体として選択する場合の ℓ であるが、そのことは大文字 P と S でも表現されているので、ℓ の代わりに地点ないし丁目代表点もしくは地点 i を用いて次のように書くこともできる。

食品空間消費吸引率 $F(i)$
　＝店全体の顧客率 $P(i)$ ×食品消費率 $S(i)$ 　　　　　　　　　　　(8.2)

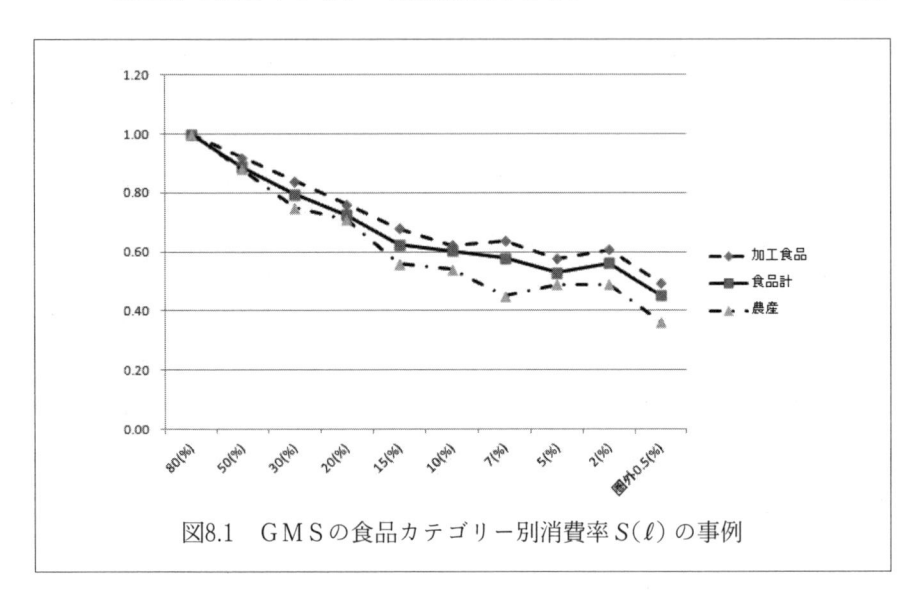

図8.1　GMSの食品カテゴリー別消費率 $S(\ell)$ の事例

8．2　任意のカテゴリーの空間消費吸引率および消費率と店全体の選択確率（顧客率）との関係

　次に、食品も含めて任意の商品カテゴリー k でも、8.1～8.2式は成り立つので、GMSの**カテゴリーkの空間消費吸引率**に関しても一般に次のように書ける。

$$F(k,\ell) = P(\ell, J\{\mathrm{g\,m\,s\,2, g\,m\,s\,1, s\,m2}\}) \times S(k,\ell) \quad (8.3)$$

ここに

　　$S(k,\ell) = \ell$ の顧客の J 店における世帯当たり k カテゴリー消費率

である。すなわち、

 カテゴリー k の空間消費吸引率 $F(k,\ell)$
 ＝店全体の顧客率 $P(\ell)$ ×消費率 $S(k,\ell)$ (8.4)

という関係となる。ℓ の代わりに地点ないし丁目代表点 i を用いて次のように書くこともできる。

 カテゴリー k の空間消費吸引率 $F(k,i)$
 ＝店全体の顧客率 $P(i)$ ×消費率 $S(k,i)$ (8.5)

 定義により足元80％商圏では $S(k)=1.00$ となる。一般に $S(k,\ell)$ は、最寄品ないし中間品では食品と同様に ℓ と共に、あるいは距離と共に減少するが、ＧＭＳの買回り品では、減少率は小さく、1.00 に近いか、場合によっては 1.00 を超えることもある。このような事例図はすでに第1章でも見た（図1.3、1.4）。住余関連分野には雑貨などの最寄品も多く含まれている。衣料品の中にも服飾やインナーウェアのようにあまり到達距離の長くないものも含まれている。こういうものを除いてカテゴリー別に見たとき、買い回り性の強い、あるいは財の到達距離の長い商品はおおむね $S(k,\ell)\fallingdotseq 1.00$ と見ることができる。したがって（8.4）を遠方からの**集客力の強い買回り品カテゴリー**に適用すると、

 $F(\ell) \fallingdotseq P(\ell, J\{\mathrm{gms2, gms1, sm2}\})$ (8.6)

あるいは地点 i において

 $F(k,i) \fallingdotseq P(i)$

すなわちＧＭＳが強い**買回り品カテゴリーの空間消費吸引率は、店選択確率に等しい**、ということになる。

8.3 食品商圏解析における選択確率と食品空間消費吸引率との関係

次に選択集合 ｛ｇｍｓ２, ｇｍｓ１, ｓｍ２, ｓｍ１｝ における商圏解析、つまり**食品商圏解析**における j 店選択確率と食品消費との関係を調べる。選択集合にｓｍ１まで加えて選択をするということは、GMSも、食品購買目的で比較選択される、という意味に他ならない。また同じ ℓ でも、選択肢が大幅に増える結果、地理空間上の実際の距離は、選択集合 ｛ｇｍｓ２, ｇｍｓ１, ｓｍ２｝ における ℓ よりも相当に縮まるので、区別するために"**食品選択における ℓ を z と書く**"ことにする。また食品商圏解析における選択確率を**小文字 p** で表わす。(8.1) は選択集合の選択肢が増えても成り立つので、

食品空間消費吸引率 $F(z)$
　＝食品選択顧客率 $p(z)$ ×食品消費率 $S(z)$

と表わされる。異なるのはこの $S(z)$ である。食品購買目的で j 店を効用最大として選択するということは、この食品目的の顧客の場合は食品消費率に距離減衰が起こらないであろうということである。すなわち食品カテゴリーに関して z によらず $S(z) = 1.00$ となるであろう。したがって選択集合 ｛ｇｍｓ２, ｇｍｓ１, ｓｍ２, ｓｍ１｝ における選択では、

食品空間消費吸引率 $F(z)$
　＝ $p(z, j\{\text{ｇｍｓ２, ｇｍｓ１, ｓｍ２, ｓｍ１}\})$ 　　　　　(8.7)

となる。z の代わりに地点 i を用いて、

食品空間消費吸引率 $F(i)$
　＝ $p(i, j\{\text{ｇｍｓ２, ｇｍｓ１, ｓｍ２, ｓｍ１}\})$ 　　　　　(8.8)

と書くこともできる。

GMSでは、i地点の店全体商圏に関しては（8.5）が成り立つが、この食品空間消費吸引率は地点iでは（8.8）と同じ値であるから、次のように書ける。

食品空間消費吸引率 $F(i)$
　$= p(i, j\{\mathrm{g\,m\,s\,2, g\,m\,s\,1, s\,m\,2, s\,m\,1}\})$
　$=$ 店全体の顧客率 $P(i) ×$ 食品消費率 $S(i)$ 　　　　　　　　(8.9)

　この関係は非常に重要である。というのは、GMSにとって、確率$p(i, j\{\mathrm{g\,m\,s\,2, g\,m\,s\,1, s\,m\,2, s\,m\,1}\})$を集計型ロジット商圏モデルで計算しても、これに相当する現実のデータは存在しない、すなわち食品購買目的のみで来店する顧客はGMSでは存在しないからである。したがって確認する方法も利用する方法も無い。しかし（8.9）によれば、GMSの$p(i, j\{\mathrm{g\,m\,s\,2, g\,m\,s\,1, s\,m\,2, s\,m\,1}\})$は、食品空間消費吸引率$F(i)$であり、それは店舗を全体として選択する確率$P(i, j\{\mathrm{g\,m\,s\,2, g\,m\,s\,1, s\,m\,2}\})$に$i$の食品消費率$S(i)$を掛けたものに等しいが、いずれも計算可能で、対応するデータも存在するからである。

　$p(i, j\{\mathrm{g\,m\,s\,2, g\,m\,s\,1, s\,m\,2, s\,m\,1}\})$の計算を**食品商圏解析**（より正確には食品空間消費吸引率解析）と呼ぶことにすると、"GMSの場合"、地点iに関して上記を次のように要約できる。

食品商圏解析で計算されるGMS選択確率 $p(i)$
　$=$ 食品空間消費吸引率 $F(i)$
　$=$ 店全体顧客率 $P(i) ×$ 店全体の顧客1世帯当たり食品消費率 $S(i)$
　$\ll$ 店全体の顧客率 $P(i)$

一方、商圏の狭い"SM1の場合"では、この店全体の顧客の食品の$S(i)$の距離低下は顕著ではないので、つまり$S(i)$が1.00に近いので、店舗規模が小さくなるほど、

食品商圏解析の小型店の選択確率 $p(i)$

第8章　食品商圏解析の概念と方法と空間消費吸引率の諸関係　163

＝食品空間消費吸引率 $F(i)$
　　≒店全体の顧客率

となるであろうことが推測される。ＳＭ１にとっては、食品商圏解析の選択確率 $p(i)$ は、ほぼ店全体の顧客率商圏そのものとなる。したがって来店頻度から考えてＳＭ１で計算される固定客数は、おおむね**週末顧客数**に一致するであろう。そしてこのことに関してはいくつかの店で確認済みである。

8.4 食品商圏解析モデルの具体的構築法

基準年の食品店舗データベース：
　消費者が"食品購買目的"で、店舗を選択する場合は、近隣のＳＭ１も対象になるから、食品商圏解析の選択集合は {ｇｍｓ２,ｇｍｓ１,ｓｍ２,ｓｍ１} となる。
　店の集客は店全体の魅力度に基づくので、直営売場面積と、個店魅力度係数 A_j は、店全体のものを用いる。ＧＭＳ２，ＧＭＳ１，ＳＭ２の魅力度は、ＳＭ１が加わることで相対的に下がる。つまり A_j は同じでも商圏は狭くなる。したがって各店の顧客数も減少する。ＧＭＳの食品売上は、モデル上、この計算される顧客数で購入されるが、この顧客数は現実に対応するものが無く、"仮想の食品顧客数"となる。論理的にはこの顧客数で食品売上を割ると平均食品購入額比率 C_j を求めることができる。**解析は店舗全体の A_j とこの見かけ上の食品 C_j を中心に行われる。**ところが、店舗データベース上、各店の"食品売上に関する情報はない"。そこで業態別食品構成比の一般的傾向を用いて、データベース上で"見なし食品売上"を次のように設定して、"基準年食品店舗データベース"とする。

　　◎ＳＭ１の食品売上構成比を 100%、
　　◎ＳＭ２の食品売上比率を 80%、
　　◎ＧＭＳ１の食品売上比率を 65%、
　　◎ＧＭＳ２の食品売上比率を 50%、

この店舗データベースを用いて選択確率商圏と"仮想の食品目的客数"を計算し、食品 C_j を求める。選択確率は、意味上は**食品空間消費吸引率**である。ＳＭ１では**顧客率**に等しく、計算上の顧客数は現実の実顧客数と見做せる。この食品売上比率は、情報不足のためにこうするので、情報のある既存店に関しては、その店の食品売上比率を用いることができる。

基準年以降の食品商圏解析：
　基準年以降の既存店では、エリアに参入退出があり、個店の売上も変化するので、売上が判明している店に関しては、今度は、C_j は変わらないとして、A_j が変化したとして、この A_j を推計する。選択集合外の要因による C_j の変化が商圏内に起こっているときは、C_j も変化するので、A_j ではなく、C_j に売上変化の原因を求める場合もありえる。特にＳＭの商圏は、ＧＭＳの場合と異なって、近隣の環境の影響を強く受けるので、多角的な検討を要する。

参入店の予測計算：
　参入店の予測計算では、直営売場面積とともに魅力度係数 A_j と平均食品購入額比率 C_j を設定するが、既存店の解析結果と立地環境を吟味し、複数ケース設定する。とりわけ近隣競合店との相対的な差異の設定が重要で、このために近隣他店の売上情報をもとに他店の A_j（集客力指標）をあらかじめ推計しておくことが重要である。
　ＧＭＳ２、ＧＭＳ１、ＳＭ２の店全体売上推計は、食品商圏解析の計算結果から、次のように食品店舗データベース構築法の逆算法で計算する。

◎ＳＭ１の食品売上を 1.00 倍、
◎ＳＭ２の食品売上を 1.25 倍、
◎ＧＭＳ１の食品売上を 1.54 倍、
◎ＧＭＳ２の食品売上を 2.00 倍、

　個々の店の品揃え構成（マーチャンダイジング）に依らずこの方法で計算する。マーチャンダイジングに依らないのは、データベースをこの関係

で構築しているので、魅力度の相対的な関係 A_j と平均購入額 C_j もこれで決定されているためである。ただし現実の食品売上構成比を用いた既存店では、その逆算法を用いる。

8.5 食品商圏解析における選択確率＝食品空間消費吸引率の実証検証－ＧＭＳ食品商圏とＳＭ商圏の事例－

大型ＧＭＳの確率帯別検証：

　図8.2 は、大型ＧＭＳの場合、選択集合 ｛ｇｍｓ２, ｇｍｓ１, ｓｍ２, ｓｍ１｝で計算した選択確率は、意味上食品空間消費吸引率に等しいことを検証したグラフである。縦軸は食品空間消費吸引率、横軸の確率代表値は食品解析のもの、すなわち z である。理論確率代表値 $x(=z)$ とその確率帯上でハウスカードデータで観測された食品空間消費吸引率 y との決定係数は表8.1 のとおりである。

　グラフ上でみると、店によっては必ずしも適合度がよくないケースがあるが、エリア内全店の食品売上情報を上記の仮定で解析しているためであ

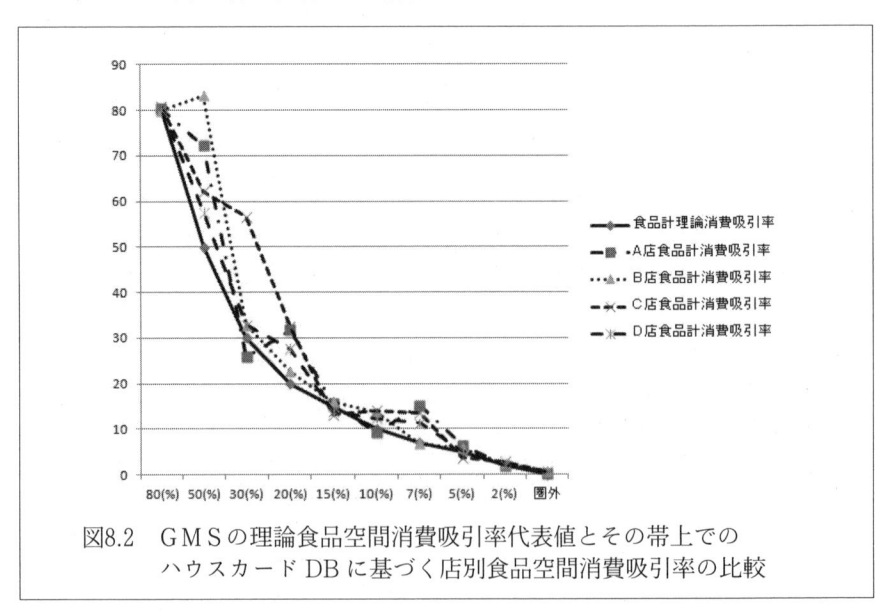

図8.2　ＧＭＳの理論食品空間消費吸引率代表値とその帯上での
　　　　ハウスカード DB に基づく店別食品空間消費吸引率の比較

A店の	$r(x,y)^2$	0.990035
B店の	$r(x,y)^2$	0.896305
C店の	$r(x,y)^2$	0.895075
D店の	$r(x,y)^2$	0.977859

表8.1　4店食品空間消費吸引率決定係数

り、特に近隣競合店のある程度正確な売上情報があれば適合度は向上するものと思われる。スーパーの解析では、対象物件の近隣の店舗の売上は、必ず現地調査で調べるので、解析の精度は上がるものと考えられる。

ＧＭＳ食品商圏の丁目別適合度検証と特徴：

　図Ｃ8.3はgg26の丁目別食品空間消費吸引率である。等高線は理論値である。このように適合度は非常に良いことが視認される。gg26の全体商圏（買回り品商圏）は、図Ｃ7.6および図Ｃ7.9（拡大）である。ＧＭＳ食品商圏は、選択集合にＳＭ1が加わるので、店全体商圏（買回り品商圏）よりもかなり狭くなる。しかし店全体魅力度で集客しているので、食品売場単独で、つまりＳＭとして集客していると見做す場合の商圏に比べると、非常に大きい、という特徴を持つ。gg26の近隣ＳＭ商圏との関係は図Ｃ8.4のようになり、それを包含するように見えるけれども、このＳＭはある範囲の寡占的商圏、すなわち定住人口の50％以上が固定客となる1次商圏（ふちは黒線40％確率ライン）を有する（ただし1次商圏の顧客構成比は人口分布に依存する）。その大きさは店舗間の距離でも異なってくる。ＧＭＳ食品空間消費吸引率商圏の丁目別適合度が良いということは、同じ選択集合に参加しているＳＭ1の商圏の適合度もかなりよいであろうと推察される。

　図Ｃ8.5はgg99の食品空間消費吸引率商圏を示す。ここでも適合度は非常に良いことが視認される。gg99の店全体商圏（買回り品商圏）は、図Ｃ7.13である。ここではs373とs706の周辺丁目の店全体の顧客率が理論値より低くなっていたが、食品商圏解析で見ると、このように理論値と矛盾しない形となり、買回り品を品揃えしないＳＭ1でも、ＧＭＳの全

体顧客率を下げるケースがあることを示している。これは s 373 と s 706 の周辺丁目の顧客の gg99 への訪問頻度が低いことを意味している。

小型スーパーの商圏の地理空間上での適合度検証
　－都内ＳＭの既存店解析例－：
　ＳＭ１の地理空間での集計型ロジット商圏モデルの適合度検証には、丁目顧客率を用いることは適切ではない。ＳＭ１の商圏の広がりは、都市部では 1500m 程度であり、その確率等高線の幅は、丁目の広がりに比べると非常に狭い。そこで検証は、丁目顧客率を用いず、確率等高線をマッピングし、街区ごとに顧客数を地図上で表示し、メッシュ分割によって街区世帯数を推計し、地図上で街区顧客率と理論選択確率を比較する、という方法が確認しやすい。この方法はデータが細かすぎて公開できないが、小型ＧＭＳの食品商圏解析で理論がよく合うことを確認している。
　小型スーパーでも集計型ロジット商圏モデルは論理的に整合的な解を得られるという間接的確認方法は、次のようなものである。図Ｃ8.6 において、4000 番の店は 830 ㎡、推定月商 9000 万円の小型スーパーで、駐車場が無く、自転車置き場は 30 台の店であるが、その推計商圏を示す（濃淡は 500m メッシュ人口密度）。この種の計算には、近隣店舗の売上調査を必要とする。4000 番の A_j は、0.81 と非常に小さく推計される（業態平均は 1.92）。商圏次数別顧客構成比は 1 次商圏（確率 40％以上）46％、2 次商圏（12～40％）31％、3 次商圏（4～12％）15％、4 次商圏（1～4％）8％であり、3 次商圏までの距離はおよそ 700～800m となっている。一般に徒歩圏はおよそ 600m、自転車圏は 1200m 位なので、この結果はこの店の特徴と整合的と言える。

第 9 章　人工的中心地の商圏の内部構造と小売空間競争の特徴

9．1　GMS商圏の内部構造

　商圏の内部構造として確認すべきは、距離の代理変数である確率代表値 ℓ に依存するいくつかの基本的量である。以下でこの基本量の特徴を見ていく。

空間消費吸引率曲線：
　第8章8．2節で導いたように、孤立店の空間需要曲線に代わるものとして、選択代替案の中から効用最大の店を選択する結果、**空間消費吸引率曲線**が得られる。すなわち、GMSの商品カテゴリーkに関して、

　　空間消費吸引率 $F(k,\ell)$＝顧客率 $P(\ell)$×消費率 $S(k,\ell)$　　　（8.4再掲）

あるいはより一般的に書けば、任意の商品カテゴリーに関して、

　　空間消費吸引率曲線＝顧客率曲線×消費率曲線　　　　　　　　（9.1）

となる。一般に0＜消費率 $S(k,\ell)$＜1、なので、空間消費吸引率は顧客率を下回る。ただし $S(k,\ell)$ は買回り品では1.00を上回ることもある。一般に $S(k,\ell)$ が1より小さくなるのは、来店回数が ℓ とともに低下するためである。買回り品の $S(k,\ell)$ の事例は図1.4にもあるが、1.00を上回っている確率帯があるのは、80％代表値のエリアの世帯当たりの消費よりも大きい消費となっていることを示し、この辺りで同グレードの買回り品競合店が少ないことや、特に商品属性が顧客属性に合っている（あるいは逆に80％代表値の顧客属性に合っていない）ことを示している。丁目別ハウスカードデータ分析はこういう着目から入っていく。

確率帯別顧客構成比と顧客数推計：
　確率帯別顧客構成比は、人口分布と確率帯の面積を反映して、顧客率のイメージとはかけ離れたものとなる。人口分布が比較的一様なら、図9.1のように比較的フラットな構成比となる。また、ハウスカードデータベースを用いて、

　　各確率帯顧客数＝確率帯のカード客数×実効倍率

として求めた顧客数と、

　　各確率帯理論顧客数＝確率帯内国勢調査一般世帯数×確率代表値

としてＰＣ（パソコン）上で確率等高線を用いて計算した理論顧客数とは、国勢調査時点以後に人口が急増減していないかぎり、非常によく一致し、合計顧客数もよく一致する（図7.12が実証図）。したがって、ハウスカードデータベースを用いなくても、個店ごとの商圏内の任意のゾーンの顧客数を推計できる。このことは理論商圏の現実適合度の傍証のひとつである

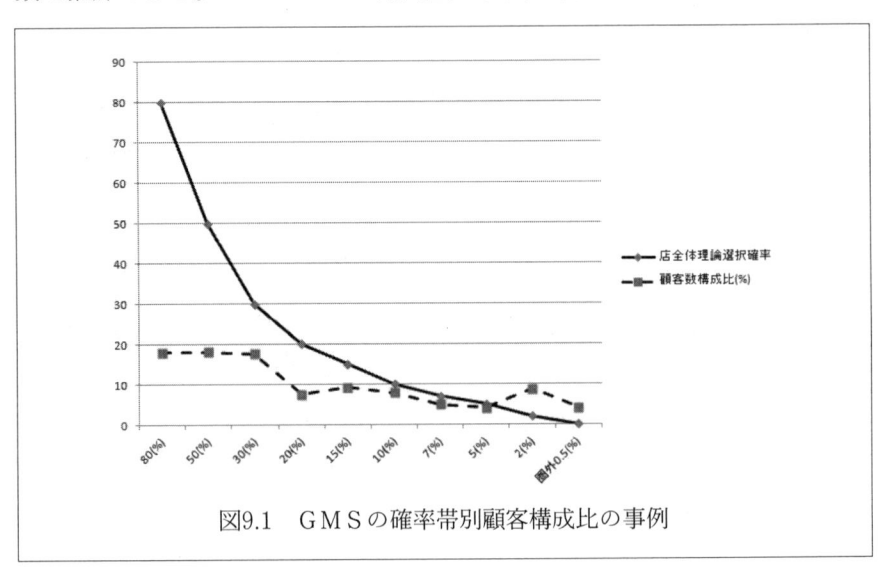

図9.1　ＧＭＳの確率帯別顧客構成比の事例

とともに、個店別エリアマーケティングに応用できることを示している。

圏外（顧客率はおよそ0.5％、この事例では12kmあたり）の顧客構成比は、この例では3％台だが、超過利潤というものを考えるとき、それはこの圏外と1-4％確率帯（代表値2％）からもたらされるので、この遠方の顧客は重要と言わなければならない。GMSは、モデレートスケールでなるべく長い商品到達距離を意図する必要がある。モール併設は最も効果的である。

顧客来店回数と選択目的と平均購入額：

月間来店回数は確率代表値 l とともに減少する。図9.2はその事例を示す。これは立地と商圏の大きさにより異なり、大きいほど平均回数は減少する。商圏の大きさは、GMSの店舗配置と魅力度で決まり、店舗密度が高くなると商圏は狭くなり、月間平均来店回数は増え、顧客1人当り月間平均購入額は増える傾向となる。

回数別の平均購入額の事例は図9.3のようになる。GMSでは8回以上来店する人は近隣を除けば少ない。店の周辺数百mの徒歩圏の範囲で、平均13回、となるが、そのあたりを特別エリアとすると、そこから離れる

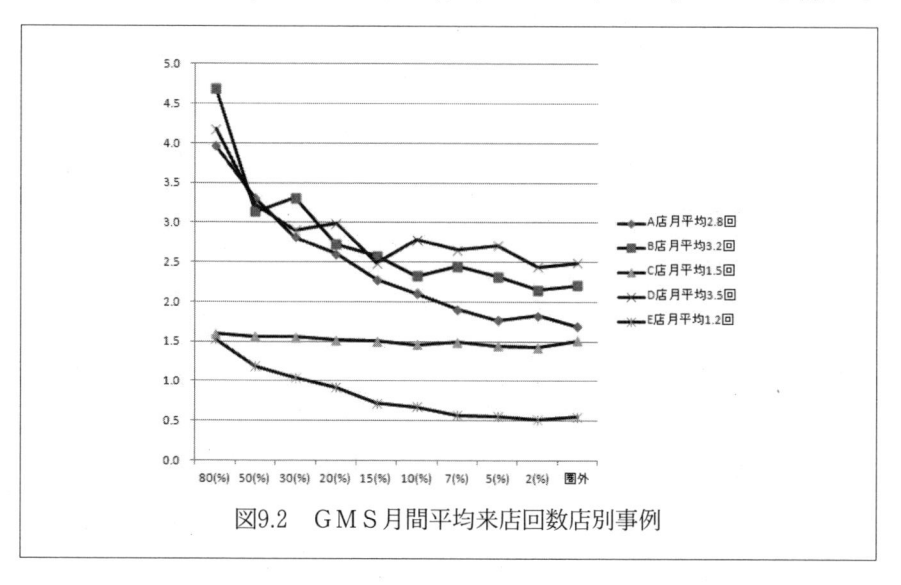

図9.2　GMS月間平均来店回数店別事例

と急速に減少する。

　都市圏の大型ＧＭＳにおける確率帯別の回数構成の事例は図9.4のようになる。この図は、集計型ロジット商圏モデルが意味することに関して示唆的である。モデルは選択集合のなかで効用最大として選ぶ1回についての確率であるが、期間で何回選ぶかは個人によって異なる。しかし消費者は合理的であるからには、同じ選択目的であれば、同じ選択をするであろうということが予期される。その場合、どの確率帯でも、距離によらず同じ選択回数のパターンとなることが期待される。実際、2回〜7回の顧客はどの確率帯でも安定しており、同じ選択を繰り返している。しかし月1回の顧客が遠方ほど増え、遠方では50％を超している。これは、毎回同一で安定的に選択する人と、月1回の人では、購入目的商品が異なることを示唆している。ＧＭＳは総合スーパーであるから、安定的に選択を繰り返す人は、目的の中に必ず食品を含めていると思われる。月に1回の人は、食品以外の買回り品がメインの目的で、毎回目的商品が異なると考えられる。同時にその目的商品はモデレートスケールのもので、ミニ市場ないし人工的中心地としてのＧＭＳで見出されるものと期待されているのであり、

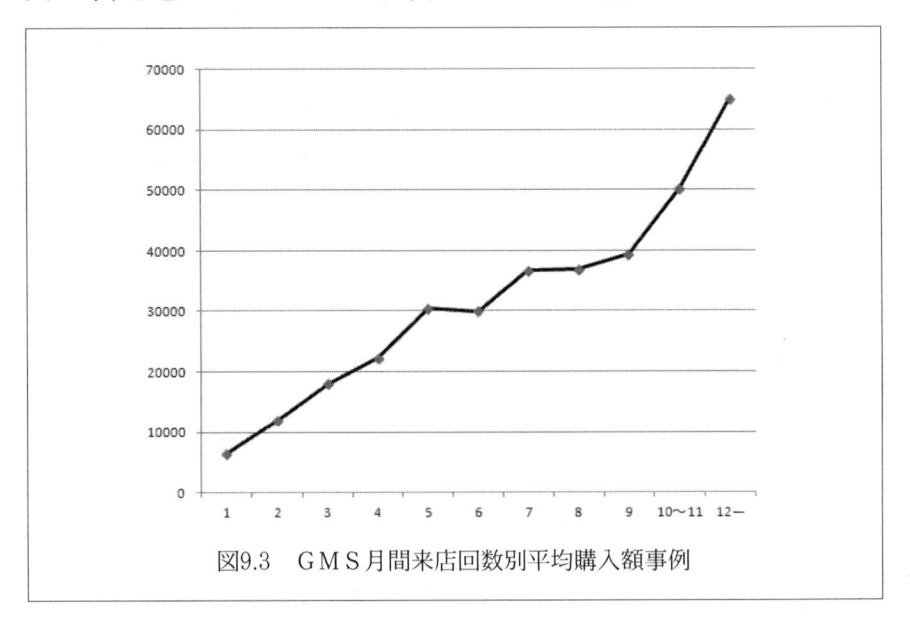

図9.3　ＧＭＳ月間来店回数別平均購入額事例

"店舗選択目的"は"ミニ市場"としてのGMSなのである。また、注目すべきは80％代表値の確率帯でも22％ほどの顧客が月1回の選択だということで、この人たちは明らかに食品を買う目的では、他の店の固定客なのである。

このように都市圏のGMSの顧客ですら月1～2回の来店回数の人が60～80％であるということは、以前行われていた"**来店客調査**"という標本調査では、"**商圏を把握することは不可能**"であること意味する。来店客調査の母集団は調査当日の来店客であり実施されても居住地顧客の多くが母集団から抜けてしまうので、"**商圏を非常に狭く見る**"結果となる。GMSの商圏を正確に把握する最善の方法はハウスカードデータベースを用いる方法である。次に簡便で高い精度で推計できる方法としてこの集計型ロジット商圏モデルがある。なお、商圏を把握することは、ゾーン別販売促進方針や対競合店政策や店のマーチャンダイジング政策を検討するベースとして欠かせない。

多目的中心地としてのGMSは、いろいろな目的で集客できる。合理的選択は目的に導かれているが、店舗選択の場合、その選択目的は個々の商

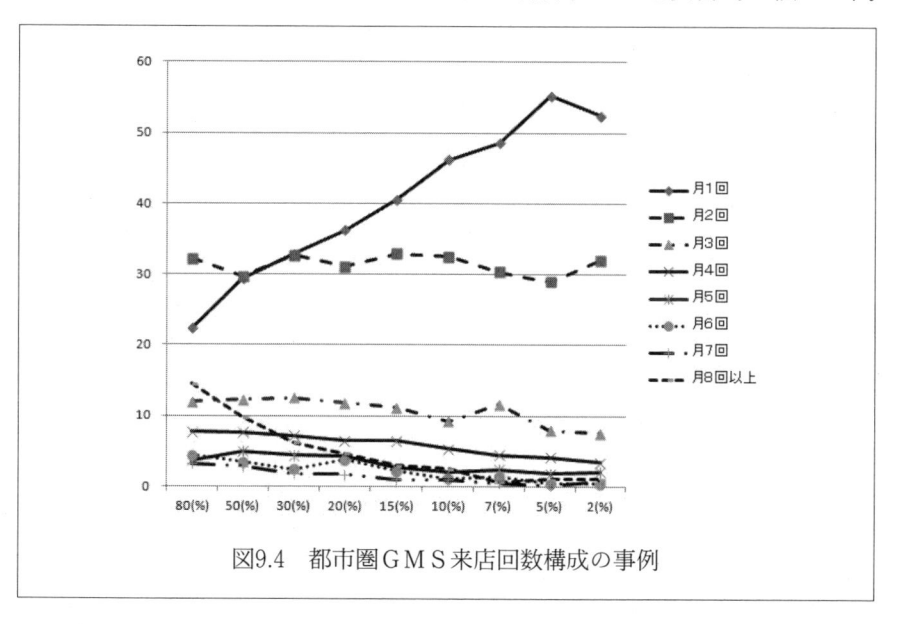

図9.4　都市圏GMS来店回数構成の事例

品に結び付いているというよりも、**多目的の欲求に応える「ミニ市場」**としての性格に結び付いており、その観点から選択されるということがこのような来店回数構成となって現われている。個々の消費者の店舗選択を年間で見るとき、ミニ市場としてのＧＭＳが扱う商品のうち、特定の商品購入目的が重視され、それが当該店あるいは他のＧＭＳを選ぶことにつながるということはもちろんある。この場合は店舗選択目的＝特定商品購入目的、なので目的が異なる選択行為なのである。そしてその場合は特定商品購入で目的を達するので、リピート選択はないのである。

　合理性を個々の商品カテゴリーに結び付け、毎回の選択を選択理論が扱えるというように考えることは、対象がＧＭＳとスーパーの場合は、誤りなのである。ロジット商圏モデルが現実の丁目顧客率を記述できるということは、消費者がミニ市場選択という目的のもとにＧＭＳを選んでいることの証左なのである。消費者が店舗をミニ市場と考える背景には思考における**認知的経済性**がある。

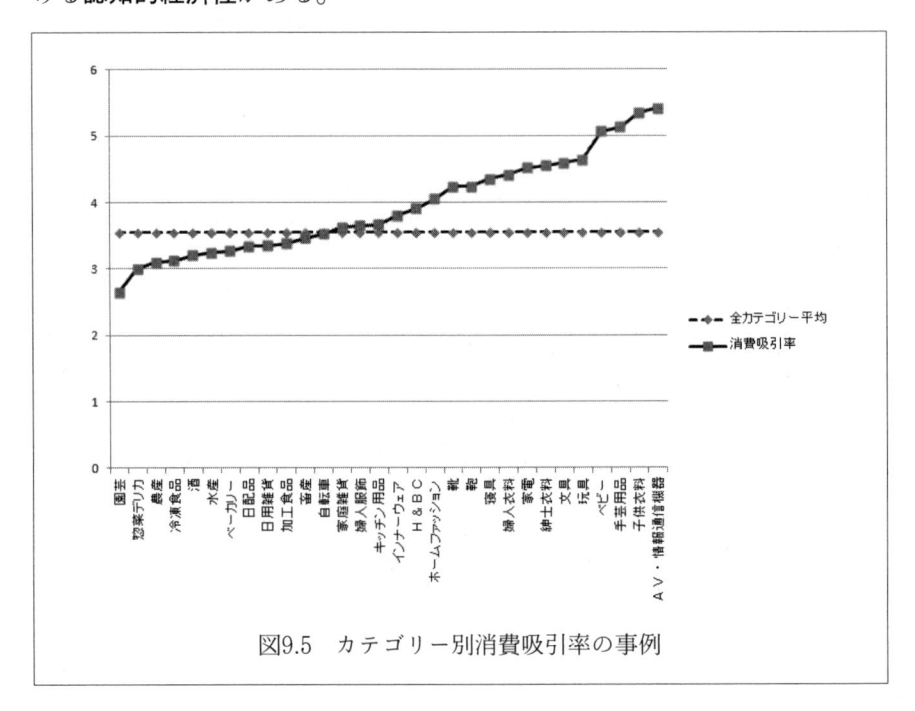

図9.5　カテゴリー別消費吸引率の事例

一方、皮肉なことにミクロ経済学では、合理性を精密マシンのように機能すると考えがちなのである。
　たとえばミクロ経済学では、簡単なモデルに基づき、食品の家での在庫コストと買い物移動コストとの比較で、店に近いほど移動コストが低下するから、多頻度・小口の購買行動が選ばれる、と説明される（注：丸山・成生 1997）。しかしこのような説明が有効なのは、おそらく徒歩圏と自転車圏（1km 程度）までである。距離が有効に作用するのは地点の"**顧客率に対して**"である。ある店がひとたび選択された以上、買物リピート回数は、図 9.4 のように食品を主目的に含む場合は"**距離に無関係**"なのである。

カテゴリー別消費吸引率：
　中心地としてのGMSが構成する財の到達距離を測るメジャーの一つに消費吸引率がある。ハウスカードデータベースを用いれば、自店のいかなるカテゴリーの消費需要も推計できる。その方法は足元の代表値80％エリアの顧客の平均購入額（購入しなかった人を含めた）を消費需要とするというものである。それによって商圏全体の全一般世帯の消費需要の何％を吸収しているかを計算できる。その事例を図 9.5 に示す。エリア内に供給ポイントが少なく、到達距離が長いほど、平均消費吸引率は高くなる。吸収額の絶対額はまた別であるが、この消費吸引率が高いカテゴリーほど、遠方から顧客を引き付けている。食品カテゴリーの中では"加工食品"と"肉類"が高い。同様の分析は各確率帯ごとあるいは丁目ごとに行うことができるが、これもハウスカードデータベース分析の着目点である。

9.2 商圏の形状と小売空間競争の指標

　集計型ロジット商圏モデルは距離に関してベキ乗（2.4 乗）で減衰するが、これによって顧客率商圏の形状は、中心である店を中心に富士山のように顧客率曲線が急減する形状となる。その裾野に当たるエリアは広い。この形状を念頭に分析の便宜上、1次商圏〜4次商圏を次のように定義するのが便利である。

1次商圏：顧客率100〜40%。確率代表値でいえば80%帯と50%帯を合わせたもの。人口の半数以上が固定客となるので、**寡占的エリア**であり、ここの顧客構成比が大きいと利潤率は大きくなる。なお**主要商圏**は、顧客構成比が店の足元から積算して50%を超える確率ラインの内側のエリアで、人口分布に依存する。

2次商圏：顧客率40〜12%。確率代表値でいえば30%帯と20%帯と15%帯を合わせたもの。2次商圏以下のエリアは他店との顧客争奪戦が厳しく行われる**競争的エリア**である。

3次商圏：顧客率12〜4%。確率代表値でいえば10%帯と7%帯と5%帯を合わせたもの。

4次商圏：顧客率4〜1%。確率代表値でいえば2%帯（厳密には2.5%だが整数で表示）。3〜4次商圏はGMSでは買回り品を中心とする多目的購買の顧客が多くなる（図9.4）。SMでは特徴のある商品の購買を目的とする人の割合が増えるであろう。

圏外：顧客率1%未満。

店番	立地の競合度	1次商圏	2次商圏	3次商圏	4次商圏
189	寡占的立地	69.5	19.2	8.6	2.7
170	寡占的立地	66	15.7	11.6	6.7
496	寡占的立地	60.8	22.3	12.3	4.6
172	中間的立地	48.2	19.9	18.4	13.4
198	中間的立地	47.7	25	18.2	9.2
158	中間的立地	41.8	24.2	19.8	14.1
532	競争的立地	27.7	36.3	26.7	9.3
117	競争的立地	21	49.3	18.4	11.3
362	競争的立地	20.8	31.1	32.5	15.7
115	競争的立地	13.9	28.4	40.2	17.5

GMS-SM2確率帯別顧客数構成比

表9.1　商圏次数別顧客構成比事例

確率帯ごとの顧客数の構成比は、人口分布に依存し、非常に多様である。人口分布が比較的一様なエリアでのGMSの例は図9.1のようになる。遠方でも顧客数構成比が減少しないのは、確率帯の面積が外側ほど広くなるからである。
　1次商圏（寡占的エリア）の大きさは、近隣競争店との距離関係で決まる。店舗間隔が離れているほど大きくなる。相互に接近しているほど、つまり店舗密度が高いほど狭くなる。
　店別商圏次数別顧客数構成比の事例を表9.1（GMS～SM2）、表9.2（SM1）、に示す。GMSでは1次商圏の顧客数構成比が多い**寡占的立地**は比較的多いが、SM1では、店舗密度が高くなってきているので、2次商圏以下の顧客の構成比が多い**競争的立地**が多くなってきている。競争的立地では、**競争政策が重要**であるが、集計型ロジット商圏モデルが成立しているということは、競争の本質は、定数効用モデルと異なって、**固定客化競争**なので、**顧客デモグラフィックス分布に合った品揃え政策**が重要となる。近隣の店舗密度が低く1次商圏の範囲が広いにもかかわらず1次商圏の顧客構成比が低くなっているケースがあるが、これは足元の人口密度が低いためで、こういう立地では、2次商圏のあたりに他社が参入すると、

SM1 確率帯別顧客数構成比

店番	立地の競合度	1次商圏	2次商圏	3次商圏	4次商圏
1299	寡占的立地	64.7	15.5	10.9	9
1132	寡占的立地	63.5	23.4	10.7	2.4
1301	寡占的立地	59	17.6	15	8.5
1135	中間的立地	49.9	33	11.9	5.2
1139	中間的立地	42.1	34.2	16.3	7.3
960	中間的立地	40.1	42	11.9	6
1133	競争的立地	29.6	40	23.7	6.7
1112	競争的立地	22.5	42.5	27	8
3005	競争的立地	17.3	40.8	33.8	8.1
957	競争的立地	12.7	28.1	50.4	8.8

表9.2　商圏次数別顧客構成比事例

一気に経営が困難になるはずであり、潜在的に競争にさらされているということになる。

このようにGMSやスーパーの個店の商圏は、おのおの**寡占的エリア**と**競争的エリア**の双方を抱えており、そのどちらのウェイトが大きいかで営業政策と競争政策が異なってくる。

9.3 既存店の需要吸収力指標 C_j の決定要因と選択集合外競争店（小型店 or 異業態店）の影響

店舗は、

魅力度＝魅力度係数 A_j ×売場面積

によって固定客を集客しているので、A_j は**集客力指標**とも言われる。一方、計算される固定客数から、

顧客月平均購入額＝月間売上／固定客数
　　　　　　　＝消費者月間物品消費額×比率 C_j

によって j 店の**需要吸収力指標** C_j が計算される。ここに消費者月間物品消費額は、2004年でおよそ月間10.5万円であり、その後この額はあまり変化していない（2010年で10万円程度）。計算される C_j は店舗間で比較可能である。そこで A_j と C_j には一般にどのような関係があるか、その決定にはどのような商圏環境が反映されているか、が明らかにされる必要がある。

集計型ロジット商圏モデルでは、ハフモデルと異なって、需要は配分されるのではなく、**それぞれの店舗が吸引する**のである。このためGMSの店全体（買回り品）商圏を計算するときは、個店の商圏と顧客数には、選択集合とそれに含まれる各店の A_j の大きさが反映するが、需要吸収力指標 C_j には店固有の需要吸収力のほかに、顧客の来店回数構成と商圏内の選択集合外の間接的競争店（特にSM1）の需要吸収力が反映される。

一般的に言えば、集客力 A_j が小さければ、商圏は狭くなり、来店回数の多い顧客の割合が増えるので、需要吸収力指標 C_j は大きくなる。逆に集客力 A_j が大きいと、商圏は広くなり、来店回数の少ない顧客の割合が増えるので、C_j は小さくなる（図 9.2、図 9.3）。

　A_j と C_j との関係は、一般論としてはこういうことなのだが、個別に見ればこのような一般則に合わないようないろいろな場面が生じる。まず A_j が大きくなるとともに商圏が広くなる、というのは、同じ場所かもしくは類似の店舗配置の中での比較の話で、一般には商圏の大きさは A_j だけで決まるのではなく、店舗配置も関係してくるからである。店舗密度が高ければ、A_j が大きくても商圏は広がらない。逆に店舗密度が薄ければ、A_j が小さくても商圏が大きくなることはある。つまり商圏の広さ狭さは、A_j だけでなく、周辺の店舗数と、周辺の店舗の A_j との相対的値にもよるので、A_j の大きさよりもまず、商圏が広いか狭いかのほうが C_j の値が決まる先行条件なのである。また、商圏が狭くても広くても、1次商圏内に多くの選択集合外競合店、特に2500㎡未満の小型スーパーＳＭ１を抱える場合は、それらに需要を食われるので、C_j は下がるのである。

　そこで具体的な事例で、この A_j と C_j の関係を検討して見る。図Ｃ9.6は2004年の埼玉県中央部のＧＭＳ－ＳＭ２選択集合の店舗配置を示した

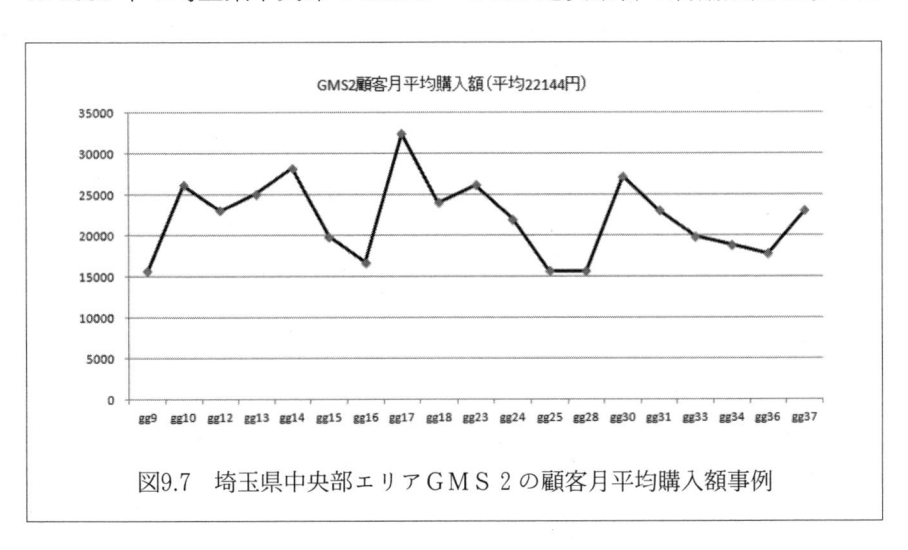

図9.7　埼玉県中央部エリアＧＭＳ２の顧客月平均購入額事例

ものである。濃淡は 500mメッシュの世帯密度を示す。このエリアを商圏解析し、各店の顧客数を計算し、これで月間売上を割って月平均購入額を計算すると、大型のＧＭＳ２の場合、図 9.7 のようになる（記号は店番）。平均値 22144 円に対して個店別には 16000 円から 28000 円位まで差異がある。この差異を見極めることが商圏解析のポイントとなる。この月平均購入額の経年変化は、2000 年から 2004 年へは、当時の不況を反映して家計調査の物品消費総額および食品消費額と同様の割合で大きく落ち込み、その後 2007 年は 2004 年と変わらないことが判明しているので、どのエリアでも経年変化率は家計調査とパラレルと考えられる。しかしエリア平均は、エリアを変えると、例えばエリアを神奈川県にすると、異なってくる。これは選択集合外店の展開状況、消費水準の違いなどを反映しているものと考えられる。

　この個店別 C_j と A_j とを比較し、上の一般原則を確認して見る。事例としてこのエリアを拡大して、各ＧＭＳ２の商圏を１次商圏（40％ライン）まで表示し、同時に選択集合に含まれないＳＭ１（●印）もマッピングしたのが図Ｃ9.8 である。（背景は 500mメッシュ世帯密度）。顧客構成比が 50％を超える"主要商圏"内でＳＭ１がどれくらい展開しているかが C_j の大きさに影響するので、この主要商圏を示す確率ラインが１次商圏（40％）よりも遠方になる店の各確率等高線（店によって異なり 30% or 20% or 15% or 10％のいずれかで、表 9.3 に記載）を示したのが図Ｃ9.9 である。

　これらの拡大エリアの各店の A_j、C_j と商圏状況の比較表を表 9.3 に示す。これらの図表から、商圏が広く、したがって C_j は小さいという原則が当てはまるのは、店番号 gg16、gg25、gg28、商圏が狭くしたがって C_j は大きいという原則が当てはまるのは、店番号 gg10、gg13、gg17、gg30 である。商圏が狭くても１次商圏もしくは顧客数 50％超の主要商圏内にある選択集合外競争店が４店ありそれらに需要を大きく食われているために C_j が下がっていると思われるケースは、gg9、gg15 である。同様にある程度需要を吸収されているのが gg12 と gg37 である。一般則では説明できない店は gg14 である。gg14 は特別に大きな売場面積のＧＭＳなので、食品よりも買回り品のウェイトが高く、周辺の小型ＳＭが多いに

もかかわらずその需要吸収力の影響をあまり受けなかったためと推測される。

ここに見たように、A_j と C_j の関係は、商圏が広いか狭いかだけでなく（これが基本だが）、選択集合外の小型スーパーＳＭ１の１次商圏もしくは顧客数50%超の**主要商圏**内における展開による需要吸収が関係している。なお**食品商圏解析**ではこれらの小型スーパーもすべて選択集合に取り入れるので、ここで行ったような C_j の検討は不要である。

新店参入のシミュレーションは、A_j と C_j を設定して行われるので、立地点の環境をこれらの視点から分析して設定することが重要となる。

既存店活性化対象店は、商圏解析の視点だけで決まるわけではないが、A_j が近隣の店と相対的に小さい店は、活性化の効果が相対的に大きいで

番号	固定客数	A_j	C_j	C_jの大きさ分類	顧客構成比が50%を超す商圏確率ライン	顧客構成比が50%を超す商圏内のモデル外競争店の数	顧客構成比が50%を超す商圏の広さの広狭	一般則の適合性	コメント
gg17	11841	0.64	0.31	大	10%	3	狭	適合	
gg14	30823	0.81	0.27	大	15%	12	狭	不適合	特大のＧＭＳで食品構成比が小さいので非常に多くのモデル外競争店の影響を受けない
gg30	25040	1.18	0.26	大	30%	1	狭	適合	
gg10	19834	0.79	0.25	大	30%	1	狭	適合	
gg13	28105	1.09	0.24	大	20%	3	狭	適合	
gg18	21676	0.79	0.23	中	１次商圏	1	狭	半適合	もう少し高くてもよい
gg37	31578	0.79	0.22	中	１次商圏	4	狭	適合	競合店による需要吸収
gg12	31538	1.05	0.22	中	20%	4	狭	適合	競合店による需要吸収
gg15	24723	0.8	0.19	中	１次商圏	4	狭	適合	競合店による需要吸収が大
gg16	38738	1.25	0.16	小	１次商圏	6	広	適合	
gg9	36645	1.02	0.15	小	30%	4	狭	適合	競合店による需要吸収が大
gg28	45606	1.32	0.15	小	１次商圏	9	広	適合	
gg25	51677	1.44	0.15	小	１次商圏	9	広	適合	
gg11	*	*	*						
gg29	*	*	*						

表9.3 埼玉県中央部エリアＧＭＳ２の A_j、C_j と商圏状況（2004）

あろう。活性化投資の目標は、投資によって近隣他店の A_j と比較して A_j がどのくらい増大するかという設定で、これによる集客数の増加は計算可能である。

9．4 ＧＭＳ近接立地の商圏構造と集積立地の"魅力度の法則"

競争相手が隣に近接立地するとどうなるであろうか。このような立地例は、ＧＭＳ対ＧＭＳ、ＧＭＳ対ＳＭ、ＳＭ対ＳＭで現実に見られ、重要な問題である。たとえばＧＭＳ対ＧＭＳの例は、津田沼、大和鶴間、古淵で、イオンとイトーヨーカドーのＧＭＳが近接立地している。ジョーンズ＆シモンズ 1990 は言う。

「競争相手の存在が空間需要曲線を変え、店舗にある商品の需要曲線を変えてしまう。もし競争相手が隣に店を構えると、**需要曲線全体が比例して低下**する。(注1)」（Jones, K. and J. Simons. 1990 藤田直晴・村山祐司監訳）

こうした見方をする人は、日本の専門家のなかにもおり、競争相手が隣に店を構えると、単独立地の場合よりも商圏が縮小して顧客が減る、と著書に書いている人もいる。

このように考える人は多いが、実は現実はもっと込みいっている。このような場合もあれば、全くそうでない場合もある。まず、この全く逆の場合を見ておく。

イトーヨーカドー津田沼店の隣にイオンが出店したのは 2003 年末だが、その直前のイトーヨーカドー津田沼店の商圏を推定したのが図Ｃ9.10 である（gg34、当時はダイエー津田沼店 gg70 があった）。2007 年の商圏を集計型ロジット商圏モデルで3通りの方法で計算して見たのが、図Ｃ9.11、図Ｃ9.12、図Ｃ9.13 である（イオンは gg69）。図Ｃ9.11、図Ｃ9.12 はそれぞれイオンとイトーヨーカドーが別々に商圏を張っていると仮定した場合である。この場合、売上を達成するには各々 $A_j=3.0$ 以上に仮定しなければならず、1次商圏（黒線）が著しく異なる結果となるが、それ以遠は共

通となる。1次商圏が空間的に分かれて小さくなる、ということは、ジョーンズ＆シモンズが言う"需要曲線全体が比例して低下する"事態に相当する。しかし現実はこうではない。また売上を達成するには A_j に関しても、C_j に関しても非常に無理な設定をしなければならない。

　図C9.13は、イオンとイトーヨーカドーを1店とみなし（gg888）、その商圏が両店の共通の商圏であるとし、その"合計の売場面積"が魅力度となって商圏を決めていると仮定して、$A_j=1.08$ として計算した場合である。C_j はイオン津田沼店のハウスカードデータベースから得られる値の2倍弱を設定している。現実はこの図C9.13のようになっており、ハウスカードデータベースが示す丁目顧客率とほぼ一致する。ただし北方の12％ライン（ピンク線）周辺の丁目顧客率は鉄道線の影響でもう少し右に寄っているが、両店は文字通り共通の顧客の消費需要をシェアしている。合計売上は、イオンが出店する以前にイトーヨーカドー津田沼店が売っていた売上の2倍弱程度となっている。

　この結果は、近接する立地の場合は、魅力度としての売場面積は合計され、その合計売場面積に魅力度係数を掛けた魅力度が集客する、ということである。つまりジョーンズ＆シモンズの主張とは異なって、現実は、

「もし競争相手が隣に店を構えると、両者の**合計魅力度＝魅力度係数 A_j ×合計売場面積が、両者共通の顧客率曲線および空間消費吸引率曲線を生成し、共通の顧客の消費需要をシェアする**。それは以前の単独店よりもより緩やかなものとなり、1次商圏が大幅に拡大し分厚く集客し、より遠方から集客する」

ということになる。集客する顧客数は人口分布に依存する。これは古淵や大和鶴間の近接立地のケースでも同様の結果となる。集客は近接集積立地全体で行われており、その魅力度は各店の売場面積を加算したものに魅力度係数 A_j を掛けたものとなっているのである。ただしそれぞれの A_j は1.00よりも幾分小さいものとなっている。これを**近接立地効果**もしくは**近接集積効果**ということができよう。

　こうした結果は、**集計型ロジット商圏モデル**で判明するものであるが、

企業家は、はるか以前にこのような大胆な意思決定をしていることには驚かざるを得ない。こうした事態はどの分野でも見られることで、企業家と一般人の気質の違いを表している。イアン・ハッキング1990の言い回しを借りていえば、理論家や分析者はいわば下手な賭け手で、あるいは臆病な賭け手と言った方がよいが、計算された確率表に基づいて安全に賭けるような人たちで、一方、企業家は、優れた賭け手で、自らの直感だけできっかり1回しかない偶然に、思い切って賭けることができる人たちなのである。理論家や分析者は、企業家が切り開いた世界を後からゆっくり考察するのである。しかし店舗密度が増し、確率計算の精度が上がってきたら、分析者の声に耳を傾けるべきなのであろう。

　近接立地効果はいつでも発揮されるというわけではない。まず2店の効用に全く差異がない、つまり完全に同質化していれば、ジョーンズ&シモンズの言うようになろう。つまり集積することで売上は単独の場合の2分の1になるであろう。

　津田沼の場合、売上は単独の場合の2倍になり、商圏は売面合計が張る商圏に一致するということは、消費者から見て、同じスケールの同業態でも、両店は**十分に差別化された異なる効用の店**である、と見做されており、かつ両店をまとめて**ひとつの選択目的地**と見做されていることを意味する。消費者から見て両GMSの効用は別のものであり、田村氏の言う競争マイオピアは起こっていないことの証拠でもある。

　実際、仔細に見れば、すべてのカテゴリーで同じ商品と言えるものはほとんどない。生鮮食品といえども、今日では品目、産地、生産者で違いがあり、それも毎日のように変化する。全く同じものは加工食品の中のNBだけであろう。

　同じ顧客の消費需要をシェアしているのだから、食品では価格競争で、デスマッチに陥ってしまう、ということにはならないか？という当然の疑問がわく。現実にはそうなっていないのは、両店とも一定の原資（売価変更予算）の範囲でしか価格競争を行えないからである。それを有効に使うべく、例えばチラシを打つ曜日を変えるとか、対象アイテムを変えるとか、いろいろとバッティングをしない工夫をしている。対象アイテムは膨大なアイテムの中のごく一部である。売変は時間帯の中でも行われる。つまり

価格に関しても、事情は毎日異なるので、消費者は両店をクロスショッピングする動機が十分に生じるのである。

　GMSは総合スーパーなので、おのずと差異があり、魅力度は加算されるが、スーパーが近接立地する場合はどうか。その魅力度は加算され商圏が単独立地する場合よりも拡大するかといえば、両店が十分製品差別化されていて、適度な価格競争があって、消費者にクロスショッピングする動機が生じるかどうかにかかっている、ということになる。その程度が弱ければ、魅力度は合計売面よりも小さくなり、商圏はあまり拡大せず、全体の顧客が少々増えたとしても、個店は単独立地よりも売上を減らす結果となる。スーパーの場合は差別化要素が相対的に少ないので、GMSのように丸ごと集積効果を発揮することはなく、顧客の奪い合いと価格競争が激しくなることが予想され、勝敗が明確になる可能性がある。

　近接立地効果が消え、両店が別々の商圏を張ることになるのは、両店がどの程度離れた時か？あるいは同じことだが、どの程度接近したら、両店は共通の商圏を形成することになるか？集計型ロジット商圏モデルから言えるのは、近接集積立地と見做せるかどうかは、消費者が2店（もしくはそれ以上の店でも構わないが）を一つの目的地として選択し両店を買い回る可能性がある、という条件を満たすか否かにかかっている、ということである。2店を買い回るには物理的条件もあり、入口間の距離が50m程度というような条件が想定される。数百m離れると少なくとも足元商圏は2分され、それ以遠の商圏は重なっても固定客は異なる傾向となろう。

　ダウンタウンは集積立地であり、クリスタラーの中心地に当たる。この集積の集客力は、買回り品集積の規模にかかっている。このことを中心地理論は"到達距離"と"店数"という概念で定性的に扱うだけで、集積するとその"到達距離"がなぜ伸びるのか、その距離は集積の程度でどのように変化するのか、説明できない。もちろんホテリングモデルすなわち差別化最小原理も説明できない。しかしロジット商圏解析からは、その理由が分かる。

「近接集積立地は、塊りつまり全体として一つの目的地として選択され、その魅力度は加算的なので、商圏の厚みが増しかつ拡大し、大幅に需要が

創造されるのである。それは個々の店が単独で集客できる顧客数の和をはるかに超える顧客を集める。集積の効果は関数パラメーター A_j で測定される。」

　人工的中心地としての集積つまり通常のショッピングセンターやモールやＧＭＳまでは、集計型ロジット商圏モデルで説明できることは実証されている。しかし東京都心の巨大集積地、例えば有楽町から銀座４丁目にかけてのエリアや、新宿駅東側の一帯は例外で、定住地の買物目的を持った消費者を集客するという集計型ロジット商圏モデルが予測するよりもはるかに多くの顧客を集めているのである。その程度はパラメーター A_j と選択ルールでは表現できない。その増加部分は、近辺の事業所従業者、遠方の旅行者、観光客、都市遊歩者、外国人旅行者などが担っている。ただし郊外のＳＣの集客数を計算するときは、都心の定住者集客力をモデルの中に組み込んでおく必要はある。

　カテゴリーキラーは中心地ではないが、それぞれのカテゴリーキラーで選択集合を形成し、その商圏はロジットモデルで説明できるであろう。パワーセンターは、これらのデスティネーション・ストアの集積であり、それぞれが異なる needs 商品の購入を目的とする店の集積なので、集積効果はあまり大きくないであろう。

9.5　ＳＭ立地参入と顧客争奪ゲーム

　ある地点に参入するということは、近隣他店から固定客を奪うことで成り立つ。集計型ロジット商圏モデルが成立するということは、参入は固定客争奪を巡る**ゼロサムゲーム**だということである。このゲームが安定するには数カ月から１年を要する。図Ｃ9.14は、ＧＭＳ60の北600mほどのところにＸという2000㎡のＳＭ１の店が十分な駐車場付で参入したと想定した場合の商圏図である。
　表9.4はＸが A_j という戦略で参入するときの顧客数（利得）と近隣他店が受ける影響度（奪われる顧客数の減少率）を示す。既存店の魅力度係数 A_j （ゲームの戦略に当たる）は、参入直前の推計で、短期には変わら

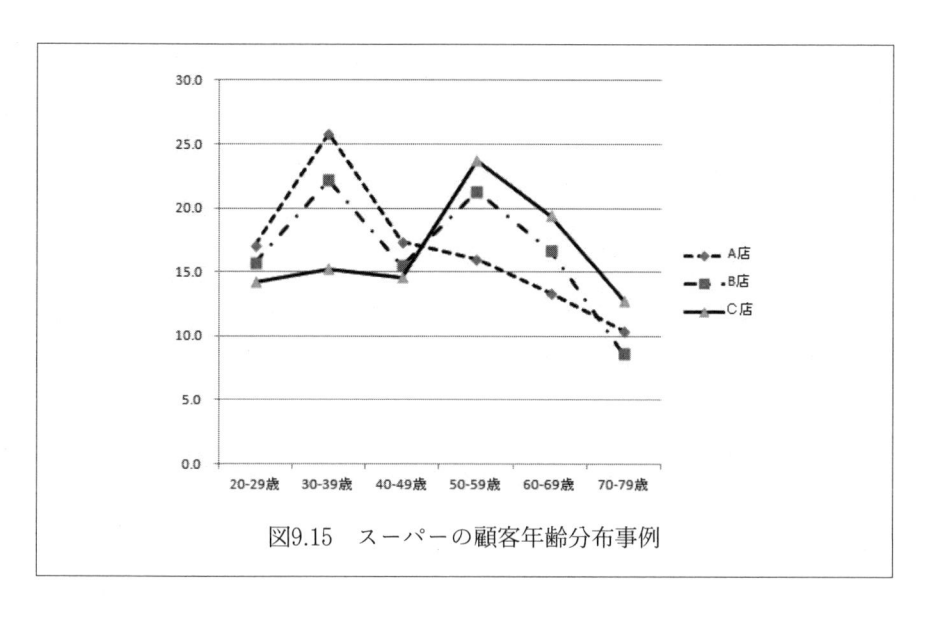

図9.15　スーパーの顧客年齢分布事例

X物件					店番368				
直営面積（㎡）	魅力度係数 A_j（戦略指標）	魅力度（戦略）	固定客数（利得）	参入による減少率	直営面積（㎡）	魅力度係数 A_j（戦略指標）	魅力度（戦略）	固定客数（利得）	参入による減少率
2000	1.8	3600	2026	*	2396	1.4	3354	3369	0.060
2000	2	4000	2190	*	2396	1.4	3354	3350	0.065
2000	2.2	4400	2336	*	2396	1.4	3354	3332	0.070
2000	2.4	4800	2473	*	2396	1.4	3354	3315	0.075

店番308					店番508				
直営面積（㎡）	魅力度係数 A_j（戦略指標）	魅力度（戦略）	固定客数（利得）	参入による減少率	直営面積（㎡）	魅力度係数 A_j（戦略指標）	魅力度（戦略）	固定客数（利得）	参入による減少率
868	2.16	1874	2560	0.038	1485	2.35	3489	1892	0.103
868	2.16	1874	2552	0.041	1485	2.35	3489	1880	0.109
868	2.16	1874	2543	0.044	1485	2.35	3489	1868	0.115
868	2.16	1874	2535	0.047	1485	2.35	3489	1858	0.119

店番365					店番GMS60				
直営面積（㎡）	魅力度係数 A_j（戦略指標）	魅力度（戦略）	固定客数（利得）	参入による減少率	直営面積（㎡）	魅力度係数 A_j（戦略指標）	魅力度（戦略）	食品目的換算固定客数（利得）	参入による減少率
2167	2.02	4377	2260	0.107	13684	1.25	17105	13992	0.047
2167	2.02	4377	2251	0.110	13684	1.25	17105	13942	0.050
2167	2.02	4377	2243	0.113	13684	1.25	17105	13893	0.053
2167	2.02	4377	2230	0.119	13684	1.25	17105	13843	0.057

表9.4　X物件参入による顧客争奪ゲーム

第9章　人工的中心地の商圏の内部構造と小売空間競争の特徴

ない。Ｘ物件はベンチマーク店である 508 と 365 をにらんで、戦略 A_j ＝1.8〜2.4 のどれかを選べる。どれにするかはベンチマーク店のマーチャンダイジングと商圏内顧客デモグラフィックスを調査して、自社の実力との対比から選択することになる。争奪ゲームは固定客をめぐるものであるから、エリア全体ではゼロサムゲームとなる。プレーヤーは店だが、戦略を判定するのは個々の消費者であるから、利得はミクロの消費者の判断如何にかかっており、したがってゲーム論的ではあるが、既成のゲームの理論を参照しても得るところはない。

ＳＭ１の商圏は狭いので、戦略はこの狭い範囲の消費者をよく調査研究した方が勝利の鍵を得ることになるだろう。**商圏が狭いと店ごとの顧客デモグラフィックスに大きな違いが出る**。図 9.15 はその事例だが、Ａ店、Ｂ店、Ｃ店で品揃えのウェイトを大きく変えねばならないことは明らかだろう。

集計型ロジット商圏モデルが計算するＳＭ１の固定客数は、来店頻度から、おおむね週末の顧客数に一致する。

食品目的の固定客が 5〜10％奪われるとしても、売上もその割合で減少するということではない。各店とも商圏が特にＸの周辺を中心に凹むが、来店回数の多い顧客の構成比が幾分上がり、したがって期間購入額指標 C_j が上がるので、売上減少率は顧客減少率よりも幾分小さくなる。

上記は食品商圏解析での顧客争奪ゲームであるが、小売空間競争が顧客争奪ゲームであることはＧＭＳの店全体商圏解析でも同様であり、モール・ＳＣ・商業集積間の商圏解析でも同様である。

9．6　大型ＧＭＳと小型スーパーが共存できる要因

地理空間には大小さまざまな規模の小売店が存在している。スーパーという業態でも小は 700 ㎡クラスから、大は 5000 ㎡クラスまで存在している。大型ＧＭＳは 15000〜20000 ㎡になる。その競争的共存が可能な理由について考えてみる。

距離抵抗：
　このように小売業がさまざまな規模で参入を可能にしているひとつの説明法は、店の"顧客率曲線"あるいは"空間消費吸引率曲線"が距離のベキ乗で減衰するからであるというように言うことができる。この距離の抵抗というものが寡占的な市場圏を店の周りに張ることを可能にする。この距離抵抗がなければ、すべての買物は１つの非常に巨大な小売店で行われることになるであろう。

日常的買い物における選択の合理性：
　さまざまな規模のスーパーが成り立つ理由を次のように言うこともできる。販売量をq、qに対する粗利を$G(q)$、qに対するコストを$C(q)$、とすると、販売単位当たりの平均コスト$C(q)／q$は、qが小さいうちはqの増加と共に急減し、その後qの増大とともに次第にゆっくり減少し、最後はゆっくりとではあるがなお減少傾向が続く。というのは、スーパーの総コストは変動費と固定費の和であるが、一般に小売業は需要のピークに対応できるように過度の能力（在庫、スペース、設備、人員、etc,）を持っていることが多く、この余剰能力が高い固定費を生みだしているからである。スーパーが成り立つ規模は、平均粗利が平均コストを上回る範囲、つまり$(G(q)／q)-(C(q)／q)>0$となる範囲が下限もしくは上限を決める。需要qは、売場面積Mの増加関数なので、小売業が成り立つ規模の範囲を、$(G(M)／M)-(C(M)／M)>0$の範囲、と書くことができる。
　どちらにしてもこの条件に見合った需要qを惹き寄せられれば、どのような規模でも小売店は成り立つ。それを可能にしているのが、以下のような選択における消費者の「合理性」である。
　一般に地代を除く㎡コストが規模と共に減少するというのは、小型ＳＭからＧＭＳまでを通して見ても言える。ＧＭＳは、買回り品を扱い、買回り品テナントも入れるので、建物に総額としては大きな額を投資するが、それでも㎡コストは小型ＳＭよりも小さいであろう。小型ＳＭは、建物は貧弱だが、設備とその維持、特に水道光熱費と人件費（一人当たり守備面積は非常に狭い）に相対的にコストがかかり、㎡コストはＧＭＳよりも高

いであろう（平均的には2倍前後になろう）。このように小型スーパーが有利とは一概に言えないのであるが、ＳＭ－ＧＭＳ選択競争の中でそれぞれが住み分けられているのは、各立地点で、消費者が、㎡粗利が㎡コストを上回るように店を選択してくれているからである、というように言えよう。これを集計型ロジット商圏モデル上でうまく表現しているのが、魅力度係数 A_j である。すでに述べたように基準年では A_j は相対的㎡売上であり、基準年以降では関数的に決まるパラメーターである。2004年を基準年とすると、ＧＭＳ２の A_j のデータベース平均を1.00とした時、ＳＭ１のそれは、1.92であり、2倍近い開きがある。そして消費者は、魅力度＝A_j ×売場面積に比例して店を選択しているので、不利に見える小型スーパーでも必要な消費者を集客できるのである。この神秘的ともいえる合理的選択を表現しているのが関数パラメーター A_j なのである。新規参入店の A_j は近隣スーパーの A_j と相対的な関係で決まる。

　このように食品スーパーのようなコスト的に必ずしも有利ではない小売業が参入できるのは、あるいは逆にＧＭＳのように総額では重いコストを負担する小売業が立地できるのは、店舗を選択する消費者の不思議な「合理性」が存在するからなのである(注2)。しかし次節に見るようにモール・ＳＣ選択では、選択の合理性は別の形をとる。

マーチャンダイジング政策の違い：
　大規模チェーンと中小チェーンでは、マーチャンダイジングに関して次のような経営政策の違いがみられ、これもまた大小が共存できる理由となっている。
　俗に2/8（ニハチ）の法則と言われるのは、2の割合の商品が8の割合の売上を稼いでいるような状況を言い、どの商品カテゴリーも多かれ少なかれこのような傾向を示す。つまり8割の商品はあまり売れないように見える。大手チェーンはこれに対して8割の商品をなるべくゴンドラ（棚）から排除して2割の商品（売れ筋）に絞りシステム化して自動発注にもっていこうとする傾向がある。こういう傾向はゴンドラのアイテム数をみるとすぐに分かる。つまり顧客の効用よりも経営の効率の方を重視する。顧客満足よりも効率、という考え方はアメリカのスーパーからきているが、

企業規模が大きくなるほど効率追求の効果が大きくなるという事実もある。
　一方、中小チェーンのいくつかは、2/8のうちのあまり売れない8割の方を重視して、ゴンドラの半分、かつより注目度の高い上方半分をこの8割の方で占める政策をとる。実際上も8を売るのは2割のアイテムであるからこれらは下の方に置いておけばスペース的には十分なのである。これは一見、人件費が増大する方策のように見えるが、2/8のうち8割の方のアイテム群が、顧客満足度向上の要であることと、これらが目的買いの顧客を増やし、結果として固定客増大につながることを重視しているからである。また、全般に人口の高齢化が進んでいるということも背景にある。高齢化するということは、経験を積んで、商品知識が深まり、品質基準が厳しく、従来のものではあきたらず、新たな経験を求める人たちが増えているということであり、つまり欲求と信念の多様化が進んでいるということで、中小チェーンの方がこういう顧客像の欲求にフレキシブルに応えられるのである。こういう可能性は、実際に品揃えして見なければ確認できない。POSデータに頼る危険性は昔から指摘されてきた。顧客満足最大化という方針は、人間の欲求は多様でたえず変化し続け、常に新しいものを求めている、という前提に立ち、それに応えていこうという考え方である。
　スーパーの場合は、小型になるほど商圏が狭くなるので、図9.15に見るように顧客のデモグラフィックスは店ごとに大きく異なる。従って中小チェーンは、マーチャンダイジング・カセットを複数用意して個店ごとにマーチャンダイジングを変えるか、もしくは店舗パターンを複数用意して立地を選択する必要がある。GMSは商圏が広いので、顧客デモグラフィックスは広域のそれとあまり違わない。このため個店対応はあまり考えないで済むし、経営効率を優先して棚管理のシステム化を進めてきたので、フロントフォーマットの個店別対応には限界がある。そこに中小チェーンが存在できる理由の一つがあるのである。

マーチャンダイジング計画表と競争政策の概念：
　ついでに個店のマーチャンダイジング（MD）計画表の概念に触れておく。MD計画表の元は、表9.5のうな四角表である。大きく分けるとデモ

	20—29歳	30—39歳	40—49歳	50—59歳	60—69歳	70—79歳
周辺分布	m1%	m2%	m3%	m4%	m5%	m6%
カテゴリー1						
カテゴリー2						
カテゴリー3						
・			（方針）			
・						
・						
・						
カテゴリーn						

表9.5　ＭＤ計画表概念図

グラフィックスＭＤ表と競争店のＭＤ分析表がある。デモグラフィックス表の表頭には個店の固定客の年齢層、世帯規模、住宅規模、推定所得階層、などがくる。肝心な点はこの顧客の分布を把握し、カテゴリーの方針をこの周辺分布 marginal distribution に合わせるということである。この周辺分布は商圏を推計することで把握できる。表は完成させることが目的ではなく、方針のウェイトがぶれたり、抜けがないようにするためにあり、いわば思考の整理のためにある。各欄には方針が書き込まれるが、形式は何でもよい。ただし特に生鮮品の**"価格レンジ"**についての方針は必須である。これは店のコンセプトの基本である**"テイストスケール"**を直接表現するもので、店として整合的でなければ顧客の信頼は得られない。デモグラフィックス別の欲求と信念がどのようなものであるかについての情報収集分析は、終わることの無い課題である。

　競争店のＭＤ分析表もまた同様の形式となり、競争店ごとに作成される。ここでも競争店の顧客の周辺分布 marginal distribution を把握することが肝心である。これも競争店の商圏を推計することで可能となる。競争店のマーチャンダイジングを、その顧客周辺分布に照らし合わせて、その強み弱みを分析し、どのようなマーチャンダイジングが競争店からその固定客を奪えるかを、書き込む。ここでも"価格レンジ"と"コンセプト"

についての分析は必須である。

　小売競争は空間競争でもあるから、競争政策は、"どのエリアから**顧客を奪える可能性が高いか**"、そのエリアのデモグラフィックスはどういう分布か、という分析も欠かせない。集計型ロジット商圏モデルではその競争的エリアを特定できる。チラシをそのエリアに集中させれば効果的な集客を行える。ただしチラシによる集客は一時のもので、目的はあくまでも固定客化であり、そのためにはマーチャンダイジングによって顧客満足度を高めねばならないのである。

9.7 モール・ＳＣ商圏解析

モールと核店の商圏の関係：

　ＧＭＳやスーパーがモールの中に核店として置かれた場合、これも"集積的立地"ではあるが、買物目的はモールとＧＭＳでは異なるので、商圏解析上ひとつの目的地としては扱えない。モールはテイストスケールが1段階違うテナント集積なので、買回り品でもＧＭＳとモールは消費者の選択時に異なる目的地として認知されるであろう。選択集合は、ＧＭＳおよびスーパーと、モール・ＳＣの買回り品集積の2種類に分かれる。

　モールの中のＧＭＳやスーパーの核店効果はその A_j に現われる。その効果はモールの面積がＧＭＳの面積に比べて大きいか小さいかで異なったものとなる。モール部分が十分に大きいとき、場所によるがＧＭＳでは A_j は2.0〜3.0くらいになることがある。魅力度でいえばＧＭＳの魅力度はＳＣ全体（モール＋ＧＭＳ）面積の50％以上になる。スーパーの場合、大型ＳＣの核になると A_j は4.0〜5.0くらいになることがある。つまりいずれの場合も単独立地では得られない恩恵をこうむる。モールが集客した顧客がＧＭＳやスーパーへ流れるからである。それに対して、ＧＭＳやスーパーは、モールの魅力度を増す効果つまりモールの A_j を増大させる効果はないが、モールへの来店回数を増加させ、モールの C_j を増加させるという相乗効果を発揮する。集積効果は双方にこのように現われる。商圏の大きさは、この場合、ＧＭＳの商圏はモールの商圏のやや内側になる。

　モール（テナント集積）の大きさがＧＭＳよりも小さいときは、ＧＭＳ

にモール効果は顕著には現れず、ＧＭＳの商圏の方がモールの商圏よりも大きいという結果となる。ＧＭＳが集客した顧客にテナント部分が恩恵を受けるという形となるが、テナントがＧＭＳのモデレートスケールの買回り品を補うような買回り品テナントで構成されているときは、モールの大きさが小規模でも相乗効果はある程度あると言える。最寄品テナントの場合は一方的な関係となるであろう。

モール・ＳＣ商圏解析の選択集合：

モール・ＳＣの集客力の核心は買回り品テナント集積にあり、これがモール・ＳＣのA_jを、したがって商圏の広さと厚さを決める。最寄品テナント集積は商圏拡大に寄与はしないが、モール・ＳＣのC_jを高めることに貢献するであろう。したがってモール・ＳＣのテナント政策の課題は、買回り品テナントと最寄品テナントと飲食・娯楽テナントの構成をどのような割合にするかが基本的なポイントとなるであろう。

アメリカでは、ＮＳＣ（ネバフッドＳＣ）、ＣＳＣ（コミュニティＳＣ）、ＲＳＣ（リージョナルＳＣ）を区別している。ＮＳＣは、ＳＭやＨＣを核に最寄品店集積を図ったもので、商圏解析上はＳＭやＨＣの選択問題に含まれる。ＣＳＣは、ＧＭＳを核店とする小型のＳＣで、商圏解析上はＧＭＳの選択問題に帰する。ＲＳＣがモール部分の大きいモール・ＳＣ商圏解析に当たる。ただしここにもＧＭＳが核店として入っていることが多い。

モール・ＳＣの商圏解析では、買回り品テナント集積のデータベースを構築することが基本的に重要となる。これは商業統計の買回り品集積データを用いて構築できる。この場合次のような考慮が必要となる。

①百貨店はテイストスケールが違うので選択集合には入らない、
②商業統計の買回り品の定義には、食品とドラッグ以外はほとんど入るので、ホームセンターのようなneeds商品のカテゴリーキラーの業態が含まれ、この扱いの検討を要する、
③選択集合に入れるモール・ＳＣの下限となる買回り品面積合計をどこで線引きするか検討を要する、
④同様の問題であるが、ＮＳＣがＲＳＣの解析をする目的の選択集合に

入らないようにする必要がある、
⑤ＤＳやアウトレットモールやその他の明確にコンセプトとターゲットを絞ったモールの扱いの検討、

などである。これらはシミュレーションの目的によって異なり、対象エリアごとに検討する必要がある。モール・ＳＣ商圏解析の難しさは、これらがＧＭＳのように必ずしも"業態"として収斂しているわけではなく、多様性を含んでいることと、集計型ロジット商圏モデルが表現する消費者の"目的合理的選択行動"とをどう整合させるかを、解析ごとに考察しなければならない点にある。とはいえ、大型モールの解析に関しては現在かなり整合的な予測ができるようになっている。これはモールの店舗密度が増えてきたおかげで、選択理論が有効になってきたためである。

モール・ＳＣにおける選択の合理性と小型ＳＣのフォーマット：
　具体的な解析事例は省略するが、一般論として次のことを述べておきたい。ＧＭＳとスーパーは店の規模は異なるが、食品客争奪戦で対等に戦うことができる。非常に強力なスーパーがＧＭＳを取り囲むように出店し、これに対してＧＭＳが食品競争に関しては有効な手段を講じることができない、というような事例はたくさんある。ところがモールの場合は、このような消費者の「不思議な合理性」は存在しない。大規模なモールは圧倒的に強く、大規模なモール同士は、距離が６～８km離れていれば、相互にあまり影響しない。既存の大規模モールＡの６～８km先に大規模な新型のモールＣが参入したとして、ＡとＣの間に何らかの既存のＳＣがあれば、既存の大規模モールＡは影響をほとんど受けない。つまり既存の大規模モールはその商圏を維持し、この参入によって縮小することはほとんどない。
　集計型ロジット商圏モデルは、この状況をシミュレートできるが、既存の新型モールは新規参入に合わせてその魅力度係数 A_j を参入店と同程度に増大させ、以前の商圏を維持する、という形で表現される。しかしゼロサムゲームであることはモールの場合も変わらないから、どこかがその顧客を減らすことになるが、その参入の影響は一方的にエリア内の旧型の、

もしくは小規模なモール・ＳＣに現われる。

　大規模新型モールのこのような不動の強さは、いわゆる１万㎡の小型ＳＣの企画に大きく影響する。ＳＣの企画では、**買回り品テナント：最寄品テナント：飲食サービステナントの比率**が問題で、このうち商圏の広さを決定するのは買回り品テナントの大きさと内容である。しかし大規模モールの商圏内の立地では、よほど工夫しないと買回り品テナントが有効に商圏を形成できない可能性が高いのである。大規模モールにはない特色ある買回り品テナントで固め、同列では比較できない"別種の目的地"とするような工夫を要するであろう。

　もしも最寄品にウェイトを置くなら、狭い商圏内に一定以上の人口のある立地に限定される。また既存のＳＭやＧＭＳとの競争を免れない。つまり１万㎡の小型ＳＣの場合、ある業態フォーマットを決めてそれを展開する、というＧＭＳ型出店は難しく、立地に合わせて個別にその内容を企画していかねばならないであろう。

9.8　小売空間競争とエリア成長戦略

　経済学における企業の競争行動と市場構造との関係に関する議論は、製造業を念頭に特定の財について練り上げられたものであるが、小売経営戦略に参考になることはほとんど書かれていない。例えばミュラー1970によれば、市場構造要因は、市場集中度、参入条件、製品差別化の程度の３つであり、このさまざまな組み合わせによって売手の競争行動は決定されるという。ここに市場集中度は売り手（または買い手）の数と規模分布できまる。参入条件は既存企業の優位性で測られ、a.絶対費用上の優位、b.製品差別化による優位、c.規模の経済性による優位、の３種類がある。製品差別化の程度は、これが大きいほど価格決定上の独自性が大きくなる。

　これは企業の競争行動と市場構造との関係を説明する一般的な論点だが、これを小売企業に当てはめようとすると、よくわからなくなる。その理由は、小売業は多数の財を品揃えして、その品揃えとサービス全体で競争すること、そのうえ小売業にとって決定的に重要な地理的空間競争的要因がほとんど入っていない、ということによる。

小売業に関連させるには次の注釈を要するだろう。

市場集中度：小売業の場合は、これは地理的なもので、特定エリアごとの同業態の店舗密度で測られる。個店ごとの固定客数を集計型ロジット商圏モデルで推計でき、参入退出に関してゼロサムなので、この固定客数が端的に企業ごとのシェアを示す。企業の立場からは、業態と規模に関して多くの競争手段を持っていれば、たとえばGMSが限界に達した時は、小型スーパーで攻める、というような選択が可能である。

参入障壁：小売業の場合は、これは特定エリアごとに店舗用空き地（GAL）がどの程度あるかにかかっている。GALが残り少ないエリアでは、先陣争いとなる。

製品差別化の程度：小売業の場合は、個別製品ではなく、カテゴリーマーチャンダイジングの差別化の程度、ということになる。店舗選択では消費者は店をミニ市場として選択し、つまり商品ごとに探索するのではなく、固定客化するので、差別化競争は**フル・マーチャンダイジング競争**となる。ここでfullは、顧客が他店に鞍替えしなくても済むほどに「十分な」という意味で、たとえば農産には強いが惣菜には弱い、というようなアンバランスは顧客の一部を失う結果となる。商圏は小型店ほど、また店舗密度が高くなるほど、次第に狭くなるので、個店ごとの顧客属性に合わせるところほど強みを発揮する。

これらにより、小売企業の成長戦略で最も重要な政策指標は、「**企業のエリア別業態別の総固定客数の増加**」であるといえよう。これを推進するための戦略がエリア成長戦略である。

成長の手段は、成長の早い順でいえば（M＆Aを除く）、①既存業態での新規出店、②既存店の活性化投資、③既存店のフロントフォーマットの革新・テナント構成＆基本リーシングプランの変更、④新業態での参入、である。このうち④の新業態による参入に関しては集計型ロジット商圏モデルでは解析できない。①、②、③に関しては、集計型ロジット商圏モデルによる商圏解析およびハウスカードデータベース分析によって、具体的

な手掛かりを得られる。

注：
1）ジョーンズ＆シモンズの言う空間需要曲線は基本的にチューネン型の孤立店の需要曲線であり、それが2店が近接するとこうなる、と考えられている。
2）ここでは選択の合理性に留意して論じたが、現実にはスーパーの固定費はそれぞれの事情で大きなばらつきがあり、非常に低い固定費のために存在が可能になっている場合も多い。例えば居抜き店舗の場合など。

第10章　消費者の合理性と自然的思考と選択理論の関係

10.1 合理的選択理論と欲求・信念モデルと選択行為

　選択という**行為** action がなぜ生じたかを**因果的に説明**する場合 causal explanation、ドナルド・デイヴィドソン Davidson 1980 以来、**欲求と信念**が原因となって行為が引き起こされる、と考えるのがここ数十年来のアメリカの社会科学やマインド・フィロソフィの公式の考えである。これを**欲求・信念モデル**という[注1]。なお、因果的説明以外では**物語的説明** narrative explanation がある。

　行為は、可能な行為の選択集合と、そこからある行為を選択するメカニズムで説明される。選択理論に則して言えば、信念とは選択集合に対する**信念**（選択対象の効用判断ないし好み preferences）のことで、選択するメカニズムは選択集合の内、効用最大のものを選択するというメカニズムを考える。これを**合理的選択** rational choice という。

　店という客観的な要素と消費者という主観的な要素が相互作用して選択という行為を生み出す。これを欲求・信念モデルでいうと、ある店が選択されたという**事実** facts が生じたのは、個々の消費者がある財に関して**欲求** desires を生じ、店の効用（あるいは選好 preferences）に関する**信念** beliefs が形成されている結果だ、というように考える。欲求が目的を生じ、信念が特定の店を選択するという行為を生むのである。

　筆者の考えではこれはユクスキュルの**生物環境意味論**に対応するものと言えよう。ユクスキュル Von Uexküll 1934 は言う。

　「あらゆる動物は、やっとこが2本の腕でものを挟むように客体をつかんでいる。1つは知覚の腕であり、もうひとつは作用の腕である。動物は1つの腕によって客体に知覚標識を、もう一つの腕によって作用標識を与えているのである。」(Von Uexküll, J. und G. Kriszat. 1934 (1970) 日高敏隆・野田保之訳)

森に住むダニの例でいえば、行為に移る最初の知覚標識は、動物の酪酸の匂いであり、それによって触発される最初の行為によって動物に与える作用標識は、飛び降りることによって動物に与える衝突である。動物の身体が温かい、という知覚標識は、穴をあけて血を吸うという作用標識を与える。ダニはこのような**知覚標識⇒作用標識**、というやっとこの連鎖で動物という客体を掴み、環境世界を意味づけている。このように環境世界は、客観的世界というよりは、各々の生物主体によって意味づけられたそれぞれ異なる世界として存在している。
　人間の場合は知覚ではなく、**欲求・信念⇒行為（選択）**の連鎖で、たとえば店や商品という客体を掴み、世界を意味づけている。客体は客観的なものであり、欲求と信念は主観的なものであるから、「**行為は合理的である**」という場合、その意味するところは自明というわけではない。エルスター Elster 1989によれば、

　「**合理的選択**というものは**道具的** instrumental なものである。つまり、**合理的選択は、行為の結果に導かれている**。行為は、それ自体として価値づけられ選択されるのではなく、行為の先にある目的を達成するための手段として、価値づけられ、選択されるのである。」(Elster, J. 1989 海野道郎訳)

　たとえば店舗が選択されるのは、商品の購入という目的に導かれている。選択される店は目的にとって効用最大という信念のもとにある。
　行為は目的によって導かれる。欲求は、いまだ確立されていない目的の達成に向けてわれわれを動かす何か、である。目的によって導かれた行為のみが、説明可能なものとみなされる。例えばブッシュ大統領のイラク戦争が合理的であると説明可能なためには、その目的が明確である必要がある、という具合である。
　店舗選択に関して肝心なことは、選択集合は目的ごとに形成される、ということである。食品の店舗選択の場合について我が家のワイフの選択を具体的に見てみる。筆者の住居は、イトーヨーカドー、ＯＫストアの２店に対しておおむね等距離に位置し、そこには徒歩で行ける。やや離れたと

ころに、ＦＵＪＩシティオがあり、歩くにはやや遠いが車ではわずかな距離である。同じく徒歩圏には大丸ピーコック、やまかストアがあるが、これらに行くことはまずない。同じく徒歩圏に魚つるという鮮魚店があるが、ここにはたまに鮮魚を買いに行くことがある。小田急百貨店食品売場には、たまに上等な惣菜を買いに行く。ＯＫストアには駅からの帰りにドロップ・インすることがあり、また無添加の魚練り製品の品揃えが良いのでそれを中心に買いに行くことがある。ＦＵＪＩシティオは、イトーヨーカドーにはない地方の銘柄の加工食品（特に調味調材）の品揃えが良いので、それらを購入することが目的となるときに行く。それら以外は、ほとんどいつもイトーヨーカドーを利用する。ここは距離が幾分近いということもあるが、ほとんど不満なく間に合ってしまうからということと、店のトーンが気に入っているからという理由もある。しかし同じマンションの住民の中には逆にもっぱらＯＫストアを選択する人も少なからずいる。

　つまりイトーヨーカドー以外の店は特定の目的商品があるが、イトーヨーカドーでは訪問自体が目的となっている。イトーヨーカドーでの買物の仕方は、コープランドのいう買い回り品のように売場の中をショッピングする。ある商品が買われるのは、それぞれに理由があるものもあれば、別段理由として挙げられるものもなく買われるものも多い。要するに購入される食品は、**必要** needs で買われるだけでなく、買回り品と同様、売場の中で遭遇し吟味することで買い手自らの**欲しいもの** wants として見出されるのである。見出されたものを通して自己理解と自己発見がなされるという構図は食品でも成り立つ。つまりイトーヨーカドーは、食品全般をそこで探すという目的のもと、**ミニ市場**として効用最大であるとして選択されている。

　ミニ市場としての店側の政策としては、すべてのカテゴリーごとに最大限 wants を見出してもらうように考える（特にターゲット顧客層には）、という**フル full・マーチャンダイジング政策**をとることになる。食品目的で効用最大の店はこのように全体的評価として効用最大であり、ひとつの名（店名）のもとに選択集合のなかのトップに位置する店中の店、ミニ市場の「**プロトタイプ**」として想起されるのである。

　ここに例示したイトーヨーカドー以外の店は、筆者の世帯の場合、**特定**

の目的を満たす目的店としてまず想起され、選択されている。つまりミニ市場としては効用は小さいとされる店の場合、ミニ市場として効用最大と目される店に対して**明確な差別化政策**をとらないと選択されない、ということを意味する。

　OKストアの場合、すべてのNBはどこよりも安いという政策をとっているので、これに高い効用を見出す人は、OKストアをミニ市場として効用最大として選択する。店の効用には距離が大きく影響しているから、居住地点を少しずらせば、FUJIシティオをミニ市場として効用最大と評価する人も当然いる。これらの人にとってイトーヨーカドーは逆に、特定の食品を購入する目的で訪れる目的店となるのである。

10.2 命題的態度と店の効用

　多項ロジットモデルは、個人 k が選択対象 j に認める効用 U_j^k を、対象 j の属性 $Z_j(m)$ の和、$U_j^k = \Sigma_m \beta_m Z_j(m)^k$ で表わされる、と仮定する。ここに $Z_j(m)^k$ は、個人 k の j についての m 番目の属性の評価、つまり"信念"を表し、具体的には、命題と評点で表わされる。例えば"精肉の品質は6点である"、というように。この効用の属性は、分析者から消費者 k に提示され、j に対する評価は k によって異なることがあるが、効用のウェイト β_m は個人によらないとする。これは選好基準が各個人に共通であるという仮定である。この仮定のもとに、各 j 店を何回選んだかというデータから、最尤法でこのウェイトが推計される。

　一般に信念や効用評価は**命題的態度**と言われる。信原氏1999によれば、

「命題的態度とよばれる状態は、行動を合理的に解釈するために主体に帰属させられるものであり、…ある一定の命題に対してある一定の心的態度をとるという形をした心的状態のことである。…ここで命題というのは文そのものではなく、文によって表現される意味内容のことである。…命題的態度は合理性に従うことをその本性とするが、それは命題的態度が推論の対象となるということである。…推論の対象となることは命題的態度にとって本質的なことである。」

ロジット分析において、属性$Z(m)$は命題であり、消費者はそれに対して**命題的態度**をとる。一般に類似のアンケート調査でも同様であるが、ここでは分析者は、店の効用に関して、洩れなくあるいは主要なものはすべて、消費者に提示できるという万能前提がある。そして消費者も、少なくとも推論の対象になるほどに明確な思考で応じられる、というこれも万能的前提（確率的ぶれはあるとして）が立てられる。しかし、店のように複雑な構成を持つものの効用に対して、命題的な態度をとることができるという前提は、どちらのサイドからもかなり無理な面があるということは、5章でも見た通りである。

　効用には命題化し得ない要素がある。それはすでにチェンバレンが小売業に関して指摘したことの中に含まれている。消費者の思考には、推論とは別種の認知的思考があり、それらが非命題的に効用判断に影響しているかもしれない。

　店の効用とは、店の場所（距離）と、過去の買物経験の累積的に蓄積された記憶からなっている。買物経験の記憶の中には、商品に関する情報（品揃えの幅の広さや深さ、トレンド商品の割合、商品の鮮度、価格水準、フル・マーチャンダイジングの程度）、売場に関する情報（雰囲気、トーン、サービス水準、店員の態度、etc.）、買物経験における感情記憶、よい買い物あるいは楽しい買い物をした、あるいは不快な思いをしたという**エピソード記憶**と**感情記憶**、などが含まれる。これらすべてを命題化することはできない。また記憶されていても想起できないものも多い。**想起できない記憶**も、意識下で選択に作用しているかもしれない。消費者の自然的思考では、何らかの**認知的経済性**が働き、店は**プロトタイプ的、ゲシュタルト的**に認知されているものと思われる。

　合理的選択は、目的に導かれており、効用最大化を目指す、すなわち**目的合理的**である。目的も効用も命題的に表わされる、それゆえ選択することができる、その命題のウェイトは個人ロジットモデルから推計できる、個人に適用されるロジットモデルはこういう考えに貫かれている。しかし目的が明確でなくても、顕示選好が示され、それによって効用と選択が説明される場合がある。たとえば、オレンジ、りんご、バナナ、の選択が、一対比較で、オレンジ＞りんご＞バナナ、となり、オレンジが選択される、

というような問題でも、この顕示選好からオレンジに最大値を与える効用関数を構成できる。この場合、オレンジが選ばれる目的、オレンジの効用、その属性評価、ということについては、オレンジを選んだ消費者に尋ねても明確な答えは期待できないだろう。しかし顕示選好があれば、命題的態度を問わずに効用関数を構成でき、効用最大化選択として選択を説明できる。**集計型ロジット商圏モデル**は、顕示選好結果である顧客数または期間売上から計測する関数パラメーターを用いて魅力度を算出し、各地点の顧客シェアを説明し予測するが、**ここには非命題的効用判断の効果も含まれている**。

10.3 認知的思考と認知的経済性

消費者の自然的思考には、**命題的態度とは呼べないような思考の方法**がある。これに関しては認知心理学やマインド・フィロソフィがいろいろと解明してきた。例えばジョージ・レイコフ（Lakoff 1987）は、日本語の＜本＞という語の用法を分析して、そこに、精神の**想像的思考**の側面の代表的なもの、すなわち**心的イメージ**、**イメージ図式の変形**、**概念的換喩**（メトニミー）、**概念的隠喩**（メタファー）の使用例を明らかにしている。これらについてはレイコフが挙げる＜本＞の次の用例から理解できよう。竹刀や刀、剣道の試合、野球のヒット、柔道の試合、電話での通話、テレビの番組、手紙、映画、注射、など。

自然的思考と効用との関わりは追跡しにくい問題であるが、ここでは本書の商圏論への補注として、**記憶の構造**、自然的思考における**概念の典型性レベルとプロトタイプ**、**ゲシュタルト的思考**、**マスターシンボル**の4種類を簡単に説明しておきたい。

記憶の構造：
　タルヴィング Tulving 1983 によると、記憶は**手続き記憶**（知覚運動技能、認知技能より成り立っている）と**命題記憶**の2種類に分けられる。命題記憶は**エピソード記憶**と**意味記憶**に分けられる。エピソード記憶は個人的な出来事や経験を記憶したり思い出したりする場合の記憶で、言葉だけ

でなく、イメージを含み、感情を伴う。意味記憶は個人には無関係な世界に関する知識の記憶で、言語による記憶のことである。ロジットモデルで効用の属性を問うときは、この**意味記憶**だけが問われている。

概念の典型性レベルとプロトタイプ：
　消費者が日常言語で扱う事物に関する概念は、**専門的網羅的分類**とは非常に異なる内部構造を持っている。たとえば＜果物＞の公式的な分類は、第２レベル（果物の下）には、（ａ）核果果実、（ｂ）かんきつ類果実、（ｃ）仁果果実、（ｄ）熱帯産果実、（ｅ）果実的野菜、（ｆ）その他、というカテゴリーが並び、その下に果物名が来る。こういう分類の仕方は、専門的合理性に基づいている。

　消費者もまた＜くだもの＞という概念を、①カテゴリーの**階層構造**を用い、②各レベルのカテゴリーは、それに結び付いた属性や特徴によって識別される、という**階層的理解**をしている。ところが、消費者のカテゴリー体系は、**家族的類似性**[注2]に基づいており、＜くだもの＞という名の自然的概念内容に結び付く**類似性の程度**で階層化されている、ということがロッシュ Rosch 1976 などによって解明されてきた。＜くだもの＞はと聞けば、まず「オレンジ」、「りんご」、「モモ」などが挙げられ、「アボガド」や「ゆず」が挙げられるのは、ずっと後の階層となる。これはたとえば「オレンジ」が、「水気が多い」とか「甘い」とか「種がある」など、その属性のどれもが＜くだもの＞という自然的概念に関して高い関連性を持つ特徴を有しているからである。

　この高い関連性を有する階層のレベルを**典型性レベル**といい、そこに現われる代表的なもの（上の場合はオレンジなど）を**プロトタイプ** prototype（原型）という。典型性レベルは、ひとつの概念の階層の中で、ひとつしかないが、プロトタイプは、各階層にありえる。**プロトタイプ**や**典型性レベル**が用いられるのは、**認知的経済性**という思考の経済の故であると考えられている。認知的経済性が高いということは、たとえばあるカテゴリーのプロトタイプは、カテゴリー体系全体の多くの属性を有し、経済的な集約となっており、それを用いると、思考したり伝達したりするのが容易となる、という意味である。「りんご」や「オレンジ」について述べると、

＜くだもの＞について述べるよりも、ずっと多くの情報を伝達することができる。記憶や知覚や伝達などの認知的活動にとって、最も便利なものとなる。

　ホーレンシュタイン Holenstein 1980 も言ったように、**認知的経済性**は概念のカテゴリー体系だけでなく、もっと広範囲の思考の経済性として働き、おそらく「経験されるものはすべてプロトタイプ的に構造化され、意識もまた代表的なプロトタイプに対して志向的に関係付けられている」(Holenstein, E. 1980 村田純一他訳) のであろう。

　業態というものに、多様なバリエーションがありえるにもかかわらず、フォーマットが収斂する傾向があるのは、業界の側からは模倣による同質化効果（差別化最小原理）という説明がなされ、集計型ロジット商圏モデルでは**選択集合の形成**という説明となるが、消費者側からは、認知的経済性によるプロトタイプ化効果であるといえるのである。

ゲシュタルト思考：

　ゲシュタルト思考とは、脳が、①不十分な情報でも統一されたひとつの全体として認知する、②対象を部分の和でなく、はじめから**全体として認知しようとする能力**のことを指す。よく引き合いに出されるのが、図10.1

図10.1　ボーリングの「娘と老婆」

の「娘と老婆」の絵である。分析的に見ることはできるが、全体としてはどうしても娘か、老婆のどちらかに見えてしまう。全体として把握する、というこの能力もまた認知的経済性の別の側面であろう。

　複雑な構成要素から成る**店**の場合も、分析的にみれば階層的理解とプロトタイプが見出されるが、消費者の自然的思考では、ひとつの**全体**として認知されているはずである。その全体に与えられるのが店名やブランド名などの**名**である。名の下にある**非命題的なもの**として、スケール感、トーン、イメージ、サービスの質、クオリア、アフォーダンス、空間のフィット感、利用のしやすさ、色、音、などが挙げられよう。これらに命題的な推論が加わって、ゲシュタルト化し、ひとつの**名**の下にすべての情報が集約する**認知的経済性**が成立しているのであろう。経験的ゲシュタルトを逆にたどって分析的に見たとき、命題的推論だけでは片手落ちの見かたとなる。集計型ロジット商圏モデルは、顕示選好から測定する客観的変数を用いるので、この片手落ちを免れるのである。

マスターシンボル思考：
　マスターシンボル master symbol とは、アメリカの演劇界や映画界の用語で、台本の全体を貫く**本質を表す言葉**（この場合推論の対象ではないから命題とは言わない）と**形象**を表し、舞台や映画制作にとりかかる前のプロダクション・ミーティングを通して監督と俳優と舞台美術家とが共有するものである（店舗企画では**コンセプト**に当たる）。例えばマクベスを新たに上演するとき、プロダクション・ミーティングで、この**上演のマスターシンボル**は、"Real as only a dream can be real." であり、色・形・運動的形象イメージは "権力が増すにつれ減少する選択の機会を表す2つの逆向きの三角形の重ね合わせ" と "全てが回転しながら悲劇的結末へ向かって行くさまを表す渦巻き" というものだという理解に達すると、以後、全員の思考がそれに向けて組織されていく、という機能を持つ (Bellman, W.F. 1983. 図10.2、10.3 は Bellman からの引用)。

　「風と共に去りぬ」という映画では、監督ヴィクター・フレミングは、ラストシーンから撮影を開始したが、ヴィヴィアン・リーは、これを演じることでスカーレットという主人公の強いキャラクターと運命を初めに把

図10.2 上演のマスターシンボル（1）　　図10.3 上演のマスターシンボル（2）

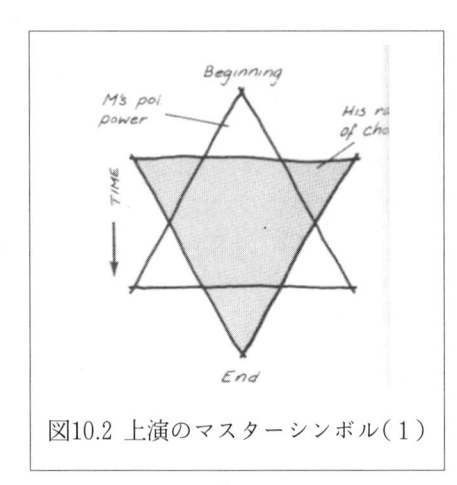

握し、以後ぶれないで役作りができたという。この場合"運命に翻弄されながらもくじけることなく立ち向かっていく女"という言葉だけでなく、ラストシーン全体が**マスターシンボル**として映画製作全体を通して機能したことになる。**マスターシンボル**が、**ゲシュタルト**や**名**と異なるのは、後者がスタティックで受動的なものであるのに対して、前者は、思考の運動を方向づけ、対象に対して志向的に立ち向かっていく能動的面を言っているという点である。認知心理学的には、これは**スキーマ（図式）**と言われるものの一種で、特に**思考の運動スキーマ**と言われるべきかと思われる。

　小売業との関連でいえば、店やブランドの**コンセプト**が、唯の条文ではなく、イメージを伴って、経営側と消費者に共有されて、生産と消費活動が維持発展されるとき、**マスターシンボル**となる。小売業とは**消費者と共に演じる一種の上演**なのだと言うこともできる。

　文化の基底にある個人に共通のマスターシンボルが小売業にとって重要である。そのひとつが"清冽"であり、平たく言えば"鮮度"である。日本人の場合、思考は常に"鮮度"に向かって志向づけられ、思考が組織される。これは万葉の時代以前からの伝統である。このことを理解しないために、カルフールは撤退した、というべきいくつかの証拠がある。

注：
1）欲求・信念モデルについては、Davidson, 1980、Dretske, 1988、Elster, 1989、信原幸弘 1999、門脇俊介 2002、信原幸弘編 2004、石川幹人・渡辺恒夫 2004 などを参照。
2）家族が互いに似ている、と言われるのは、全体的に似ているということではなく、眼や鼻や口元など、部分的に似ている、ということが根拠になり、その程度により、よく似ているかどうかと言われる。ウィトゲンシュタイン Wittgenstein 1953 の概念。

参考文献

海外論文＆書籍：

Thünen, J. H. von. 1826. "Der Isolierte Staat in Beziehung auf Landwirtschaft und Nationalökonomie."（近藤康男訳『農業と国民経済に関する孤立国』日本評論社、1943）

Bergson, H. 1889. "Essai sur les donnees immedistes de la conscience."（中村文郎訳『時間と自由』岩波文庫、2001）

Copeland, M. T. 1923. "Relation of consumers' buying habits to marketing methods." Harvard Business Review, Vol.1: 282-289

Hotelling, H. 1929. "Stability in competition". Economic Journal, 39. 41-57（下総 薫 監訳『都市解析論文選集（第Ⅰ編第1節所収）』古今書院、1987）

Reily, W. J. 1931. "The law of retail gravitation." Knickerbocker Press. New York.

Christaller, W. 1933. "Die Zentralen Orte In Suddeutschland."（江沢譲爾訳『都市の立地と発展』大明堂、1969）

Chamberlin, E.H.1933. "The theory of monopolistic competition." Harvard University Press.

Von Uexküll, J. und G. Kriszat. 1934（1970）. "Streifzuge durch die umwelten von tieren und menschen bedeutungslehre."（日高敏隆・野田保之訳『生物から見た世界』思索社、1973）

Converse, P. D. 1949. "New laws of retail gravitation." Journal of Marketing. 14: 379-384

Von Neumann, J. and O. Morgenstern. 1953. "Theory of games and economic behavior."（銀林 浩・橋本和美・宮本敏雄監訳『ゲームの理論と経済行動　1』東京図書株式会社、1972）

Wittgenstein, L. 1953. "Philosophische untersuchungen."（藤本隆志訳『哲学探究』大修館書店、1976）

Beaton, C. 1954. "The glass of fashion."（田村隆一訳『ファッションの鏡』文化出版局、1979）
Casey Jr H. I. 1955. "Applications to traffic engineering of the law of retail gravitation." Traffic Quarterly, Eno Foundation.
Simon, H. 1957. "Models of Man." Willey, New York.
Festinger, L. 1957. "A Theory of congnitive dissonance"（末永俊郎訳『認知的不協和の理論：社会心理学序説』誠信書房、1965）
Mcnair, M. P. 1958. "Significant trends and developments in the postwar period." In Competitive Distribution ins Tree, High-Level Economy and Its Implications for the University. University of Pittsburgh Press. 1-25
Luce, R. D. 1959. "Individual choice behavior, A Theoretical Analysis." Dover.
Hollander, S.C. 1960. "The wheel of retailing" Journal of Marketing. Vol.25: 37-42
Huff, D. L. 1962. "Determining of intra-urban retail trade areas." Real Estate Research Program, University of California. Los Angels.
Huff, D. L. 1963. "A probabilistic analysis of shopping center trade areas." Land Economics. 39: 81-90.
Alonso, W. 1964. "Location and land use." Harvard Univ. Press.（大石康彦監訳折下功訳『立地と土地利用』朝倉書店、1976）
Huff, D. L. 1964. "Defining and estimating a trading area." Journal of Marketing, Vol. 28: 34-38
Luce, R. D. and P. Suppes. 1965. "Utility and subjective probability." In Handbook of Mathematical Psychology. Vo.3 Wiley, New York.
Nielsen, O. 1966 "Developments in retailing" In Readings in Danish theory of marketing. M. Kjar-Hansen, ed. Einar Harcks Forlag, Kobenhavn. pp.101-115
Hollander, S. C. 1966. "Notes on the retail accordion." Journal of Retailing. Vol. 42: 29-40

Wilson, A. G. 1967. "A statistical theory of spatial distribution models." Transportation Research. 1: 253-269

Wiener, P. P. Edit. N. G. Roegen 1968. "Utility and value in economic thought" In dictionary of the history of ideas.（佐藤光他訳『経済学のメソドロジー（第3論文"経済思想における効用と価値"』平凡社、1988）

Jacobs, J. 1969. "The economy of cities"（中江利忠・加賀谷洋一訳『都市の原理』鹿島出版会、1971）

Mueller, W. F. 1970. "A primer on monopoly and competition."（岩崎　晃訳『産業組織入門』東洋経済新報社、1977）

Bruton, M. J. 1970. "An introduction to transportation planning."（大久保昌一監訳『交通計画』清文社、1981）

Mills, E. S. 1972. "Urban economics." Scott, Foresman and Company.

Dicken, P. and P. E. Lloyd. "Location in space."（伊藤喜栄監訳『立地と空間―経済地理学の基礎理論―上・下』古今書院、1997）

Taaffe, E. J. and H. L. Gauthier Jr. 1973. "Geography of transportation."（奥野隆史訳『地域交通論』大明堂、1975）

Manski, C. 1973. "The analysis of qualitative choice." Ph.D. dissertation. Department of Economics, MIT.

McFadden, D. 1974. "Conditional logit analysis of qualitative choice behavior." In Frontiers in Econometrics. P. Zarembka, P. ed., Academic Press, New York. pp. 105-142,

Walther, E. 1974. "Allgemeine Zeichenlehre."（向井周太郎・菊池武弘・脇坂　豊訳『一般記号学』勁草書房、1987）

Sperber, D. 1975. Rethinking symbolism.（菅野盾樹訳『象徴表現とは何か』紀伊国屋書店、1979）

Rosch, E. and C. B. Mervis. 1975. "Family resemblance studies in the internal structure of categories." Cognitive Psychology, 7. 573-605.

Domencich, T. and L. McFadden 1975. "Urban travel demand-A behavioral analysis." North Holland. Amsterdam.

Koppelman, F. 1975. "Travel prediction with models of individualistic choice behavior." Ph.D. dissertation. Department of Civil Engineering, MIT.

Rosch, E. and C. B. Mervis. 1976. "Basic objects in natural categories." Cognitive Psychology, 8. 382-439.

Neisser, U. 1976. "Cognition and reality."（古崎　敏・村瀬　旻訳『認知の構図』サイエンス社、1978）

Mcnair, M. P. and E. G. May 1976. "The evolution of retail institutions in the united states."（清水　猛訳『"小売の輪"は回る―米国小売形態の発展―』有斐閣選書、1982）

Manski, C. 1977. "The structure of random utility models." Theory and decision 8: 229-254.

Gensch, D. H. and W. W. Recker 1979 "The multinomial, multiattribute logit choice model." Journal of marketing research Vol.XVI 124-132

Davidson, D. 1980, 1963. "Action, Reasons, and Causes" in Essays on actions and events.（服部裕幸・柴田正良訳『行為と出来事』勁草書房、1990、門脇俊介・野矢茂樹編『自由と行為の哲学』春秋社、2010）

Holenstein, E. 1980. "Von der hintergehbarkeit der sprache."（村田純一他訳『認知と言語―現象学的探究―』産業図書、1984）

Hirschman, E. C. and R. W. Stampfl 1980. "Roles of retailing in the diffusion of popular culture: microperspectives." Journal of retailing. Vol.56 No.1 16-36

Cox, K. R. and R. G. Golledge (Edit.) 1981. "Behavioral problems in geography revisited."（寺坂昭信監訳『空間と行動論』地人書房、1986）

Anas, A. 1983. "Discrete choice theory, information and the multinomial logit and gravity models." Transportation Research, 17B, 13-23

Tulving, E. 1983. "Elements of episodic memory."（太田信夫訳『タルヴィングの記憶理論』教育出版、1985）

Bellman, W. F. 1983. "Scene, design, stage lighting, sound, costume and makeup." Harper & Row Publishers, Inc.

Pitfield, D. E. (Edit.) 1984 "Discrete choice models in regional science." Pion Limited., London.

Stone, E. and J. A. Samples. 1985. "Fashion Merchandising-An introduction."（樫村志保訳『アメリカファッション・ビジネス全知識』丹青社、1987）

Ben-Akiva, M. and S. R. Lerman. 1985. "Discrete choice Analysis." The MIT Press.

Roth, I. and J. P. Frisby. 1986. "Perception and representation: A cognitive approach."（長町三生監修『知覚と表象』海文堂、1989）

Peacock, J. L. 1986. "The anthropological lens."（今福龍太訳『人類学とは何か』岩波書店、1993）

Lakoff, G. 1987. "Women, fire, and dangerous things."（池上嘉彦・河上誓作他訳『認知意味論―言語から見た人間の心―』紀伊国屋書店、1993）

Johnson, M. 1987. "The body in the mind."（菅野盾樹・中村雅之訳『心の中の身体』紀伊国屋書店、1991）

Dretske, F. 1988. "Explaining behavior: Reasons in a world of causes."（水本正晴訳『行動を説明する―因果の世界における理由―』勁草書房、2005）

Berry, B. J. L. and J. B. Parr. 1988. "Market centers and retail location, theory and application."（奥野隆史・鈴木安昭・西岡久雄訳『小売立地の理論と応用』大明堂、1992）

Elster, J. 1989. "Nuts and bolts for the social science."（海野道郎訳『社会科学の道具箱―合理的選択理論入門―』ハーベスト社、1997）

Hacking, I. 1990. "The taming of chance."（石原英樹・重田園江訳『偶然を飼いならす―統計学と第二次科学革命―』木鐸社、1999）

Jones, K. and J. Simons. 1990. "The retail environment."（藤田直晴・村山祐司監訳『商業環境と立地戦略』大明堂、1992）

Fotheringham, A. S. 1991. "Statistical modeling of spatial choice: an overview." In "Spatial analysis in marketing: theory, methods,

and applications." Ghosh, A. and C. A. Ingene Edit. JAI Press Inc.
Brown, S. 1992. "Retail location: A micro-scale perspective." Ashgate Publishing Company.
Cooper, L. G. 1993. "Market share model" In "Handbooks in operations research and management science Vol.5 Mareketing" Edit. by Eliashberg, J. and G. L. Lilien（井上哲浩ほか訳『マーケティング ハンドブック』朝倉書店 1997）
Finkelstein, J. 1996. "After a fashion."（成実弘至訳『ファッションの文化社会学』せりか書房、1998）
Krugman, P. R. 1996. "The self-organizing economy."（北村行伸・妹尾美起訳『自己組織化の経済学』東洋経済新報社、1997）
Eco, U. 1997. "Kant e l'ornitorinco."（和田忠彦訳『カントとカモノハシ 上』岩波書店、2003）
Fujita, M., P. Krugman, and A. J. Venables 1999. "The spatial economy: Cities, regions, and international trade."（小出博之訳『空間経済学 都市・地域・国際貿易の新しい分析』東洋経済新報社、2000）
Chandler, D. 2002. "Semiotics the basics." Routledge
Spector, R. 2004. "Category killers."（遠藤真美訳『カテゴリー・キラー』ランダムハウス講談社、2005）
Searle, J. B. 2004. "Mind."（山本貴光・吉川浩満訳『マインド 心の哲学』朝日出版社、2006）
Internal Council of Shopping Centers. (Edit.) 2005. "Market research for shopping centers." Internal Council of Shopping Centers. New York.
Cliquet, G. edit. 2006. "Geomarketing-Methods and strategies in spatial marketing." ISTE Ltd.
Duggal, N. 2008. "Use of GIS in retail location analysis-Burger King & Mcdonald's in Portage & Summit Counties, Ohio." VDM Verlag Dr. Muller

業態に関する日本語論文：

中西正雄 1996 "小売の輪は本当に回るのか" 商学論究 43（2/3/4）21-40
加藤　司 1998 "日本的小売業態の分析枠組み" 経営研究 49（2）53-76
高嶋克義 2003 "小売業態革新の分析枠組み" 国民経済雑誌 187（2）69-83
高嶋克義 2007 "小売業態革新に関する再検討" 流通研究 9（3）33-51
井戸大輔 2011 "小売業類型化について" 佐野短期大学研究紀要第 22 号 27-40

日本人の書籍：

森三樹三郎（訳）1968『荘子』（世界の名著4）中央公論社
鈴木孝夫 1973『ことばと文化』岩波書店
丸山圭三郎 1981『ソシュールの思想』岩波書店
中西正雄 1983『小売引力の理論と測定』千倉書房
丸山圭三郎 1984『文化のフェティシズム』勁草書房
丸山圭三郎 1987『言葉と無意識』講談社
片平秀貴 1987『マーケティング・サイエンス』東京大学出版会
石川義孝 1988『空間的相互作用モデル』地人書房
静岡県茶業会議所編 1988『新茶業全書』（社）静岡県茶業会議所
杉浦芳夫 1989『立地と空間的行動』古今書院
高橋洋一郎 1992『感情（補稿："効用と適応"）』東京大学出版
有賀　健編著 1993『日本的流通の経済学』日本経済新聞社
長岡洋介 1994『統計力学』岩波書店
丸山雅祥・成生達彦 1997『現代のミクロ経済学』創文社
林原安徳 1998『実践売上予測と立地判定』商業界
木島正明・小守林克哉 1999『信用リスク評価の数理モデル』朝倉書店
奥野隆史・高橋重雄・根田克彦 1999『商業地理学入門』東洋書林
信原幸弘 1999『心の現代哲学』勁草書房
大山　正 2000『視覚心理学への招待』サイエンス社
岡太彬訓・木島正明・守口　剛編 2001『マーケティングの数理モデル』

朝倉書店
山内志朗 2001『天使の記号学』岩波書店
門脇俊介 2002『理由の空間の現象学』創文社
松原　宏編著 2002『立地論入門』古今書院
杉浦芳夫編矢野桂司著 2003『地理空間分析（第 3 章空間的相互作用モデル）』朝倉書店
浅羽　茂・新田都志子 2004『ビジネスシステムレボリューション』NTT 出版
信原幸弘編 2004『心の哲学―ロボット編』勁草書房
石川幹人・渡辺恒夫 2004『入門マインドサイエンスの思想』新曜社
山本健兒 2005『経済地理学入門』原書房
松原　宏 2006『経済地理学　立地・地域・都市の理論』東京大学出版会
水野和夫 2007『人々はなぜグローバル経済の本質を見誤るのか』日本経済新聞社
田村正紀 2008『立地創造』白桃書房
田村正紀 2008『業態の盛衰』白桃書房
石井淳蔵・向山雅夫 2009『小売業態の革新』中央経済社
山村貴敬・鈴木邦成 2009『図解雑学　アパレル業界のしくみ』ナツメ社

索　引

あ

1次商圏　33, 72, 138, 150, 167, 175, 176, 177, 180, 183
IIA特性　10, 14, 48, 77, 78, 93, 96, 97, 98, 109, 110, 111, 112, 114, 132
IID　109
OD表　6, 7, 74, 75, 76, 122, 153
SC　15, 22, 23, 58, 186, 188, 190, 193, 194, 195, 196
アコーディオン仮説　42
アナロジー　2, 5, 37, 42, 43, 63
イオン　53, 55, 67, 68, 70, 72, 182, 183
イトーヨーカドー　53, 54, 55, 66, 67, 68, 182, 183, 200, 201, 202
イノベーション　21
イノベーター　47
ウィトゲンシュタイン　4, 209
ウィルソン　8, 9, 73, 82, 83, 84, 85, 115, 116
ウェーバーの法則　89
エルスター　200
エピソード記憶　124, 203, 204
エリアマーケティング　171
エリア成長戦略　40, 196, 197
赤バス青バス・パラドックス　110, 111
有賀説　61, 63, 156
意志決定過程　95
意志決定者　95, 99, 106, 126
意味記憶　204, 205
異業態間競争　144
異業態集積　23
一対比較表　90

入れ替えテスト　134, 135, 152
因果モデル　2, 46, 50
因果的　34, 42, 47, 49, 199
因果論　40, 48

か

Gumbel分布　9, 104, 105, 107, 109
Grade　57
カテゴリーキラー　20, 21, 22, 29, 43, 57, 58, 59, 64, 186, 194
カテゴリー別消費吸引率　174, 175
グラビティモデル　2, 6, 7, 8, 9, 73, 74, 75, 76, 78, 82, 83, 116
クリスタラー　13, 17, 22, 27, 28, 29, 31, 34, 35, 55, 63, 185
グレード　29, 57, 66, 169
クロスショッピング　22, 29, 30, 31, 39, 54, 64, 159, 185
ゲシュタルト　58, 203, 204, 206, 207, 200
コイントス　94, 115, 122
コープランド　13, 17, 19, 20, 21, 22, 29, 40, 50, 201
コンセプト　41, 53, 71, 72, 192, 195, 207, 208
階層構造　27, 28, 29, 33, 205
階層的理解　205, 207
買回り品集積　23, 59, 185, 193, 194
買回り品商圏（GMSの）　29, 31, 70, 139, 158, 167
買物トリップ　7, 9, 76, 79, 80, 84, 94, 115, 116
価格体系　62
価格レンジ　192

家族的類似性　4, 205
寡占的エリア　176, 177, 178
寡占的立地　177
格上げ　30, 43, 44, 47, 53
格下げ　46, 47, 48
格付け　55, 56, 57
核店舗　71
確定効用　9, 10, 15, 91, 95, 99, 100, 101, 102, 109, 118, 122, 133
確率モデル　7, 10, 74, 76, 95
確率商圏　8, 26, 33, 74, 130, 147, 153, 165
確率選択理論　9, 14
確率帯　130, 137, 138, 140, 142, 143, 144, 145, 146, 147, 148, 149, 150, 153, 154, 156, 158, 159, 166, 169, 170, 171, 172, 173, 175, 177
確率帯（の）代表値　137138142, 149, 154
確率帯別消費率　159
確率等高線　11, 13, 81, 82, 136, 137, 138, 140, 143, 144, 145, 147, 148, 150, 152, 155, 168, 170, 180
攪乱項　26, 99, 101, 102, 103, 106, 107, 109, 111, 112
活性化投資　182, 197
完全合理性　92
感覚的弁別能力　89
感情　16, 124, 205
感情記憶　203
関数パラメーター　10, 11, 13, 130, 146, 186, 190, 204
関数魅力度　10, 13, 15, 124
感性的経験　67
観測期間　85
基準年　130, 134, 142, 143, 144, 145, 147, 156, 164, 165, 190
基数的効用　87, 90, 91, 131
期間の問題　83, 84, 85

期間モデル　6, 7, 15, 86, 121, 122
期間顧客平均購入額比率　134
期間発生需要　121, 122
期間平均購入額　49, 70, 82, 115, 144, 145, 155
規範的理論　1, 2, 5, 6, 88, 92
規模の経済性　21, 22, 23, 196
記憶　20, 67, 124, 203, 204, 205, 206
記憶の構造　204
機会費用節約　62
記号　2, 3, 67, 69, 84, 96, 124
技術フロンティア　69
技術革新　50, 51
距離のベキ乗　7, 189
距離の代理変数　30, 138, 169
距離抵抗　2, 8, 79, 93, 130, 132, 133, 138, 143, 145, 147, 189
競争マイオピア　37, 52, 66, 184
競争行動　196
競争政策　177, 178, 191, 193
競争的エリア　176, 178, 193
競争的立地　177
競争優位　52
業態の収斂　64
業態の盛衰　40, 41, 51, 66
業態（の）成熟　69, 70, 71
業態の本質　41
業態革新　50, 53, 69, 216
業態間競争　47, 49, 144
業態盛衰論　13, 14, 40, 41, 42, 46, 48, 50, 54, 55
業態内競争　47, 49, 50
業態内収斂モデル　50
業態論　1, 6, 12, 13, 14, 17, 30, 40, 41, 55, 56
極値統計　14
均衡立地点　35, 36
近接立地　15, 24, 37, 66, 69, 182, 183, 184,

185

空間競争　11, 12, 15, 40, 42, 54, 70, 93, 137, 145, 169, 175, 188, 193, 196
空間消費吸引率（食品以外）　130, 158, 160, 161, 169, 183, 189
空間消費吸引率曲線　130, 169, 183, 189
空間需要曲線　33, 34, 37, 39, 169, 182, 198
空間的相互作用モデル　6, 8, 12, 14, 16, 83, 84, 85, 86, 114, 115
顕示選好　10, 67, 82, 92, 93, 95, 125, 130, 133, 203, 204, 207
言語ゲーム　4, 16, 69
限界効用逓減則　11, 90, 92, 129
限定合理性　92
交通計画　2, 6, 7, 8, 73, 74, 75, 76, 78, 82, 83
効用概念　14, 87, 88, 89, 90
効用関数　9, 78, 87, 88, 90, 93, 95, 103, 117, 123, 126, 128, 130, 204
効用の属性　11, 67, 123, 126, 127, 128, 202, 205
効用判断　2, 69, 199, 203, 204
購入サイクル　21
購入率　30, 31
合理性　5, 14, 15, 65, 87, 92, 96, 131, 174, 175, 189, 190, 195, 198, 199, 202, 205
合理的行為（行動）　12, 14, 95, 131
合理的選択　5, 6, 9, 11, 12, 55, 61, 86, 88, 92, 122, 173, 190, 195, 199, 200, 203
合理的選択理論　5, 6, 9, 12, 61, 86, 88, 199
小売の輪は回る　1, 42, 43, 44, 46, 50, 53, 69
小売引力の法則　17, 73
小売空間競争　11, 12, 15, 169, 175, 188, 196
小売モデル　16, 84
小売立地問題　6
小売立地論　12
国勢調査　13, 133, 140, 144, 145, 170
顧客デモグラフィックス　177, 188, 191
顧客率曲線　130, 169, 175, 183, 189

顧客率商圏　133, 134, 135, 155, 158, 164, 175
固定客数　10, 13, 82, 92, 93, 115, 130, 133, 134, 140, 141, 144, 145, 146, 147, 164, 178, 188, 197
固定客（顧客）争奪　61, 147, 186
孤立店　13, 33, 34, 169, 198
孤立店の商圏　1, 33

さ

3次商圏　33, 168, 176
ＧＡＬ　197
システム　2, 3, 4, 5, 16, 18, 21, 33, 51, 155, 190, 191
ジャスコ　53, 54, 66, 67
ジョーンズ＆シモンズ　182, 183, 184, 198
ショッピングセンター　22, 27, 39, 53, 77, 78, 79, 82, 84, 186
スキーマ　208
スケールパラメーター　104, 107, 109
スケールポジション　59
ゼロサムゲーム　147, 186, 188, 195
ソシュール　3, 4, 5, 16, 124
差別化競争　197
差別化最小原理　5, 13, 17, 35, 37, 185, 206
差別化政策　202
再認　20, 67, 124
最大エントロピー法　2, 8, 73, 83, 116
三種類の小売トレード　13, 24
参入　28, 37, 39, 43, 44, 47, 93, 132, 145, 147, 155, 165, 177, 181, 186, 187, 189, 190, 195, 196, 197
参入障壁　197
参入条件　196
参入店　147, 151, 154, 155, 156, 157, 165, 190, 195
市場圏　1, 17, 28, 29, 36, 54, 189
市場構造　196

索　引　221

市場集中度　196, 197
市場地域　17, 28, 36
指示対象　2, 3, 4, 5, 48, 69, 124
自然カテゴリー　41
自然的思考　15, 41, 64, 199, 203, 204, 207
自然発生的都市　27
実験　1, 6
実効顧客率　141, 142, 152, 153, 154, 155, 158
実効倍率　139, 140, 141, 170
実証(的)モデル　1, 5, 8, 134
実証的理論　1, 2
主要商圏　144, 145, 147, 152, 157, 176, 180, 181
需要吸収力指標　144, 147, 178, 179
周辺分布　192
週末顧客数　164
集客力　10, 15, 23, 24, 25, 26, 37, 54, 59, 71, 92, 123, 130, 133, 134, 136, 144, 147, 156, 157, 161, 165, 178, 179, 185, 186, 194
集客力指標　133, 144, 147, 165, 178
集客力パラメーター　92
集計型(多項)ロジットモデル　10, 12, 14, 15, 117, 119, 126
集計誤差　128
集計的需要　126
集計的予測　126, 127
集積　7, 12, 13, 15, 17, 20, 21, 22, 23, 24, 25, 27, 29, 30, 34, 36, 37, 39, 59, 74, 75, 182, 183, 184, 185, 186, 188, 193, 194
集積効果　183, 185, 186, 193
集中の圧力　47, 48, 49
集中立地　18, 27
重回帰分析　25, 26
縮減モデル　1
出向確率　8, 10, 153
序数的効用　90
商業集積　13, 17, 23, 24, 25, 27, 188

商業立地論　17
商圏の内部構造　15, 169
商圏構造　182
商圏最大距離　28, 151
商圏理論　1, 11, 12, 13, 14, 23, 73, 112
小商圏　19, 20, 59
商品分類論　12, 13, 17
消費吸引率　31, 70, 130, 135, 158, 159, 160, 161, 162, 163, 164, 165, 166, 167, 169, 174, 175, 183, 189
消費需要　29, 30, 33, 112, 158, 159, 175, 183, 184
消費率　30, 31, 32, 158, 159, 160, 161, 162, 163, 169
消費率曲線　169
象徴　124
上演　207, 208
定数効用モデル　6, 7, 8, 9, 11, 14, 15, 73, 74, 76, 77, 78, 79, 80, 81, 82, 85, 86, 87, 93, 94, 95, 96, 99, 109, 111, 112, 113, 114, 115, 116, 121, 122, 177
食品空間消費吸引率　70, 135, 158, 159, 160, 162, 163, 164, 165, 166, 167
食品商圏　15, 29, 31, 135, 136, 139, 151, 156, 158, 159, 162, 163, 164, 165, 166, 167, 168, 181, 188
食品商圏解析　136, 151, 156, 158, 159, 162, 163, 164, 165, 166, 167, 168, 181, 188
食品消費率　30, 158, 159, 160, 162, 163
信念　2, 9, 20, 21, 43, 45, 123, 124, 191, 192, 199, 200, 202, 209
新業態　33, 40, 43, 44, 45, 46, 50, 51, 52, 197
真空地帯仮説　42, 46, 50
人工的中心地　12, 21, 27, 29, 31, 74, 169, 172, 186
成長曲線　104
生物環境意味論　199

精神物理学　89
全体論　40, 50
選択確率　5, 6, 9, 10, 11, 13, 14, 77, 82, 86, 92, 93, 94, 95, 96, 97, 98, 100, 101, 102, 103, 104, 106, 109, 110, 111, 114, 118, 119, 121, 122, 127, 129, 136, 137, 138, 139, 140, 143, 144, 145, 147, 152, 153, 154, 155, 158, 160, 161, 162, 163, 164, 165, 166, 168
選択確率等高線　13, 137, 138, 143, 144, 145
選択決定要因　61
選択公理　76, 77, 78, 80, 85, 94, 96, 97, 98, 109, 110, 111, 113
選択最大距離　28, 135, 136
選択集合　9, 10, 22, 48, 49, 59, 62, 63, 64, 65, 70, 77, 78, 79, 80, 93, 94, 98, 99, 101, 105, 107, 109, 111, 112, 122, 130, 132, 133, 134, 135, 136, 137, 138, 139, 143, 144, 145, 146, 147, 151, 152, 155, 156, 158, 162, 164, 165, 166, 167, 172, 178, 179, 180, 181, 186, 193, 194, 199, 200, 201, 206
選択集合特定（決定）問題　93, 101, 151
選択ルール　13, 92, 134, 135, 136, 137, 143, 186
選択理論　2, 5, 6, 9, 10, 12, 14, 23, 40, 54, 61, 86, 88, 91, 92, 93, 105, 131, 174, 195, 199
線分市場　17, 35, 36, 37
想起　20, 21, 67, 124, 201, 202, 203
想像力　4, 5, 41, 42, 43
相対的㎡効率　134, 142, 143, 145, 147
属性ベクトル　126
属性評価　117, 123, 127, 128, 204
属性変数　11, 95

た

ダイエー　53, 55, 182
チェンバレン　58, 63, 203
チューネン　33, 198

ティーセン・ポリゴン　74
デイヴィドソン　123, 199
テイストスケール　14, 19, 55, 57, 59, 192, 193, 194
デスティネーション・ストア　22, 25, 59, 186
デスティネーション性　22, 59
デモグラフィックス　137, 177, 188, 191, 192, 193
トーン　63, 124, 201, 203, 207
ドロップイン　65
第1種極値分布　104, 107
大商圏　59
多項選択理論　105
多項分布　9, 94, 95, 115, 116
多項ロジットモデル　9, 10, 14, 15, 86, 91, 98, 105, 107, 108, 111, 112, 114, 118, 202
多目的購買　59, 64, 176
多目的ショッピング　23, 24
多目的地　59
探索コスト　23, 37
探索理論　60, 64, 88
単独目的地　59
通過客トレード　24, 25, 26, 65
中間的トレード　24, 25, 65
中心機能　27
中心極限定理　102
中心地　12, 13, 17, 18, 20, 21, 22, 27, 28, 29, 31, 33, 34, 35, 42, 54, 55, 59, 63, 73, 74, 151, 169, 172, 173, 175, 185, 186
中心地性　59
中心地理論　13, 17, 27, 29, 34, 54, 185
中商圏　59
丁目顧客率　134, 139, 140, 141, 142, 143, 148, 150, 151, 152, 155, 156, 168, 174, 183
直感　5, 16, 87, 91, 104, 184
定住者集客トレード　24

索引　223

適合度検証　15, 93, 120, 142, 153, 154, 167, 168
手続き記憶　204
典型性レベル　204, 205
店舗データベース　13, 134, 135, 142, 143, 144, 145, 147, 155, 164, 165
店舗選択行動　15, 19, 40, 158
店舗選択競争　49, 61
等級　56, 57
同業態集積　23, 37
道具的　6, 21, 22, 200
統計的モデル　12, 80, 86, 138, 148
統計的ユニット　7, 11, 78, 79, 80, 81, 129, 138
統計力学　8, 83, 84
同質化　37, 66, 67, 68, 184, 206
到達距離　27, 28, 29, 31, 33, 37, 38, 54, 136, 161, 171, 175, 185

な

2次商圏　33, 168, 176, 177
2次元市場　37
2都市間商圏分割点公式　73
二項プロビット　102, 103, 104
二項ロジット　104, 107
二重指数分布　107
ナッシュ均衡　36, 70
ニールセン　42, 46, 47, 48, 49, 63
ノーマティブ　8, 92
内部構造　15, 169, 205
認知的経済性　22, 174, 203, 204, 205, 206, 207
認知的思考　203, 204
認知的特性　124
認知的不協和　40, 50, 55, 59
述べ客数　10

は

ハイスタイル　57, 58, 59
ハウスカードデータベース分析　30, 55, 175, 197
バックシステム　51
ハフモデル　2, 6, 7, 8, 9, 10, 11, 33, 54, 73, 74, 76, 78, 79, 80, 82, 83, 85, 114, 121, 130, 150, 153, 178
パワーセンター　22, 186
フェヒナー　87, 89, 90
ブランドショップ　20, 71
フル・マーチャンダイジング　197, 201, 203
プロトタイプ　4, 41, 62, 65, 124, 201, 203, 204, 205, 206, 207
フロントフォーマット　40, 51, 52, 59, 68, 71, 72, 191, 197
ベルヌーイ過程　7, 9, 11, 14, 79, 86, 93, 94, 95, 115, 116
ベルヌーイ試行　7, 77, 79, 88, 94, 115, 116
ホテリング　13, 17, 34, 35, 36, 37, 38, 39, 50, 185
ホランダー　42, 43, 45
ボロノイ分割　74
配分確率　2, 6, 7, 8, 10, 76, 77, 78, 79, 80, 81, 82, 85, 92, 95, 121, 122
配分先店舗集合　8, 153
発生量(発生需要)　2, 6, 7, 8, 74, 76, 79, 80, 81, 85, 95, 115, 121, 122
発生制約　8, 16, 73, 74, 76, 82, 83, 84, 85, 114, 121, 122
発生制約モデル　8, 82, 114, 122
非実体論　3, 16
非命題的　203, 204, 207
非命題的思考　6, 15
「必要」　21, 23, 201
表現的商品　23
分割点公式　73, 74

分散立地　17, 24, 39
平均人　7, 10, 79, 80, 116, 122, 125, 127, 128, 129, 130, 137, 139, 140, 141, 146
平均人換算率　141
平衡状態　8, 83, 84
訪問確率　15, 93, 121
本質命題　40, 41
本質論　40, 42

ま

マーチャンダイジング　57, 136, 159, 165, 173, 188, 190, 191, 192, 193, 197, 201, 203
マクネア　42, 43, 44, 45, 46, 48, 49, 50, 55
マクファデン　12, 105, 113
マスターシンボル　204, 207, 208
マスター集合　101
ミニマム期間　9, 85, 122
ミニ市場　39, 61, 63, 64, 65, 121, 122, 139, 151, 172, 173, 174, 197, 201, 202
メッシュ　13, 15, 133, 136, 138, 140, 141, 142, 144, 145, 168, 180
メソレベル　6, 11, 131, 138, 142, 146, 148, 153, 155, 156
メルクマール定義　5, 41, 50, 51
モードミックスの仮定　131
モール　15, 20, 21, 23, 27, 44, 46, 57, 58, 63, 71, 72, 157, 171, 186, 188, 190, 193, 194, 195, 196
モール・ＳＣの商圏　15, 194
モデルビルディング　10, 159
モデル適用期間　85
モビリティ　136, 147, 150, 151
店全体商圏（ＧＭＳの買回り品商圏）　158, 163, 167, 178, 188
魅力度　10, 13, 15, 16, 22, 23, 24, 25, 33, 65, 93, 125, 130, 133, 138, 143, 145, 157, 164, 166, 167, 171, 178, 182, 183, 185, 186, 190, 193, 204
魅力度の法則　15, 182
魅力度係数　10, 11, 13, 66, 125, 130, 131, 132, 133, 134, 142, 143, 144, 145, 146, 147, 156, 164, 165, 178, 183, 186, 190, 195
魅力度トレード　25, 65
命題記憶　204
命題記号　67
命題的態度　15, 64, 202, 203, 204
命題判断　66, 67, 117, 123
目的合理的　156, 195, 203
目的地　6, 9, 22, 23, 30, 31, 58, 59, 83, 116, 122, 184, 185, 193, 196
物語（的説明）　1, 2, 4, 5, 6, 35, 43, 48, 55, 69, 114, 199
模倣　37, 51, 52, 65, 66, 206
模倣の原理　37

や

4次商圏　168, 175, 176
ユクスキュル　199
ユークリッド距離　130, 133
予測解析　155, 156
欲求　2, 9, 18, 20, 21, 43, 45, 56, 66, 123, 174, 191, 192, 199, 200, 209
欲求・信念モデル　123, 199, 209
欲求と信念　2, 9, 21, 43, 45, 123, 191, 192, 199, 200

ら

ライフサイクル　42, 46, 71
ライリー・コンバース　7, 73
ランダム効用モデル　6, 9, 11, 14, 15, 73, 76, 77, 80, 82, 86, 87, 93, 95, 96, 99, 111, 112, 113, 114, 116, 121, 122, 156
リピートサイクル　18, 85
ルース　7, 48, 73, 74, 76, 77, 78, 80, 82, 85,

索引　225

91, 94
ロジスティック分布　104
来店回数（リピート回数）　22, 30, 139, 140,
　　156, 169, 171, 172, 173, 174, 175, 178,
　　179, 188, 193
来店客調査　173
立地創造　54

立地モデル　17
立地問題　6, 35
立地論　1, 6, 12, 13, 14, 17, 24

わ

ワンストップショッピング　21, 30, 35, 39,
　　53, 54, 55, 62

長塚四史郎（ながつか　ししろう）
東京都立大学（現首都大学東京）理学部卒・同大学院修士課程修了。
イオン株式会社にて長らく立地論研究、商圏モデル構築、小売マーケティングの諸問題の解決に従事。生活文化研究センターを主宰し消費文化、民族文化の根底にあってそれらを方向づけているものについて調査研究・執筆してきた。現在は商圏解析サービス（ＧＩＳソフト付）を提供する傍ら、文化の基本問題に関して引き続き考察している。
2001年イオン（株）退職、2003年より、株式会社ＤＭＲＩ代表。

ＧＩＳロジット商圏モデルと
立地論・業態論・商圏論　　　　　　（検印廃止）

2012年7月10日　初版発行

著　者　　長　塚　四史郎
発行者　　安　居　洋　一
印刷・製本　モリモト印刷株式会社

〒162-0065　東京都新宿区住吉町8-9
発行所　開文社出版株式会社
TEL 03-3358-6288・FAX 03-3358-6287
www.kaibunsha.co.jp

ISBN978-4-87571-875-8 C3033